Inceste, pédocriminalité :

crimes contre l'humanité

Illel Kieser 'l Baz

Inceste, pédocriminalité :

crimes contre l'humanité

Essai

Lierre & Coudrier Éditeur
Collection Hommes & Faits

Disponible en version papier et numérique.
ISBN 978-2-900229-01-9
© Copyright 2006 Illel Kieser 'l Baz – Lierre & Coudrier éditeur
CAVACS-France, 4 rue de Grèce – 31230 TOULOUSE
https://lierreetcoudrier-editeur.cavacs-france.com/
Graphisme et illustration de couverture – Trash Doll : Martin Catherine
Imprimé par BoD – Books on Demand, Norderstedt
Dépôt légal – février 2019

Mes pensées vont à toutes celles et à ceux qui ont osé défier le silence pesant du déni.

Ils sont encore trop nombreux. Puisse cet écrit leur donner le courage de lutter pour leur dignité.

À ces enfants qui subissent contraints la domination de leur prédateur et cette autre peine que leur inflige une société indigne ;

Je dédie ce livre

Photo de couverture

Composition Trash Doll. Photo issue d'une série intitulée : Les poupées cassées.

Par Martin Catherine

Né en 1972 à Sainte Adresse en Normandie, Martin Catherine vit à Toulouse depuis 1988. Dessinateur, Graphiste de formation et après des études d'arts plastiques, il assure des missions en agence de pub et en free-lance. De rencontres opportunes en bonne étoile, il se lance dans le spectacle vivant et présente une première création, « Talon d'argile » avec le Lutin théâtre d'images, enchaîne avec « Les Poupées Barbares » spectacle d'objets recyclés né d'une rencontre entre un clown, une musicienne et un marionnettiste. Comédien manipulateur dans Le clan des songes et Le Phun. Quinze ans de tournées, de créations et de rencontres.
En 2008 il intègre l'équipe de la Cave Poésie René Gouzenne de Toulouse et depuis septembre 2013 il est éclairagiste à l'espace JOB.

Table des matières

Avertissement de l'auteur	11
En guise de préambule	15
Introduction	25
Témoignage et séquences de vie	27
Préalables	33
La méthode de l'exposé	36
Contenu de l'ouvrage et témoignages	37
Les préjugés	41
Point de vue juridique et pénal	45
Poser le problème du Mal dans nos cultures	49
Quelques témoignages	52
PREMIÈRE PARTIE	**59**
État des lieux	61
Quelques chiffres	62
L'adulte incestueux ou pédocriminel	65
Le pervers narcissique, pédophile ou pas ?	69
Manipulateur et pédocriminalité	74
Aborder l'inceste socialement	78
Justice, manipulateur et victime	80
Outreau ou la faillite des médias et des institutions	81
Rumeur et mobilisation populaire, les violences conjugales et le viol au quotidien	89
La psychanalyse en rajoute	92
La place du parent passif	99
La marque spécifique de l'inceste sur sa victime	103
La sexualité, le couple	104
L'alliance paradoxale	107
La question de la mémoire	109
La mémoire, les émotions, la conduite d'entretien	110
Positionnement thérapeutique	112
L'écoulement de l'énergie psychique	115
Rupture	117
Un monde où tout paraît irréel	132
Précisions sur les buts d'une psychothérapie	136
Travail sur soi et voie de re-création	139
Confiance	148

Table des matières

La psychanalyse face à l'inceste	**150**
Une première réponse	150
Une autre réponse	152
Au sujet de Freud	152
Troisième réponse	156
Quatrième réponse – une alternative ?	**158**
La Résilience, une illusion ?	158
Ancienneté de la résilience	165
L'imaginaire, les fantasmes d'inceste	172
Volonté de contrôle et domination de la conscience	176
Une justification par les mythes	182
Cosmogonies modernes	**193**
DEUXIÈME PARTIE	**195**
Mythe de création et genèse de l'être	**197**
La construction du moi, naissance du monde moderne	199
Pédocriminalité, complexe d'Œdipe et Inconscient collectif	**220**
L'archétype paternel	222
L'Archétype Maternel	225
Interaction des imagos paternelle et maternelle	229
Piliers du monde, les parents	231
Une société cannibale – les pauvres – la femme – l'enfant …	238
On viole en silence	243
Une cathédrale sans pilier	245
Un problème de société	**249**
De la souffrance muette aux rues de nos villes	249
La démesure – les idéologies de la surconscience	252
La fonction régulatrice de la conscience	260
Voie de recréation pour une société	257
Conclusion	**269**
Une action sociale et politique porteuse	271
Bibliographie et sites internet	**282**

Remerciements

Elles se nomment Annie, Morgane, Yasmine... des hommes aussi, moins nombreux, Rolland par exemple qui nous livre un témoignage et des écrits. Il y a Georges aussi... tant d'autres encore...
Sans leurs cris, je me serais sûrement assoupi dans cette douce torpeur des satisfactions faciles. Dans une délicate et confortable retraite champêtre.

Je remercie ma femme, Jacqueline, pour son soutien silencieux, complice et attentif.

Avertissement de l'auteur

Ce livre conçu au tout début des années 2000, édité au Canada en 2007 pourrait paraître dépassé tant il y eut d'écrits et de publications sur ces sujets : l'inceste et la pédocriminalité. À bien y regarder si ces problématiques sont parfaitement abordées du point de vue sociologique et psychologique, il nous manque plusieurs dimensions pour une meilleure compréhension de ce qui se joue dans le crime pédophile.

De nombreux acteurs décrivent les dysfonctionnements de la justice et le déni de société qui pèse sur ces crimes. Ce sont malheureusement les victimes elles-mêmes qui s'en chargent le plus souvent. À part quelques personnalités engagées, les professionnels de santé demeurent étrangement silencieux. Ils laissent donc le champ libre à de pseudos spécialistes propagandistes du SAP et autres fadaises terriblement malfaisantes. Auxquels d'ailleurs les médias prêtent main forte.

Dans le crime il n'ya pas seulement deux acteurs le criminel – avec ses complices – et la victime. Laquelle pourrait espérer le soutien d'une justice sensée être là pour la protéger. Cela ne se passe pas ainsi. Les rôles sont malheureusement trop souvent inversés, une victime passée au crible lors d'auditions sous forme d'interrogatoires suspicieux, des enfants maltraités livrés à leur prédateur par décision de justice… La liste est longue et ce n'est pas le lieu ici pour énoncer et dénombrer ces dysfonctionnements. On comprend que le troisième acteur, la société, ne joue pas le rôle que l'Histoire lui a dévolue. Comment comprendre cela ? Bien sûr on aborde la question du Mal et de son expansion dans nos sociétés. Et l'inceste, la pédocriminalité, les réseaux pédopornographiques ne sont pas les seules plaies qui affectent nos sociétés urbanisées. Une question demeure. Pourquoi ?

La psychologie ne suffit pas à y répondre. D'autres

Avertissement de l'auteur

disciplines pourraient nous être d'un grand recours. L'Histoire d'abord, l'ethnologie et l'anthropologie ensuite.

Y a-t-il eu dans l'Histoire des moments d'acharnement contre l'enfant et de réification de celui-ci, de déni de la maltraitance des femmes ? Bien sûr ! Et comment comprendre cela, alors même que ces maltraitances se perpétuent en toute impunité chez nous et au-delà de nos territoires ? Qu'advint_il de ces sociétés prédatrices ?

Des éléments de réponse existent, il nous faut aller les chercher au-delà des champs de nos disciplines.

Le déni sociétal et le silence des professionnels ont pour conséquence une grave déficience théorique et clinique concernant les outils d'accompagnement des victimes et/ou de leur parent protecteur, quand celui-ci existe.

En observant de près l'évolution de nos réactions face à ces graves problèmes, les soins thérapeutiques à donner à ces jeunes victimes semblent obéir à des modes. Des modes comme il en existe pour s'habiller... Cela trahit un certain désarroi des professionnels face aux problèmes posés. Nous ne sommes pas en mesure de proposer les bonnes solutions... Cela traduit aussi le manque de recherche dans le domaine de la compréhension humaine envisagée de manière globale. Nos conceptions sur la relation entre la conscience et ce qui n'est pas conscient n'ont pas évolué depuis plus d'un siècle. Pourtant d'autres disciplines sont susceptibles de nous apporter des réponses pertinentes sur l'architecture de l'organisme humain. La dualité psyché/soma est largement désuète si l'on considère les apports des neurosciences. La relation que l'Homme entretient avec ses semblables au sein de son espèce tout autant qu'avec les autres êtres de la planète ne peut plus être envisagée sous l'angle d'une nécessaire et naturelle domination, celle du plus fort sur le plus faible... ou de l'Homme sur la Nature.

Beaucoup de territoires à explorer donc !

Dans cette première édition j'ai voulu ouvrir le champ de l'anthropologie en introduisant la notion de cosmogonie. Manière de poser les questions autrement en allant au-delà du seul constat des dysfonctionnements sociétaux. Je n'ai pas été assez clair de ce point de vue.

De même, s'agissant de l'accompagnement des victimes, d'une approche thérapeutique plus pertinente et salvatrice n'ai-je pas pris le temps de l'approfondissement.

Dans les prochaines éditions je tenterai d'être plus précis sur ces points et, bien sûr, cela se fera dans des ouvrages différents tant les thèmes sont vastes.

Pour ce qui concerne l'architecture du vivant, vs. humain, les apports de l'éthologie et des neurosciences me paraissent indispensables. Même si l'école de la psychologie clinique – tout au moins dans l'Hexagone – persiste à penser ou à laisser penser que les neurosciences ne nous présentent qu'un modèle mécanique et computationnel de l'esprit humain. Ces contributions peuvent aboutir à l'invention de nouvelles perspectives psychothérapeutiques. J'ai déjà produit quelques articles sur le sujet.

Quant à mieux comprendre cette propagation du Mal, il me semble qu'une relecture de l'Histoire s'impose autant qu'une revisitation de l'imaginaire des mythes ; tout autant qu'une approche globale de l'évolution de l'espèce humaine. Quelques auteures ont déjà introduit la question de la domination masculine qui est à la base de nos sociétés et nos mœurs. Il nous reste à comprendre pourquoi cette domination se perpétue...

Malgré ces carences de l'essai présenté ici, de nombreux thèmes abordés sont malheureusement toujours d'actualité.

Créon :
Allez, commence, commence, comme ton père !
Antigone :
Comme mon père, oui ! Nous sommes de ceux qui posent les questions jusqu'au bout. Jusqu'à ce qu'il ne reste vraiment plus la petite chance d'espoir vivante, la plus petite chance d'espoir à étrangler. Nous sommes de ceux qui lui sautent dessus quand ils le rencontrent, votre espoir, votre cher espoir, votre sale espoir !!
Créon :
Tais-toi ! Si tu te voyais criant ces mots, tu es laide !
Antigone :
Oui, je suis laide ! C'est ignoble, n'est-ce pas, ces cris, ces sursauts, cette lutte de chiffonniers. Papa n'est devenu beau qu'après, quand il a été bien sûr, enfin, qu'il avait tué son père, que c'était bien avec sa mère qu'il avait couché, et que rien, plus rien, ne pouvait le sauver. Alors, il s'est calmé tout d'un coup, il a eu comme un sourire, et il est devenu beau. C'était fini. Il n'a plus eu qu'à fermer les yeux pour ne plus vous voir ! Ah ! Vos têtes, vos pauvres têtes de candidats au bonheur ! C'est vous qui êtes laids, même les plus beaux. Vous avez tous quelque chose de laid au coin de l'œil ou de la bouche. Tu l'as bien dit tout à l'heure, Créon, la cuisine. Vous avez des têtes de cuisiniers !

Antigone, Jean Anouilh

En guise de préambule

Un père qui « pète les plombs »

L'histoire ressemble à beaucoup d'autres, et un certain nombre de mamans pourront se reconnaitre dans cette affaire.

Dès le début de la grossesse de la maman, le père a commencé à se montrer agressif et colérique, disant même qu'il ne voulait pas d'enfant. Cette violence a été crescendo dans les semaines suivant la naissance de la fillette.

Le père ayant poursuivi la mère, l'ayant harcelée pendant des semaines, jusqu'au point culminant qui a été une séquestration accompagnée de menaces de mort, la mère a pris la décision de quitter sa ville et son logement avec son nouveau-né de quelques semaines dans les bras.

Une plainte a été déposée pour ces violences et crises de nerfs répétées, mais elle a été rapidement classée.

Comme on le constate dans les dossiers de ce genre, la parole du père est prise pour argent comptant par les différents intervenants : justice, experts, services sociaux. En l'occurrence, 'V' est cru sans aucune remise en cause tout au long de la procédure avec le Juge aux Affaires Familiales (JAF) quand il déclare qu'il n'a jamais été violent, et qu'ill s'est à peine emporté, la mère par contre étant qualifiée par celui-ci de "déséquilibrée".

Pendant deux ans, les rapports sociaux et expertises se succèdent, à charge contre la mère. Elle est accusée d'avoir tout inventé et d'avoir quitté sa ville, son domicile et son travail juste pour priver le père de l'enfant.

Sur ce, un "expert" psy nommé par la justice recommande de confier la petite à son père alors qu'elle a à peine plus d'un an. Heureusement la JAF ne suit pas cette demande, mais il est quand-même précisé que "la mère doit apprendre à faire confiance au père"…

Le père, qui avait obtenu un droit de visite médiatisé pour commencer, puis un droit de visite classique, est parvenu à obtenir un droit de

En guise de préambule

visite élargi pendant que la mère échappait de peu à un retrait de garde au seul motif du très jeune âge de l'enfant.

Un enfant qui parle, une justice sourde

Dès que les premiers séjours chez son père ont eu lieu, à la fin 2015, la fillette s'était montrée perturbée, et sa mère ainsi que des personnels de la crèche et la pédiatre, avaient constaté divers symptômes qu'elle n'avait pas avant (maladies à répétition, troubles du sommeil, agitation, stress...).

Un peu moins d'un an après le premier séjour chez son père, la petite qui parle à peine explique notamment à sa mère : "il a mis le zizi dans la zézette" en désignant l'auteur des faits comme un proche de son père.

La maman est sous le choc. Mais, elle sait que si elle ne confie pas l'enfant à son père, la justice se retournera contre elle. Elle envoie donc l'enfant chez "V" pour deux semaines de vacances. Mais à son retour, la maman découvre le sexe et les parties anales de son enfant rougies, tuméfiés...enflées, et elle remarque aussi des traces de griffures au niveau de l'entrejambe de la petite.

Elle appelle immédiatement un médecin qui constate les lésions et à qui l'enfant se confie. A la surprise totale de la maman, et devant ce médecin l'enfant désigne cette fois-ci son père en plus de l'homme dont elle avait déjà parlé.

Un rendez-vous est pris dès le lendemain à l'hôpital, où le médecin responsable des urgences pédiatriques rédige le premier signalement au Procureur. Ce qui donne lieu à l'ouverture d'une enquête pénale.

Plusieurs signalements suivront émanant de psychologues, d'une présidente d'association et de la maîtresse de l'enfant.

Pendant des mois il ne se passe rien sur le plan judiciaire, et la fillette est censée aller chez son père. Après avoir consulté diverses personnes, dont son avocate, la maman décide de ne plus honorer les droits de visite, dépose une nouvelle plainte suite à de nouvelles révélations de l'enfant, et écrit au Procureur pour expliquer l'urgence de la situation.

Retournement surréaliste de situation

Tous ces actes ont été effectués en vain : l'enquête a été classée sans suite fin 2017 sans qu'aucune investigation sérieuse ne soit été menée.

Le père avait fait appel de la décision du JAF, et lors de cet appel, le tribunal d'Aix-en Provence a ordonné le placement de l'enfant chez son père, avec tout de même des droits de visite et d'hébergement un week-end sur deux et pendant les vacances pour la maman.

Celle-ci a alors refusé d'exécuter ce jugement car il mettait gravement en danger l'enfant, et aussi parce qu'une audience devant le juge des enfants était prévue trois semaines plus tard, au cours de laquelle elle pouvait demander la protection de la fillette.

Mais le jugement aggrave les choses : la J. E. prévoit de confier l'enfant à plein temps à son père d'ici peu, et n'autorise à la mère de voir sa fille que quelques heures par mois dans le cadre de visites médiatisées.

Le père cependant n'obtient pas complètement grain de cause non plus, probablement en raison des divers signalements qui figurent dans le dossier, puisque le juge a demandé un placement provisoire de la fillette, avec un droit de visite et d'hébergement classique pour le père, cela de façon transitoire.

Ce texte a été publié sur différents sites. Certains lecteurs ont émis des doutes sur la véracité de ce témoignage. Je connais cette maman et je l'accompagne depuis le début de ces années tourmentées. Je garantis donc la véracité de ce témoignage qu'elle a écrit. Que l'on puisse douter de la réalité de tels faits paraît naturel car les institutions s'appliquent à masquer la réalité profonde. Nous verrons comment du statut de parent protecteur une maman peut se trouver mise en accusation voire classée dans une catégorie psychiatrique. Les dysfonctionnements de la justice et des acteurs sociaux commencent à être dénoncés par certains professionnels et plus uniquement par des associations de victimes. Mais ces professionnels sont régulièrement menacés par leur hiérarchie, voire licenciés.

La puissance du déni est telle, son étendue sociale si impressionnante que nous ne pouvons pas nous en tenir à des explications segmentées, liées uniquement à des problèmes d'institutions spécialisées, ASE, Justice, experts auprès des tribunaux, etc. Les raisons et les origines sont plus globales. Si nous assistons à un tel renversement des systèmes de valeurs c'est parce que nos sociétés, notre civilisation est en pleine mutation et nous ne savons pas y faire face. D'où une régression vers des valeurs occultées depuis longtemps. Parlons ici de valeurs sauvages.

Narbonne : prison avec sursis pour le viol d'une fillette de 4 ans.

Un homme de 21 ans a été condamné à cinq ans de prison avec sursis pour le viol d'une fillette de 4 ans mardi soir, par la cour d'assises de l'Aude des mineurs. Wilfried J. a été reconnu coupable de viol et d'agression sexuelle sur la petite fille, dont les faits s'étaient déroulés en juillet 2014 à Narbonne-Plage.

Viol et agression sexuelle. La victime se trouvait alors au domicile du mis en cause, dont la mère était assistante maternelle agréée. C'est alors que la petite fille faisait la sieste dans une chambre que Wilfried J. l'a tripotée avant de lui mettre son sexe dans la bouche, avait-il reconnu devant les gendarmes. La fillette en avait ensuite parlé à une copine, faisant éclater l'affaire.

Suivi socio-judiciaire. Sa peine de prison avec sursis est assortie d'un suivi socio-judiciaire de cinq ans pendant lequel il a interdiction d'entrer en contact avec la victime. Il a aussi l'obligation de travailler dans un milieu sans relation avec des enfants.
Information *Midi Libre* du mardi 15 janvier 2019.

Inceste, pédocriminalité : crimes contre l'humanité

La correctionnalisation du viol et le déni de justice

Article de ©Nolwenn Weiler sur ©Bastamag.net
paru le 9 février 2017 sous le titre : *En France, moins de 2% des affaires de viols aboutissent à une condamnation en cour d'assises*

Malgré la réprobation dont le viol semble faire l'objet, ce crime reste très peu puni en France. Peu de victimes portent plainte, et la majorité des affaires ouvertes sont ensuite classées. Alors que le viol est passible des assises, la plupart des dossiers aboutissent au tribunal correctionnel pour « agression sexuelle », quand le chef d'accusation n'est pas requalifié en « violences volontaires » comme c'est le cas dans l'affaire d'Aulnay-sous-Bois. Comment expliquer un tel déni de justice ? Pour y répondre, des sociologues et des juristes ont examiné 400 dossiers judiciaires. A l'intolérable manque de moyens de la Justice s'ajoute un défaut de formation des policiers ou des juges, ainsi qu'une suspicion quasi-systématique envers les victimes.

En France, entre 5 et 10% des victimes de viol portent plainte et seulement 1 à 2% des viols aboutissent à une condamnation des auteurs en cour d'assises. « Ces chiffres s'accordent mal avec la réprobation sociale qui semble entourer ce crime », commente la sociologue Véronique Le Goaziou, qui signe une synthèse de recherches sur le devenir des plaintes pour viols. Menée pendant trois ans sur quatre juridictions (Nantes, Nîmes, Lille, Aix-en-Provence), par une équipe de sociologues et de juristes dans le cadre de l'Observatoire régional de la délinquance et des contextes sociaux, cette enquête s'est penchée sur environ 400 dossiers de plaintes pour viols [1]. Pour la chercheuse, « L'enseignement majeur, c'est que le fonctionnement ordinaire de la Justice, ce n'est pas de juger, c'est de classer. Une large proportion des personnes sous main de justice pour des affaires de viols ne sont pas poursuivies. »

Au niveau national, 37% des auteurs de viol ont été poursuivis en 2012, et 36% en 2013. Les deux tiers [2] ont vu leur affaire classée par le parquet : la justice estime qu'elle manque d'éléments pour poursuivre l'agresseur présumé. « Le classement n'est pas une décision arbitraire, précise Jacky Coulon, secrétaire général de l'Union syndicale des magistrats (USM, majoritaire). Le parquet peut revenir sur sa décision pour engager des poursuites [ce qui est extrêmement rare, ndlr], et la victime peut faire appel de la décision de classement ou engager elle-même des poursuites. » Parmi les victimes soutenues par l'association contre les violences faites aux femmes au travail (AVFT), beaucoup ont recours à une seconde plainte, quand la première est classée. « On parle alors de plainte avec constitution de partie civile, détaille Laure Ignace, de l'AVFT. Mais dans ce cas, leur dossier n'est pas du tout prioritaire. Elles doivent s'attendre à cinq ou six ans d'instruction. »

Un traitement inégal des dossiers... et des victimes

Pourquoi la justice classe-t-elle autant de plaintes ? Dans les dossiers classés examinés par Véronique Le Goaziou et ses collègues, les plaignantes étaient dans un état de conscience altérée au moment des faits, souvent à cause de l'alcool. Leur récit est alors très elliptique. « D'autres étaient en proie à des troubles mentaux ou psychologiques : elles tenaient des propos incohérents et parfois inintelligibles », ajoute la sociologue. Dans ces conditions, les magistrats ne prennent pas le risque de poursuivre parce qu'ils manquent d'éléments pour établir clairement ce qui s'est passé. « Le doute profite nécessairement à la personne poursuivie, en raison du principe de la présomption d'innocence », précise Jacky Coulon. Problème : le manque de cohérence d'un récit, les oublis, les doutes peuvent être des conséquences directes du traumatisme subi. « La non prise en compte du traumatisme est une vraie difficulté pendant les enquêtes, constate Laure Ignace. Il me semble inadmissible de s'arrêter au manque d'intelligibilité d'un récit pour classer un dossier. On prend le risque de trier les victimes, entre celles qui savent s'exprimer, utiliser les bons mots, et les autres. »

Pour Emmanuelle Piet, présidente du collectif féministe contre le viol (CFCV), le taux important de classements sans suite s'explique aussi par l'indigence des enquêtes de police : « Les équipe qui cherchent vraiment des éléments susceptibles de prouver qu'il y a eu un viol finissent par les trouver, juge-t-elle. Certains policiers manquent de formation, certes. Mais surtout, ils sont débordés. Ils ont un nombre élevé d'affaires à traiter, courent après le temps, ont du mal à prendre leurs congés. Ils ont moins le cœur à l'ouvrage. » « Il existe une grande disparité dans les enquêtes menées avant les classements sans suite, relève de son côté Véronique Le Goaziou. Parfois, un gros travail est réalisé, et parfois, c'est très succinct. Cela crée de fortes inégalités entre justiciables. »

Inceste, pédocriminalité : crimes contre l'humanité

Des victimes consentantes ?

Autre raison des classements : le retrait de plainte par les victimes elles-mêmes. « Il est possible de poursuivre, même si un ou une plaignante se rétracte, surtout s'il y a des victimes mineures, précise Clarisse Taron, du syndicat de la magistrature (SM). Des femmes retirent aussi leur plainte sous la menace de leur agresseur, surtout quand c'est leur conjoint. En même temps, de quel droit va-t-on lancer une procédure si la victime ne le souhaite pas ? » « L'État doit se manifester en poursuivant les personnes qui ont violé la loi pour rétablir l'ordre public », estime de son côté Laure Ignace. « Si elles étaient moins maltraitées, les victimes seraient moins nombreuses à retirer leur plainte, ajoute Emmanuelle Piet. Imaginez : vous êtes reçue dans un petit bureau inconfortable, bien souvent par des personnes débordées, avec parfois – en plus ! – une phrase qui vous met en garde contre les fausses déclarations. Et vous devez raconter le viol que vous avez subi ? »

Il existe des « représentations encore tenaces sur l'éventuelle contribution de la victime au viol qu'elle a subi », confirme Véronique Le Goaziou. Une femme auditionnée parle ainsi du calvaire qu'elle endure depuis des années avec son conjoint : insultes, menaces, coups dans le ventre lorsqu'elle était enceinte... Elle a fait divers séjours à l'hôpital. « Elle dénonce certaines pratiques sexuelles imposées, précise Véronique Le Goaziou, notamment des pénétrations vaginales et anales avec une matraque, lorsqu'elle n'est pas suffisamment obéissante. Au cours d'une audition, un enquêteur lui demande de préciser à nouveau comment son compagnon l'oblige à de telles relations. Elle dit qu'il la frappe. L'enquêteur lui demande alors si elle a l'habitude d'avoir des relations sadomasochistes avec son conjoint. » Ces suspicions sur les dires des victimes sont une quasi-constante : on leur demande comment elles étaient habillées, si l'agresseur leur plaisait, la manière dont elles ont résisté, voire si elles ont eu un orgasme.

Des viols requalifiés en « agression sexuelle »

Si peu de violeurs terminent devant une cour d'assises, c'est aussi parce que « la quasi-totalité des auteurs de viols poursuivis sont renvoyés devant un tribunal correctionnel par le parquet », constate Véronique Le Goaziou. Le procureur ou le juge d'instruction demandent à déqualifier le crime de

En guise de préambule

viol en délit d'agression sexuelle, qui relève alors du tribunal correctionnel. Avec cette déqualification, on « oublie » que la victime a été pénétrée. L'affaire du jeune Théo à Aulnay-sous-Bois illustre aussi cette réticence : l'enquête confiée à un juge d'instruction porte sur des « violences volontaires avec arme par personnes dépositaires de l'autorité publique » dont sont accusés quatre fonctionnaires de police, soupçonnés initialement de « viol en réunion ». Et ce, alors que la victime témoigne clairement d'un viol (voir son témoignage).

Moins long, moins cher, moins éprouvant qu'une cour d'assises où siège un jury populaire à qui il faut tout raconter : c'est ainsi que l'on vend la correctionnalisation aux victimes de viols, qui, du coup, n'en sont plus vraiment... « En correctionnel, on ne parle pas de viol : c'est interdit, souligne Emmanuel Piet, du CLCV. Par ailleurs la prescription passe de dix à trois ans. Il arrive que la Justice correctionnalise, avant de dire à la victime : "Non, désolé Madame, c'est prescrit. Au revoir." »

Pour justifier la correctionnalisation, le procureur ou le juge d'instruction parlent de la plus grande sévérité des magistrats professionnels qui siègent, seuls, en correctionnel, sans jury populaire. Mais cet argument ne résiste pas à la réalité : les peines de prison ferme sont largement supérieures aux assises, relève l'étude de Véronique Le Goaziou [3]. Et les juges professionnels n'ont pas nécessairement plus de tact envers les victimes que les jurés. En témoigne cette audience au cours de laquelle le procureur de la République a reproché à une victime de ne pas avoir crié, ni porté plainte tout de suite... avant de lui demander pourquoi elle avait attendu plusieurs heures avant de se laver.

« La correctionnalisation se fait nécessairement avec l'accord de la victime, explique Jacky Coulon, de l'USM. Elle a toujours la possibilité de refuser. » Selon le code de procédure pénale, pour qu'un viol soit correctionnalisé, la victime ne doit pas s'y être opposée. Comment le juge d'instruction le sait-il ? Mystère. Tout se fait oralement, souvent directement entre l'avocat et le juge d'instruction. « On reçoit un appel du juge d'instruction demandant si notre cliente serait d'accord pour correctionnaliser, illustre Laure Ignace qui a un temps été avocate. J'ai eu cette demande dans le dossier d'une mineure, une stagiaire de 17 ans qui avait subi deux fellations forcées très violentes de la part de son supérieur. Il y avait des preuves accablantes, y compris des traces ADN de l'agresseur. » D'abord opposée à la correctionnalisation, la victime a fini par dire oui, épuisée par quatre ans de procédure, et inquiète de devoir attendre encore plusieurs années si son agresseur devait être jugé aux assises. Pour les associations qui accompagnent les victimes, cette liberté de refus de la correctionnalisation est très relative.

Justice sans moyens et délais intolérables

Mais classement des plaintes et correctionnalisation « ont aussi pour qualité de désencombrer les cours d'assises qui ne pourraient faire face à un afflux croissant d'affaires », remarque Véronique Le Goaziou. « C'est malheureusement vrai, constate Clarisse Taron, du SM. On use de la correctionnalisation parce qu'on n'a pas les moyens d'aller aux assises. » Aux assises, un procès dure plusieurs jours. Il faut payer les transports des jurés et les héberger, rémunérer des experts, les magistrats et les greffiers. « Les assises deviennent une juridiction de luxe, déplore Clarisse Taron. C'est pourtant une manière beaucoup plus satisfaisante de travailler. On a le temps de débattre et d'interroger beaucoup de témoins. En correctionnel, on fait de l'abattage. » « Il y a parfois une dizaine d'affaires en une demi-journée, reprend Emmanuelle Piet. Il n'y a pas de témoins, pas de débats, les victimes ne peuvent pas s'expliquer. On ne comprend plus rien. »

Il est évident que la correctionnalisation n'est pas conforme à l'esprit de la loi, renchérit Jacky Coulon. En même temps, pour faire passer tous les faits criminels aux assises, il faudrait revoir tout le système [4]. « Avec les moyens qui lui sont alloués actuellement, la Justice exploserait si elle devait juger aux assises tous les viols qui sont portés à sa connaissance », appuie Véronique Le Goaziou. Manquant de personnel, de feuilles A4 et d'encre pour imprimer les fax, la Justice française est l'une des plus mal notées par la Commission européenne pour l'efficacité de la Justice (Cepej). Selon son étude 2016, l'hexagone consacre 64 euros par habitant à la Justice, contre 108 euros en Allemagne, et 88 euros en Espagne. Chaque procureur français reçoit plus de 2 500 dossiers par an, contre 875 en Allemagne, 775 en Belgique et 263 aux Pays-bas. « On n'arrive pas à écluser le stock de dossiers. En cas de viol ou de vol avec violence, si le prévenu n'est pas en détention, on le jugera trois

En guise de préambule

ans après la clôture de l'instruction, cinq ou six ans après les faits. C'est insupportable pour les victimes comme pour les prévenus », témoignait une magistrate de Bobigny dans les colonnes de Libération en février 2016. Ces délais d'attente intolérables ont poussé certaines victimes à poursuivre l'État pour « déni de justice ».

Introduction

Sans que nous y prenions garde, la transgression du tabou de l'inceste et la pédocriminalité se généralisent de manière ophidienne. Crimes souvent trop facilement attribués au quart-monde de nos sociétés. Il se découvre chaque jour davantage qu'il s'agit d'un mal bien plus global, étendu et numériquement important. Dissocier les procès retentissants – Outreau, Angers – du tourisme sexuel, c'est ignorer que des réseaux anciens s'organisent autour de rituels macabres où des enfants et des jeunes femmes sont sacrifiés pour le plaisir pervers de quelques individus – hommes et femmes – appartenant à des professions au-dessus de tout soupçon.

Faire de ces procès des événements d'exception est une affaire de presse et les appels à l'émotion du public masquent une réalité que nous, citoyens des démocraties modernes, ne voulons pas affronter sous différents prétextes qu'il s'agirait de repérer afin de mieux comprendre comment cette « épidémie » se développe.

Ailleurs, dans des pavillons cossus, des enfants, de plus en plus souvent en bas âge, subissent en silence les assauts d'un père ou d'un beau-père, parfois d'un oncle ou d'un « ami de la famille » – un monsieur si bien ! Ce n'est que quand les faits sont établis, enfin, que l'horreur se répand dans les rues si calmes de nos zones pavillonnaires comme un flot de boue, s'abattant là comme une catastrophe imprévue... Les médias dénoncent et, le temps d'une autre catastrophe, tout rentre dans l'ordre ; les commissions parlementaires et autres instances d'enquête étant là pour ponctuer le silence.[1] Il semble que ce silence cherche à masquer quelque monstruosité qu'il n'est pas bon de mettre en exergue. Les médias distillent ces nouvelles comme autant d'étoiles sombres d'un ciel qui n'existe pas, sinon dans les

---

[1] – Écrit en novembre 2004, bien avant que la fameuse Commission d'enquête parlementaire ne statue sur ce que l'on nomme les « abus d'Outreau » ou ceux du « petit juge Burgaud ».

Introduction

fantasmes de ceux qui se battent pour la défense de ces innocents ou de ceux qui parlent de vastes réseaux fort bien organisés, en Europe, en Russie, aux USA...

Non, la rumeur, largement alimentée par la folie émotionnelle des reportages, ne nous parle que de faits isolés, des lambeaux de déchéance de nos sociétés, un mal avec lequel il nous faut accepter de vivre. Une pollution psychique pour laquelle nous pourrions éventuellement songer à des États Généraux, mais plus tard...

Le Mal a toujours existé et, soyons réalistes, il existera toujours, dit-on pour se dédouaner de toute forme d'implication, voire d'une simple curiosité offensée.

Tout dépend de l'espace que l'on offre à la peste noire de la pédocriminalité pour propager son fléau. Tout dépend également de la limite que nous imposons au Mal. De ce point de vue, nos sociétés bien pensantes et polies par le vernis d'un hégémonisme planétaire parviennent à un point de leur histoire où il s'avère important de rendre des comptes et que nous fassions, tous, le point sur la limite que nous imposons à la démesure.

Cet opuscule a pris naissance au confluent de deux expériences. Durant de nombreuses années, comme éducateur spécialisé puis comme psychologue clinicien j'ai pu recueillir le signalement de nombreux cas d'inceste avérés contre lesquels nous ne pouvions rien. Au fin fond de l'Aveyron, dans la campagne angevine ou dans les banlieues parisiennes, cette transgression, connue de tous, devait passer inaperçue. La signaler pouvait avoir comme conséquence d'être licencié pour faute professionnelle. Il s'agissait d'inceste de l'indigence financière et psychologique. Une pauvre fille – le plus souvent – servait de « paillasse » aux frères, au père, voire à d'autres, oncle, neveux, etc. Novice en ce territoire hexagonal, je ne parvenais pas à comprendre cette tolérance qui s'affichait volontiers comme une sorte de pitié, de commisération pour de pauvres primitifs auxquels les autres auraient accordé le droit à des mœurs particulièrement bestiales. Comme si l'unité d'une commune villageoise se satisfaisait de ces représentations contrôlées du Mal. On y sacrifiait une jeune femme, mais les autres pouvaient vivre en paix. Le Mal étant bien circonscrit…

J'ai pu voir que, peu à peu, ce symptôme de l'indigence touchait également d'autres couches de la société, à pas feutrés, toujours dans le silence. L'histoire des mœurs nous révèle que la transgression du tabou de l'inceste existe depuis longtemps dans nos sociétés et qu'elle a souvent été largement tolérée. Un cas célèbre étant celui du Pape Alexandre VI (famille Borgia), il eut un enfant avec sa fille Lucrèce et il ne fut jamais destitué ni condamné.

Désormais, ce mal est très largement étendu, la pédocriminalité est devenue un fléau qui s'est répandu sur la planète entière au point que s'organisent autour d'elle des circuits de tourisme qui masquent à peine leur finalité. Nous apprenons chaque jour que les prédateurs font partie du tissu général de nos sociétés technologiques. Ce ne sont plus des êtres d'exception desquels, pour quelque raison majeure, on tolère quelques écarts. Le crime d'inceste, toujours aussi silencieux, n'est plus le symptôme d'un milieu indigent ou privilégié, il atteint toutes les couches de nos populations. Il demeure cependant toujours caché, honteux, rampant, suscitant la honte mais rarement le signalement. Quand une malheureuse victime ose porter sa douleur sur la place publique, c'est elle qui fait figure d'agresseur, de fauteur de trouble. Et, comme telle, la justice est sourde à ses plaintes. Les familles, à l'unisson, se portent contre elle, faisant mine d'être scandalisées devant tant d'infamie. Pendant ce temps, un prédateur anonyme se trouve à devoir serrer les mains des représentants de la force publique, s'excusant de telles accusations.

Témoignage et séquences de vie

Aujourd'hui, je recueille les paroles d'une maman de 27 ans qui a surpris chez sa fille des comportements « bizarres ». À l'école, elle dessine des êtres dotés d'un sexe masculin. L'enfant se plaint de ce que sa « foufoune lui fait mal ». Elle mime ce que

Introduction

l'on fait à sa « foufoune ». L'enfant a trois ans. La mère sort d'un procès de divorce qui s'est conclu par une déclaration de faute à son encontre. Elle alerte les services hospitaliers qui font subir divers examens médicaux à sa fille. Sa vigilance est éveillée mais ce qui me choque c'est l'appréhension de cette mère à engager un processus de surveillance car, dit-elle : « Avec un divorce pour faute, la famille de mon mari pourra se retourner à tout moment contre moi. » Le père s'avèrera être un manipulateur psychique.

Nous sommes au cœur du problème ! La victime craint son prédateur, même devant la justice des hommes.

Nous l'aurons compris, il n'est pas bon d'être ou d'avoir été la victime d'un prédateur usant et abusant de son autorité pour établir une domination vicieuse sur sa victime. Une telle bête semble posséder tous les atouts d'un jeu distribué d'avance.

Usant des moyens sophistiqués d'Internet, je participe depuis de nombreuses années à des forums publics, ces tribunes libres sur lesquelles chacun peut porter sa parole. Sur les grands forums internationaux, la confession n'est guère possible. Il y a trop de « trolls », ces navigateurs inconstants sans foi ni loi qui ridiculisent les plus faibles, le plus souvent. C'est sur des forums privés, plus protégés, que l'on croise des rescapés de l'enfer du viol et de l'inceste. Sur le forum du Village Psycho-ressources,[2] à partir des questions posées par de nombreux/ses intervenants/tes, le thème de l'inceste fut abordé sans pudeur.

Lors d'une longue session, le point de vue de la victime était surtout au centre des discussions. Des psychanalystes orthodoxes intervinrent, exposant des thèses déjà connues, sans vraiment entendre... Peu à peu, les débats se portèrent sur la personnalité du prédateur et débouchèrent, enfin, sur les implications plus sociales et historiques de l'existence de l'inceste.

Les différents témoignages et interventions ont montré

---

[2] – Ce forum est actuellement clos, j'en donne néanmoins l'ancienne adresse : <http://village.psycho-ressources.com/>. Il existe de nombreux forums modérés de langue française qui accueillent des rescapés de l'inceste ou du viol. D'un point de vue documentaire, le caractère éphémère des lucioles de l'Internet pose problème. En effet, il se perd ainsi d'énormes sources de témoignages.

combien l'approche de ce problème demeurait encore tabou, imprégnée de préjugés et de craintes. Notamment : « Guérit-on d'une telle blessure ? », « Est-il vrai que la victime reproduit ce qu'elle a subi sur ses propres enfants ? » Comme s'il s'agissait d'une peste de l'âme.

Par-dessus tout, le silence des professionnels présents sur le forum a particulièrement attiré mon attention. Et quand ces derniers posaient quelques indications, toutes surgissaient du fond de 120 ans de théorie psychanalytique, sans souci aucun de ce qui se disait ni de ce qui s'exprimait. Je pensais que, depuis mes années d'université, les praticiens de la psychanalyse avaient évolué, accordant plus d'attention, de bienveillance et d'ouverture à ceux qui rapportent leur témoignage dans l'espoir, un jour, d'être hissés hors de l'enfer.

À la lecture de si nombreux témoignages, à la lumière de ma propre expérience, je pris conscience que le crime d'inceste, et plus largement la pédocriminalité, devenait un véritable fléau qui minait silencieusement nos sociétés, sans que quiconque, en dehors de quelques individus un peu plus soucieux que d'autres des fondements des lois, ne prenne la peine de sortir d'une sorte d'indifférence honteuse.

L'exploration d'Internet, l'étude des bibliographies montrent le peu d'intérêt porté à ce qui m'apparaît désormais non comme un problème de société mais comme un crime de civilisation, qui gagne la planète partout où les cultures du « marché » gagnent en territoire. Mais ramener la transgression du tabou de l'inceste et la pédocriminalité à un problème de société, c'est oublier le caractère universel de ce tabou. C'est ignorer les raisons qui ont permis à celui-ci de traverser les millénaires.

La transgression du tabou de l'inceste et la pédocriminalité sont un problème de civilisation !

Il existe indéniablement une corrélation entre l'invasion de la culture du marché et la pédocriminalité ! Nous exportons nos mœurs, comme les colons d'antan exportaient leurs virus, décimant ainsi les populations conquises. Nous exportons nos cultures conquérantes et guerrières dans lesquelles les faibles n'ont pas de place. L'autre y est un objet à dominer. Le pédocriminel raisonne de même par rapport à sa victime. Ce faisant nous ignorons la place de l'enfance dans le devenir d'une civilisation, tout comme, d'ailleurs, nous ignorons volontiers que nous laissons aux civilisations futures, celles de nos enfants et petits-enfants, une terre en désastre.

Pourtant, il semble bien que l'on se satisfasse de ce silence qui accompagne les souffrances sourdes d'enfants perdus quelque part dans les villes, soumis au vice de leur prédateur. S'il en est ainsi sans que des réactions surviennent, c'est qu'il y a plus grave, plus profond, plus enraciné et qui se présente sous forme d'une menace. C'est une attitude collective fort connue de faire « comme si » quand la conscience se trouve en présence d'une catastrophe qui dépasse l'entendement. Quand l'Europe ployait sous les bottes nazies, les peuples d'Europe se taisaient, quand se dressait la liste des déportés après les rafles, chacun se taisait. Les dirigeants français, anglais et américains connaissaient bien avant-guerre le sort qui était réservé aux juifs déportés, silence ! Soixante ans après, le traumatisme n'est toujours pas surmonté. Plus, nous n'avons pas tiré les leçons de l'existence du Mal dans nos sociétés. Nous ne savons pas ce qu'il faut en faire. Ainsi se révèle un très profond malaise sur lequel nous ne pouvons faire silence.

Parlant du Mal, je faisais lire les premières épreuves de cet essai à une personne elle-même rescapée de l'inceste. À la lecture du mot Mal, elle exprima une certaine réticence. Cela lui rappelait trop, disait-elle, la religion. Certes, mais comment nommer autrement cette chose qui nous envahit ? Que la référence religieuse gêne est un fait, que les institutions religieuses aient, peu ou prou, tenté de nommer le Mal pour mieux ériger leurs dogmes est un autre fait, mais nous ne pouvons pas pour autant nous taire et faire « comme si » à grand renforts de concepts nouveaux dans un jargon qui nous donnera l'illusion que nous avons mis la chose à distance, qui ne renverra à rien d'autre que nos résistances à assumer une vérité tangible. C'est bien tout le problème de nos sciences et de leur jargon. Une chape immense de glace sur tout ce qui touche le monde… pour croire que l'on domine et contrôle tout. La psyché humaine échappe encore à la science et il y a de fortes chances pour qu'elle continue de lui échapper durant longtemps encore.

L'interdit de l'inceste est le tabou fondamental de l'humanité, étendu à toutes les cultures et les civilisations et, probablement, le plus ancien. Sa transgression nous met en présence d'un crime innommable, d'une atteinte aux bases mêmes du tissu social humain. Et, en élargissant l'enquête à la planète, il se révèle que ce crime suit les conquêtes de nos pseudo démocraties ou de la culture du marché, telle une suite touristique ou un complément économique. Du temps des guerres de conquêtes, les grandes armées, non contentes d'emmener la terreur chez l'ennemi, traînaient avec elles nombre de maladies semant la mort autant que les canons le faisaient ; le néocolonialisme du « Marché » sème d'autres instruments de mort et d'indignité. Les pires qu'il soit ! Ceux de la perte de la dignité humaine, de l'humiliation et de la rétrogradation des plus fragiles au rang d'objet à soumettre et à exploiter, tant au plan économique que sexuel.

Nous pouvons donc nous demander d'où vient ce silence, pourquoi il existe et ce qu'il peut bien nous indiquer. Nous devons alors nous insurger devant l'absence de réponses à tant de questions sur l'inertie de nos justices si fières, ailleurs, de porter leurs idéaux partout sur la planète comme le bienfait universel, oubliant les semences de la soumission qui les accompagnent.

> « Merci, mille mercis de m'avoir à nouveau prêté [sic] Edith. C'est une enfant des plus adorables. C'est vraiment bon – je veux dire pour la vie spirituelle, au sens où il est bon de lire la Bible – d'être au contact de tant de douceur et d'innocence. »
> L. Caroll[3]

Préalables

Mon principal objectif, ici, sera de donner des indications qui englobent le plus largement possible l'existence de ce fléau. Mon approche se fera donc sous l'angle de l'individu victime, de la société ensuite, plus loin des fondements de nos cultures. Il apparaît en effet qu'à travers cette transgression c'est la cosmogonie même de notre civilisation qui est atteinte. Comment vouloir étendre au monde des idéaux de liberté et de démocratie pendant que dans nos maisons « un monstre dévore nos enfants », ainsi que s'exprime l'intervenante d'un forum Internet ?

Pour l'individu, il sera question des différentes approches possibles dans un itinéraire de vie. Comment aborder une psychothérapie ; une psychanalyse est-elle possible ; quid du devenir de ces « innocents en danger » quand ils deviennent adultes ? J'aborderai la question de l'inceste et de la survie des victimes d'abord sous l'angle du comportementalisme. Il faut savoir que c'est sur ce plan que nous trouvons le plus de ressources. Cette tendance est, *a priori*, normale car le signalement et l'intervention se font, la plupart du temps, à partir de ce que l'autre – éducateurs, voisins –, parents protecteurs, etc. voit ou perçoit.

Au plan de la société, je rapporterai mon expérience des différents circuits, du social au judiciaire, passant par les organisations non gouvernementales. Ce qui me conduira à donner

---

[3] – L. Carroll, pédophile impenitent, *à Mrs Mayhew, 1 juin 1992*, in *The Collected Letters of Lewis Carroll*, éd. Marton Cohen, Londres, 1979.

quelques indications pratiques pour réagir quand on est témoin ou confronté à des affaires de pédocriminalité ou d'inceste. De telles indications sont données par de nombreuses associations d'accueil mais, selon moi, l'apport d'une psychologie des profondeurs demeurant très pauvre, il semble nécessaire de recadrer certains points de vue. La part de l'Inconscient demeure pauvre. On s'en méfie, à juste titre bien souvent. La critique de la psychanalyse s'organise et s'étoffe et de nombreuses substitutions nous sont louées chaque année. Mais les phénomènes de mode peuvent aussi troubler l'esprit, résoudre quelques problèmes pour mieux en masquer d'autres. Les thérapies comportementalistes sont à la mode !

Plus loin, je tenterai une esquisse de théorisation – au sens antique du terme qui consiste à rapporter les faits de la manière la plus proche possible de la réalité – qui débouchera sur deux propositions, l'une qui consiste à porter la parole des victimes partout où cela est possible, l'autre qui découle du constat pessimiste, celui d'une société en pleine dérive et par suite, d'une absence tangible de volonté de faire face à ce qu'implique une certaine banalisation de la transgression de l'inceste mais aussi, par extension, de la pédocriminalité... Je poserai que le dévoilement d'affaires d'inceste, loin de montrer un meilleur fonctionnement de la justice – elle en est très loin, révèle l'ampleur de la propagation d'un mal que nous avons tous laissé ramper sans nous en indigner. Ce ne sont pas les rebondissements médiatiques retentissants qui nous laisseront penser qu'il existe une véritable volonté de prise de conscience. À lire la presse régionale, la rubrique judiciaire notamment, on constate, effaré, que ces affaires sont courantes, multiples, quotidiennes. Nous sommes tous concernés par les transgressions de ce tabou, mais comment et que faire ?

Enfin, je tenterai d'apporter une réponse au sens que peut prendre la tolérance honteuse à ce crime infâme.

Nous verrons enfin comment la notion de crime contre l'humanité peut s'appliquer aux crimes commis contre des enfants. S'il existe une prise de conscience qui permet désormais, sinon de protéger les femmes, au moins de condamner leurs bourreaux, on ne peut pas en dire autant des enfants, de leur droit à être protégés, dans quel cas et en quelles circonstances. Quels sont les crimes contre l'humanité qui concernent particulièrement les femmes ? Nous savons répondre. Pas pour les enfants !

La méthode de l'exposé

J'ai choisi un mode d'exposé en « spirale » : partant d'un point de vue extérieur, à la surface des faits – avec ce que cela implique d'opinions et de préjugés, j'y reviens en y apportant une autre dimension, celle de l'inconscient et de l'ailleurs, de ce qui échappe à la compréhension immédiate, des mythes connus de nos civilisations. J'élargis enfin la vision de la pédocriminalité au vaste champ d'une culture qui, débridée, excessive, aveugle, dispense la destruction, la soumission de ce qui diffère d'elle et s'arroge le droit à l'universalité. Que la question du Mal soit alors posée paraît logique et, peut-être, celle de la « banalisation du Mal ». Que l'on pose également la question du modèle universel de société que l'on nomme libéral, paraît découler de la même logique. Nous verrons que, derrière les apparences « libérales », se cache une société prédatrice qui refuse de s'assumer comme telle. Que nous le voulions ou non, il n'est pas exagéré d'affirmer que le crime d'inceste pose, d'une manière générale dans nos cultures, le vaste problème de l'excès, de la démesure et finalement, de l'abolition de la conscience morale.

Le lecteur européen pourra donc être surpris par ces reprises mais l'exposé linéaire ne me paraissait pas approprié. Il eût fallu d'emblée énoncer les concepts à partir desquels j'aurais dressé ma démonstration, ce qui s'avérait peu opérationnel. Chaque niveau de réalité individuelle ou collective, en effet, entre en résonance dialectique avec un autre qui lui correspond dans l'Inconscient en symétrie ou en complémentaire. Dans ce type de décours, je reprends mots-clés et concepts-clés à chaque étape du développement. Nous verrons également que les concepts dont la psychologie dispose pour comprendre ces crimes s'avèrent insuffisants.

Contenu de l'ouvrage et témoignages

Ce document présente des textes écrits sous des pseudonymes. Il s'agit des écrits libres de personnes qui ont eu à vaincre la honte, la culpabilité, après avoir connu l'horreur dans l'enfance. Ce sont les « photos » singulières de drames anciens. Je réprouve l'exposé de « cas cliniques » qui se limite le plus souvent à donner aux personnes la dimension d'objets. Si nous voulons avancer en refusant d'altérer l'immédiateté de l'expérience individuelle, il convient d'écarter les méthodes classiques de la psychologie clinique. Pour vraiment rendre aux personnes leur dimension d'individu, propre et unique, il nous faut rompre avec cette manière classique de présentation du cas clinique qui découle d'une filiation médicale.

Par ailleurs, le modèle clinique, très individuel, ne nous dit rien de l'interaction avec l'environnement et avec l'histoire. C'est pourquoi le modèle anthropologique est bien plus proche du réel malgré ce qu'on peut lui objecter : subjectivité, absence de chiffrage statistique, etc. Les récits, les romans, bien que ce genre se rapproche plus de la fiction que du réel, nous traduisent ce que les chiffres ne pourront jamais rendre : l'émotion, le sentiment, l'esthétique, le drame intérieur et individuel. Or, il nous faut bien sortir ici du dédale de l'objectivation qui, nous le verrons, se trouve très largement imprégnée d'idéologies douteuses et flottantes. Le drame de la pédocriminalité traduit un malaise de nos sociétés hédonistes. Par conséquent, il s'inscrit dans un point aveugle de nos consciences. Il révèle, surtout, notre incapacité à nous confronter et à assumer le Mal en nous. Il est bien plus commode de le projeter sur des boucs émissaires livrés facilement à l'opprobre par une actualité souvent dramatique.

La première lecture du manuscrit de ce présent essai m'a renvoyé quelques remarques dont certaines méritent d'être abordées ici.

« Le procès d'Outreau a évolué et a fait la démonstration que les enfants peuvent aussi mentir. » Je ne suis pas de ceux qui participent de l'angélisme enfantin. Il me semble affirmer tout le contraire. C'est un fait avéré, la vérité ne sort pas nue de la bouche des enfants. Mais entre déni et crédulité, il y a une mesure que nous devons prendre en compte. Les enfants et plus précisément les très jeunes enfants sont extrêmement sensibles à la manipulation et ils n'abordent pas la réalité à notre manière. Elle surgit souvent de manière détournée, allégorique et, surtout, dans un climat de confiance établi par l'adulte. Dans le cas d'enfants maltraités, cette confiance ne s'établit pas facilement, précisément car l'enfant a été abusé et il a perdu toute forme de confiance en l'adulte. Et ce ne sont pas quelques heures d'entretien qui vont permettre d'établir un climat propice à une parole libératrice. La justice, dans son impatience, fait violence.

Par ailleurs, le procès d'Outreau ne nous apprend rien quant au crime d'inceste, c'est même une des graves impasses que cette affaire met en évidence. Il y eut des accusés gravement lésés, injustement mis en cause, mais si nous n'en retenons que ce fait : « les enfants de Mme. Badaoui ont menti ! », nous encourageons les prédateurs car c'est ainsi qu'ils établissent leur domination. « Personne ne te croira ! » Si telle doit être la conclusion d'une telle affaire, alors il s'agit d'un gigantesque ratage !

Une autre remarque m'impose une explication : « Dans le cas des témoignages, peut-être serait-il judicieux d'en mettre un peu moins. » Il m'a même été dit : « On plonge dans le sordide ! » comme une critique de pure littérature.

Dans cette étude, j'ai inscrit des résumés d'affaires en cours, ceux qui sont en tête de l'étude. Ces résumés ont été lus par les familles ou les avocats. Il a seulement été fait état des contenus des premiers signalements.

Concernant les témoignages d'adultes, que leur contenu choque ne m'étonne pas mais l'écriture, le récit faits par la victime apportent le sentiment et l'émotion qui manquent à l'objectivation. Celle-ci résonne souvent comme objectalisation : il n'y plus de sujet, que des objets. J'ai souvent été choqué par le caractère froid et impersonnel de ces exposés. Ce n'est pas parce que d'un côté nous dénonçons le caractère spectaculaire d'une société de l'émotion, qu'il nous faut balancer sur l'autre bord et ne garder que le caractère froid et dépouillé de la dissection.

C'est pourquoi, comme je l'ai dit plus haut, je me suis rapproché de la méthode anthropologique qui consiste à demeurer au plus près de la réalité en rapportant les faits, même dans leur imperfection littéraire ou narrative. C'est au lecteur de juger ou de trier. Durant l'élaboration de cette étude, j'ai demandé à quelques personnes de bien vouloir témoigner de leur vécu. J'ai fait en sorte que leur parole soit la plus libre possible. À l'issue d'une première écriture je leur ai simplement demandé de faire en sorte qu'il soit impossible d'y reconnaître des personnes ou des lieux. Ce fut tout. Il ne m'appartenait pas de prendre l'initiative de la moindre correction littéraire. Je n'ai fait lire mon manuscrit à ces personnes qu'une fois tous les témoignages insérés dans l'étude, leur demandant, une dernière fois, s'ils donnaient définitivement leur accord pour une publication.

Les témoignages recueillis sont livrés in extenso, sans aucune correction.

Maintenant, si nous devons réfléchir au caractère brutal et choquant du contenu de certains témoignages, il importe d'avoir présent à l'esprit les faits suivants. Nous ne pouvons ignorer le vécu des victimes de viol, d'inceste ou de pédocriminalité. Dans une affaire qui passe en justice, les juges s'enquièrent des moindres détails. À seule fin de donner à la Cour et aux jurés la faculté de délibérer en leur âme et conscience. Si nous assistons aux débats d'un procès en Assises, nous entendons tout. Si les faits sont édulcorés, c'est l'affaire de ceux qui les rapportent, les journalistes le plus souvent. Et cette œuvre n'a pas d'autre but que d'éviter de choquer le public. Je n'ai pas pour objectif, ici, de jouer au journaliste. Je m'adresse au lecteur et à mes pairs avec pour objectif de révéler ce qui se passe vraiment, de renseigner chacun sur mon expérience. Le silence qui pèse sur toutes ces affaires est trop lourd et nous devons briser ce mur de l'ombre. Le livre est une invitation au débat et à la critique. Je donne des éléments vrais à cette fin.

Que ces témoignages crus nous choquent car ils rapportent

des détails intimes sur les odeurs, sur les actes, sur l'intimité d'une angoisse de tous les instants et nous voilà, en effet, en direct avec ce que vivent nos victimes, 10, 20, 30 ans après. Cela mérite une certaine attention. Que voulons-nous ? Que chaque témoin se transforme en romancier pour inscrire son histoire sordide au sein d'une romance plus ou moins dramatique, romance tout de même ? Cela rendrait le drame plus facilement commercialisable ?

Hé bien, non ! Il ne peut pas en être ainsi.

Enfin, de telles remarques ne font qu'appuyer ma démonstration. Il serait si facile d'aborder ces crimes de manière distanciée, au sein de quelque cabinet feutré et entre experts, d'en débattre au cours de quelques festivités littéraires. Précisément, non ! C'est l'affaire de tous et si certains témoignages choquent par leur nature crue, ils parlent d'une réalité pénible, atroce, irréelle et celle-ci tend à se banaliser. C'est ce contre quoi je m'insurge et j'invite mes lecteurs à s'insurger.

Sortir d'une culture du silence s'impose plus que jamais !

Les préjugés

L'ignorance d'un fait de société, pour quelque raison que ce soit, rend le tissu social très perméable à toute sorte de rumeurs et de préjugés. Loin de ne toucher que les zones « populaires », ces rumeurs inondent aussi le monde de la raison et de la « réflexion ». Leur propagation est même une des conséquences les plus évidentes d'un savoir trop orienté. Souvenons-nous des rumeurs infectes qui se propagèrent au moment de la découverte du virus du Sida. Il n'y eut pas que des moralistes d'un autre âge pour dire qu'il s'agissait de la peste gay. De même, autour de l'inceste, les préjugés populaires et scientifiques se côtoient. Certains ont été largement diffusés et faussement étayés par la théorie psychanalytique. Mais cette théorie est actuellement largement critiquée, surtout par des historiens, bien moins par les cliniciens eux-mêmes qui continuent de subir une influence très forte de la part des professions liées aux soins psychiques – psychiatres, psychologues cliniciens, éducateurs – depuis les universités jusque sur les lieux de travail, dans les équipes de soins ou d'accueil.

En recueillant des informations de-ci de-là, l'étudiant curieux pourra entendre l'énoncé de certains de ces préjugés.

Le risque pour les victimes de reproduire sur leurs propres enfants les faits dont elles ont été victimes : faux ! Rien de scientifique ne permet d'avancer une telle contrevérité. Cette idée fausse, très répandue, alimente cependant la culpabilité des victimes devenues adultes et les rend très fragiles, une fois devenues parents à leur tour. Pour ces personnes, le poids du préjugé est aussi négateur que celui du passé. Il prive, en effet, la personne d'une écoute à l'endroit même où elle en aurait le plus besoin, sa société, sa culture.

Le psychologue ou le médecin doit-il intervenir s'il lui est donné de constater des faits qui relèvent du crime d'inceste ? Vrai et faux à la fois ! La loi fait obligation de déclarer au juge tout fait de maltraitance car le clinicien peut être mis en cause pour « non assistance à personne en danger ». Il n'existe cependant pas de disposition spécifique qui distingue le crime d'inceste des autres crimes sexuels commis sur des enfants. Il faut en outre prouver que la victime n'était point consentante, même si cette contrainte tend à ne plus faire l'objet de la demande des juges, vu l'âge souvent précoce des victimes. De cette contrainte, dont le prédateur tire souvent profit, de nombreux non-lieux furent prononcés par la justice et, en retour, des médecins sanctionnés par leur corporation, des parents protecteurs attaqués en diffamation…

Une psychanalyse est-elle recommandée pour ces victimes devenues adultes ? Non, pas dans un premier temps ! Une cure analytique, même bien initiée peut « couvrir » les souffrances originelles et augmenter le sentiment d'insécurité qui habite la personne car l'angoisse primaire demeurera vivante. L'enjeu pour ces personnes est, d'abord, de retrouver le sentiment d'une véritable construction. Solidifier le Moi est primordial dans un premier temps. En substitution, nombreuses sont les associations de défense de l'enfance en danger qui s'entichent du concept de « résilience » dont le propagandiste enthousiaste est Boris Cyrulnik. Or, c'est là un phénomène de mode qui répond bien plus à une réaction émotionnelle aux carences des théories dominantes – la psychanalyse par exemple – qu'à une véritable recherche de solutions thérapeutiques.

Autre préjugé répandu tant par les prédateurs que par des « théoriciens » : quelques victimes innocentes tireraient « un certain plaisir » de cette relation : c'est un fantasme de tordu dangereux et on s'étonne d'avoir encore à l'entendre.

L'inceste est-il inscrit chez l'enfant comme fantasme, comme désir inconscient ? Faux ! Et je mets quiconque au défi de porter un témoignage d'un tel type pour un enfant de moins de sept ans à la connaissance de la communauté scientifique. Il faut insister sur un fait incontournable : l'enfant, jusqu'à 6 ou 7 ans n'exprime pas sa libido de la même manière que l'adulte qui, lui, a la possibilité consciente de la réduire au seul niveau génital. Nous verrons plus loin ce à quoi renvoient les fantasmes et les rêves de l'adulte. Cela nous conduira sans doute à cheminer à la place du prédateur. Un tel avis découle de la conception dite de « l'enfant pervers polymorphe » dont Freud avait fait un des points importants de sa théorie. C'est ensuite de cette conception que naquit le « Complexe d'Œdipe » qui demeure une sorte de grand mythe fondateur de la psychanalyse. La valeur scientifique de ces élaborations fait maintenant l'objet de nombreux débats au sein des groupes et écoles psychanalytiques.

L'inceste s'expliquerait-il par les mythes ? Pas plus que le cannibalisme, les sacrifices humains, la zoophilie, etc. Et ce n'est pas parce que ces faits criminels se révèlent à nous en très grand nombre qu'ils se justifient au regard de la civilisation.

Nous faisons trop souvent référence aux mythes antiques, grecs de surcroît, ceci en vertu d'un préjugé tenace selon lequel nous reconnaissons en cette civilisation l'ancêtre de la nôtre. Ce que les historiens démentent chaque jour. Et nous oublions ainsi que les seuls mythes qui pourraient avoir une quelconque indication sur la manière dont nous abordons les problèmes et les défis spécifiques à ce moment particulier que l'Histoire traverse sont ceux que nous créons chaque jour. Or, il faut beaucoup de distance pour les discerner. L'œil ne voit pas ce qui est en lui ! Il faudrait entendre les historiens et anthropologues d'autres cultures pour pouvoir prétendre que nous abordons quelque peu nos propres mythes. Or, nos prétentions à l'universalité, notre ethnocentrisme nous privent de ce premier moyen d'y voir un peu plus clair en nous, en nos sociétés.

Ainsi le recours aux mythes qui se fait sans prudence peut devenir un moyen d'échapper aux questions fondamentales posées par l'existence de l'inceste dans une société qui semble en accepter la présence comme un fléau « naturel », même en le considérant comme une aberration.

Je reviendrai sur ce point de façon plus détaillée pour montrer combien cette double dérive est grave.

Première dérive pour une société qui se réveille avec la gueule de bois en constatant les ravages du « Mal ».

Deuxième dérive pour ceux qui laisseraient accroire que cela trouve une source quelque part !

Les préjugés

Depuis de longs temps déjà, la transgression du tabou de l'inceste se cherche des justifications et chaque culture en sécrète de nouvelles. Il est probable que, bientôt, l'éthologie viendra au secours de ces dérives car, c'est un fait connu, certaines espèces se fichent de ce tabou. On ne dira cependant pas toujours de quels animaux il s'agit, ni dans quelles circonstances cela se produit.

Et ce recours à la nature, par animaux interposés, n'est pas innocent. Pour justifier l'existence du mal, la conscience, instrument privilégié du rationalisme, cherche la caution de dame nature. Une autre manière bien paradoxale de démontrer une sorte de dérive infantile de nos valeurs. Nous pourrions, à la limite, expliquer nos conduites extrêmes par la sauvagerie et la cruauté animales. La science donne des ailes mais l'éthologie ne peut que nous renseigner partiellement sur la dynamique instinctuelle de l'être humain. Or, au plan éthique, nous n'avons pas à fonder les conduites humaines, individuelles ou sociales, sur la nature mais à les orienter selon une exigence d'humanisation qui intègre et transcende les données biologiques. D'autre part, tout projet d'évolution morale doit prendre en compte les exigences minimales de dignité humaine, individuellement ou en groupe. En particulier, le souci moral d'une société doit pouvoir répondre à la nécessité d'assurer à nos enfants la sécurité affective ainsi que des propositions culturelles, philosophiques et éthiques qui leur permettent d'acquérir suffisamment de maturité pour faire leurs propres choix dans un environnement dont ils acceptent les valeurs. L'animal échappe à la capacité de produire des représentations. L'être humain se crée très tôt une représentation du monde et quand celle-ci se généralise, les germes d'une culture sont là. Or, la question que la barbarie – dont la pédocriminalité n'est qu'un aspect – pose est celle de notre capacité à surmonter les épreuves et à changer de niveau de conscience en nous dépassant nous-mêmes, individuellement, et ce, en changeant d'attitude.

Point de vue juridique et pénal

Il est intéressant de noter que l'inceste n'est nullement interdit par le droit français, pourvu qu'il se pratique entre deux personnes majeures et consentantes. Peu de textes légifèrent en la matière. Cependant, les indices de la prohibition de l'inceste se retrouvent dans deux domaines seulement. On dirait que le législateur n'a jamais imaginé l'éventualité d'un crime de viol commis sur des personnes mineures.

A – Droit civil (Articles 161 à 164 du Code Civil)

1 – Interdiction du mariage entre personnes présentant certains liens de parenté ;

– entre ascendants et descendants légitimes ou naturels et les alliés dans la même ligne. (art. 161). L'interdiction peut être levée par autorisation du Président de la République pour raison grave en ligne directe uniquement pour la parenté par alliance, (beau-père) si la personne qui a créé l'alliance est décédée ; (art. 164)

– entre collatéraux, frère et sœur légitimes ou naturels (art. 162) – entre collatéraux, oncle et nièce, parenté légitime ou naturelle (il est donc autorisé entre beau-frère et belle-sœur depuis 1975). (art. 163) Cette interdiction peut être levée par autorisation du Président de la République pour raison grave. (art. 164)

2 – L'interdiction de l'établissement de la filiation (art. 334-10 du Code Civil)

Il est interdit d'établir la filiation incestueuse à l'égard des deux parents. La filiation ne peut être établie qu'à l'égard d'un seul (en général la mère). En effet, le rapprochement des deux filiations permettrait de faire apparaître le lien incestueux. Cette interdiction est d'ordre public. Elle contredit la logique de la loi de 1972 sur la filiation, loi qui voulait complètement dissocier le sort de l'enfant de celui de ses parents. Le fruit de l'inceste demeure ainsi marqué du sceau de l'infamie.

B – Droit Pénal

Le viol et les agressions sexuelles sur mineur. La loi pénale punit le rapport sexuel et l'agression sexuelle sur un mineur. Il n'y a donc pas pénalisation spéciale réservée à l'inceste, le caractère incestueux n'étant qu'une circonstance aggravante du viol et de l'agression sexuelle sur un mineur. Elle consiste dans le fait que l'auteur est un ascendant légitime, naturel, adoptif, ou qu'il a autorité sur l'enfant (beau-père, concubin). Son évaluation est laissée à l'appréciation du juge d'instruction ou des jurés d'assises.

Seule prévaut la notion d'autorité. Du côté de l'agresseur la dépendance induit un corrélat, c'est l'autorité. C'est pourquoi la loi ne fait pas de distinction entre père et beau-père en avançant le terme d'« ascendant ». Depuis 1980, le viol (art. 222-23 Code Pénal) est défini beaucoup plus largement, ce qui permet désormais de couvrir des situations délaissées par l'ancienne définition.

Le viol commis par un ascendant (art. 222-23 Code Pénal) porte les peines encourues de 15 à 20 ans de prison. L'agression sexuelle commise par un ascendant est une circonstance aggravante de l'agression sexuelle sur mineur. La peine est portée de 7 ans à 10 ans (art. 222-30 Code Pénal)

C – Le médecin face à l'inceste

Une étude publiée dans les années 1990 concluait à la rareté des dénonciations des maltraitances à enfant par le médecin traitant. Il faut dire qu'outre la difficulté du diagnostic, le problème du secret médical relève d'une interprétation difficile des textes.

Le secret médical est de rigueur (art. 226-13 du Code Pénal), mais les médecins ont la faculté – mais pas l'obligation – de dénoncer auprès du Procureur de la République les sévices sur mineurs qu'ils ont pu constater. (art. 226-14 Code Pénal)

Voici le texte de l'article :

L'article 226-13 (secret professionnel) n'est pas applicable dans les cas où la loi impose ou autorise la révélation du secret.

En outre, il n'est pas applicable :

– à celui qui informe les autorités judiciaires, médicales ou administratives de sévices ou privations dont il a eu connaissance et qui ont été infligés à un mineur de 15 ans.

Il s'agit bien de l'absence de poursuites contre le médecin qui dénonce, il ne s'agit pas d'une obligation de dénoncer. Notons que, dans certaines affaires, des médecins ont été poursuivis et sanctionnés par leur Ordre pour avoir dénoncé des faits de violence sur enfant... Au contraire, dans une affaire dévoilée par les médias en mars 2006, deux médecins ont été suspendus par un procureur pour « non assistance à personne en danger ».[4]

Pourtant l'article 44 du Code de Déontologie Médicale précise :

« Lorsque le médecin discerne qu'une personne auprès de laquelle il est appelé, est victime de sévices... s'il s'agit d'un mineur de 15 ans ou d'une personne qui n'est pas en mesure de se protéger en raison de son âge ou de son état physique ou psychique, il doit sauf circonstance particulière, qu'il apprécie en conscience, alerter les autorités judiciaires, médicales ou administratives. »

L'obligation de dénonciation de crime exclut de façon expresse les médecins (art. 434-1 Code Pénal) mais l'article 223-6 du Code Pénal réprime la non assistance à personne en danger...

D – L'inceste comme mode de vie

---

[4] – La justice a interdit d'exercice deux médecins d'Auby (Nord) pour ne pas avoir dénoncé la maltraitance d'un enfant mort sous les coups de ses parents quelques jours après avoir été ausculté par les praticiens. Dix jours après avoir mis en examen un premier médecin, le procureur de la République de Douai a décidé de poursuivre un second médecin pour les mêmes motifs de « non dénonciation de maltraitance et non assistance à personne en danger ».
Le premier médecin mis en examen a reçu l'enfant le 17 janvier 2006, le second le 30 décembre 2005. L'enfant, âgé de 5 ans, a été retrouvé mort le 25 janvier 2006.
De source judiciaire, on rapporte qu'il portait des lésions « abominables », des traces de brûlures et de nombreuses fractures. Le beau-père de l'enfant a été mis en examen pour « actes de tortures et barbarie ayant provoqué la mort » et écroué. La mère a été mise en examen pour complicité.
Le conseil de l'ordre est surpris, étonné de l'interdiction d'exercer qui frappe deux confrères, il indique que les sévices à enfants ne sont pas faciles à détecter, les deux médecins étant expérimentés, si ces sévices avaient été évidents, ils auraient agi. (Agence Reuter) Cité par « Les droits de l'enfant ». Voir l'URL du site en fin d'ouvrage.

Les préjugés

La loi pénale n'interdit pas les rapports incestueux entre adultes. D'après les Renseignements Généraux, 1 à 4 adultes pour 1000 vivraient des unions incestueuses. Durant mes années d'activité dans la campagne profonde, j'avais déjà constaté l'existence de liens incestueux durables et tolérés, mère/fils, père/fille, frère(s)/sœur(s), dans certaines familles. La rumeur ne disait jamais quand ces relations avaient commencé. Était-ce quand l'enfant était mineur, après sa majorité... ? Chacun savait mais se taisait.

On remarquera la très nette complexité du droit en matière d'inceste et de maltraitance sur mineur. Le législateur s'est, au cours de l'histoire, empêtré dans ses ambiguïtés. Un médecin peut fort bien ne pas signaler des cas d'inceste, s'il juge « en conscience » qu'il n'y a pas de danger.

Le 12 mai 2016, l'inceste a fait sa réapparition dans le code pénal. L'Assemblée nationale a adopté un amendement à la proposition de loi sur la protection de l'enfance pour réintroduire ce crime dans la loi. Jusqu'alors, l'inceste n'existait pas comme un crime spécifique mais était considéré par la loi comme un viol ou une agression sexuelle ou encore des attouchements sexuels sur mineurs par personne ayant autorité.

L'inceste touche en majorité les femmes. En 2014, selon l'OMS : 1 femme sur 5 et 1 homme sur 13 déclare qu'il a été violenté sexuellement dans son enfance.

1 victime sur 2 subit les premières violences sexuelles avant 11 ans.

Les victimes d'Inceste ont environ 20 ans d'espérance de vie en moins

36% des victimes ont une amnésie totale du viol pendant 15 ans. 82% des victimes déclarent avoir mal vécu le dépôt de plainte

4 millions de Français ont été victimes d'inceste, 2 enfants par classe en moyenne endurent ce crime familial à huit clos. La quasi-totalité des victimes ne dévoilent jamais leur terrible secret. Devenues adultes, seules 10% d'entre elles se décident à faire éclater la vérité et à porter plainte contre le parent qui les a abusées. Mais seules 2 % d'entre elles obtiennent réparation par

une condamnation. Le chemin judiciaire des victimes d'inceste est un parcours du combattant.

La loi Schiappa de 2018 a rendu l'application de la loi encore plus difficile et complexe.

Poser le problème du Mal dans nos cultures

Tout porte à croire que nous n'avons pas dépassé notre implication dans les crimes du nazisme. Nous ne nous sentons pas encore concernés. En dehors des Allemands, les peuples européens se sont posés comme victimes et non comme agents. Du point de vue de la stricte logique historique, factuelle, cela est vrai. Le Mal Nazi s'est imposé comme un fait suprême, glacial, logiquement organisé et froidement exécuté et il fut facile de glorifier « le Mal nécessaire », celui qui fut propagé par les alliés en l'imposant comme incontournable et salvateur. Et nous ne pouvons plus ignorer combien le tissu social, le bain des mentalités du monde occidental, avant la guerre et avant l'Holocauste, étaient importants. C'est pourquoi les consciences collectives ne sont pas tranquilles... Trop de points demeurent obscurs soixante ans après.

Psychologiquement, nous savons que si nous évacuons une énergie fortement chargée en affects vers un objet extérieur, nous vivons dans la crainte constante du retour de la charge qui lui est liée, si bien qu'il nous faut régulièrement « inventer » d'autres objets de projection pour sauvegarder notre maigre système de défense et d'aveuglement.

Il est dit de l'Holocauste qu'il fut unique et singulier, c'est-à-dire qu'il doit demeurer dans l'Histoire de la civilisation telle une singularité et celle-ci tend très vite à se confondre avec l'exception. Notre position culturelle face à la transgression du tabou de l'inceste se rapproche de cette position qui fait de ce crime une exception, une dérive de quelques êtres en marge. Or, ce crime n'est pas exceptionnel et il touche un tabou réellement universel, le seul que nous connaissions. Nous devons donc faire en sorte que ce crime soit dénoncé comme portant atteinte au fondement de ce qui fait la cohésion de l'espèce humaine.

Je lie les deux phénomènes de cette démesure, de cet '*hybris*' – orgueil démesuré, insolence – humain : l'holocauste et la transgression de l'inceste sur des enfants car dans l'un et l'autre cas, c'est l'humanité qui est touchée, c'est l'innommable qui nous fait face. D'où la question : pourquoi la société contemporaine, dans son ensemble, génère-t-elle les pires excès que l'humanité ait connus ?

L'équivalence paraît étrangement évidente si nous lisons les discours des hommes politiques de l'époque, au moment de l'occupation, par exemple. Les dirigeants français s'appliquaient à dire qu'il ne fallait rien tenter contre les armées d'occupation car leurs réactions entraîneraient des dommages encore pires. Cet argument est caractéristique et il est en tous points semblable à celui du complice du prédateur. Il faut garder le silence, subir, car la réaction sera terrible. C'est ainsi que le prédateur assujettit sa domination infâme.

Une telle équivalence devrait nous donner à méditer !

Un fait d'actualité devrait également nous donner à penser. L'affaire d'Outreau a mis en évidence une foule de dysfonctionnements que les médias se sont empressés de répercuter mais un aspect primordial de cette affaire manque au bilan. Si les affaires criminelles habituelles mettent en présence des criminels ordinaires, nous pouvons nous différencier d'eux. C'est ainsi que la morale s'installe, par la crainte qu'inspire l'exemple « mauvais ». Et c'est toujours se grandir que d'éliminer toute tentative de l'évacuer hors de soi. « Ne pas succomber à la tentation ! », disent les chrétiens. Précepte repris par nos morales.

Outreau nous place face à une évidence angoissante : chacun de nous, à tout moment, peut être pris dans la tourmente d'une machination ou d'une tentation de passage à l'acte. Le crime d'inceste frappe en dehors du champ habituel de la criminalité. Il n'est pas le fait d'individus hors classe mais il nous touche dans nos vies quotidiennes. C'est, à notre avis, l'une des raisons essentielles du silence qui pèse sur ces affaires et qui empêche les victimes d'obtenir réparation. Ce crime frappe des personnes au-dessus de tout soupçon. « Nous ne savions pas ! » dit-on sidérés, une fois les faits mis en évidence. Parce que nous étions pris au piège du personnage que le prédateur offre à notre regard. Il nous ressemble !

Et, au fond de nous-mêmes, nous devons alors nous demander comment échapper à cette barbarie. À moins que le « rituel d'exorcisme » ne se mette en route, soulageant notre conscience et lui offrant un bouc émissaire qui serait alors chargé de nous débarrasser de ce fardeau encombrant.

C'est à peu de choses près ce qui se passe dans les suites de l'affaire d'Outreau. Le juge Burgaud est un formidable bouc émissaire jeté en pâture à la foule, ce qui permettra à notre culture d'échapper à un débat sur la question du crime d'inceste. Le juge Burgaud a été fusillé devant les caméras de télévision par la commission d'enquête parlementaire devant laquelle il comparaissait. Il a subi un procès en règle. Que les bonnes consciences dorment en paix ! Le fait singulier est en train de se perdre dans les liasses de dossiers d'affaires courantes. La barbarie et l'*hybris* ont encore de beaux jours devant elles.

Quelques témoignages

Tous les faits rapportés ici font l'objet de dossiers dûment constitués. Certains sont toujours en cours d'instruction, le récit s'en trouvera donc modifié pour éviter toute possibilité de reconnaissance des acteurs et une intrusion dans l'action de la justice.

François et Alex – 7 et 5 ans – sont deux beaux garçons qui vont basculer très tôt dans l'horreur. Il y a dix-huit mois, lors d'un séjour de vacances chez des proches, l'hôtesse remarque des rougeurs autour de l'anus et sur les fesses de François. Consultation auprès de médecins locaux à 800 km du domicile des parents. Constat d'une béance anale de 3 cm... François est accueilli par une femme médecin qui parvient à le mettre en confiance. On apprend ainsi que papa l'emmène dans un hôtel avec « des Monsieurs, qui le frappent »... Il a peur, il ne veut pas ! (Je passe sur des détails sordides) Deux médecins posent un constat par écrit. La gendarmerie locale est avertie – confirmation est faite des premières déclarations des enfants.

De retour dans la ville de résidence des parents tout bascule : obligation est faite par le juge de voir le médecin légiste qui doute qu'il y ait eu viol, qui explique la béance anale par quelque maladie bizarre, laquelle s'avèrera impossible par d'autres examens – 6 mois plus tard.

L'interrogatoire mené par un jeune gendarme en présence d'un éducateur conduit à penser que ce sont les personnes mêmes qui ont porté plainte qui auraient fait subir des sévices aux enfants. Il est même prétendu que la parole des enfants aurait été manipulée...
François dit, en effet, qu'on lui « a dit de dire »... qu'il « a menti », qu'il « a honte de ce qu'il a fait à ses parents », etc. La

juge, fort connue localement et militante de la dépénalisation des parents, recommande cependant un placement provisoire qu'elle ne suivra pas alors que les parents le rendent impossible à surveiller.

Durant celui-ci, les éducateurs remarquent des comportements aberrants à forte connotation génitale : simulation de coït avec son frère, paroles obscènes, etc.

Des ONG interviennent et il sera reproché aux parties civiles d'avoir demandé leur intervention. Devant le juge d'instruction qui banalise à outrance, accuse la partie civile d'avoir voulu régler des problèmes familiaux, le responsable du service social chargé de l'observation des enfants ne trouve rien d'autre à dire qu'en « 20 ans d'exercice, jamais une ONG n'était intervenue pour le critiquer » ... Le non-lieu a été prononcé en faveur des parents...

(Je passe sur de nombreux épisodes qui semblent montrer que les services sociaux ne font que « tirer le parapluie », qu'une psychiatre – psychanalyste est intervenue plusieurs fois en dépit des règles de l'instruction pour retourner l'accusation contre les parties civiles.)[5]

1983, Georges – 27 ans - désire entamer un travail sur soi. Immédiatement la confession tombe : violé à 7 ans par son beau-père, cela durera 5 ans au terme desquels il finira par dire : « Non, ça suffit ! » Il est violent, il a peur de ses réactions, de ses emportements. Il est incapable d'entretenir des relations durables tant du point de vue amical qu'amoureux. Durant toutes ces années, silence total dans la famille, le beau-père viole sa belle-mère... silence ! Georges, dans sa vie, fait tout par lui-même, il ne fait confiance à personne, pas même à lui. Il est miné par cette absence de confiance en lui. Pas d'enthousiasme, de grande et véritable émotion, rien ne le tient, pourtant il exerce un métier artistique... Seul son instinct lui permet de réaliser des actes « justes ». C'est ce qui servira de fil.

---

[5] – Ce premier témoignage montrera que nous avons affaire à deux parents « pervers narcissiques » qui sont capables de manipuler les enquêteurs, des éducateurs aux juges, en passant par les « experts ». En février 2006, ils obtiendront un non-lieu.

Plus de 20 ans après, il « commet » ses premiers actes de « lâchage », de travail en collaboration, de nécessité de partage et de confiance... Il est marié, père d'un enfant épanoui. Il parvient désormais à moins se juger, à mettre de côté cette peur constante qui lui tenait le ventre.

2004, Sylvie – 22 ans – arrive au bord de la dépression, poussée par sa sœur. Ce n'est pas sa première consultation. Déjà une psychanalyste lui a affirmé, alors qu'elle avait 18 ans, que les fantasmes d'inceste « existaient chez beaucoup de jeunes femmes ». Un autre psychothérapeute consulté, chaleureux, à l'écoute d'elle, la poussera cependant à parler de son père, de sa mère et elle affirme avoir tourné en rond... « Le problème n'est pas là ! », dit-elle. (En effet, le premier problème à régler, dans ce cas, n'est pas là ! Nous y reviendrons.)

Julie, est régulièrement abusée par ses deux frères et un cousin durant 10 ans dès l'âge de 7 ans, après un viol collectif. Ces derniers exercent actuellement des professions très respectables. La première tentative de Julie pour sortir du silence se retournera contre elle. Il lui sera reproché de vouloir détruire la famille, de ne penser qu'à elle, de ne « penser qu'à son nombril », d'être une folle. De fait elle sera hospitalisée d'office durant 14 mois. Elle comprendra ainsi combien le silence – le sien cette fois – pourrait devenir un outil de vengeance.
Sa deuxième tentative, alors qu'elle est déjà mère, ne fera que confirmer les premières réactions. La famille, en l'occurrence, sa mère et son père l'aiment, mais ils ne peuvent admettre que ces jeunes gens qui ont si bien réussi aient été aussi « pervers ». Un de ses frères lui aurait même affirmé qu'elle « tirait quand même du plaisir de tout ça ! » (Oh ! quelle offense faite à ses frères d'affirmer qu'elle aurait été contrainte !). Le problème actuel de Julia est de ne pas rompre avec ses parents, de sortir du projet de vengeance tout en restaurant patiemment sa personnalité...

Inexistence.

Ne pas laisser de traces, ne pas faire de bruit, me fondre dans la nuit, ne pas respirer, ne pas bouger, ne pas exister....
Inexistence.
Inexister est tout un art impossible. Quoi ? Faire d'un être une statue est impossible. Même les statues vivent. Tout est vie.
Le crime.
Le crime c'est lui. Le lui doucereux qui vient à pas feutrés prendre un peu d'innocence pour s'en délecter. L'ogre mange les petits enfants, ce n'est pas un conte. Il n'y a qu'à le voir pour le comprendre.
Et d'ailleurs... l'ogre est un démon.
Il vient dans la nuit ou les coins d'ombre. Quand rien ne bouge, quand tout est feutré et tendre, quand je me pense en sécurité.
Il vient.
Il approche, je l'entends, je sens son odeur fade. Ca pue le sexe à plein nez. Je n'ose pas bouger. Si j'inexiste...il partira peut être... sûrement... faut pas rêver.
Je ne rêve plus moi ! Papa me baise : il n'est plus mon héros.
Il prend son temps mais je sens déjà son souffle crasse sur mon dos. Il ahane comme un animal. La peur monte en moi...tant qu'il n'est pas parvenu au but il reste un espoir si mince soit-il pour qu'il s'en aille, pour qu'il tourne les talons. Je n'ai jamais autant appelé un dieu quelconque qu'en ces instants là...
Mon Dieu faites qu'il y ait un bruit !
Le moindre bruit et il tournera les talons. Les démons sont des bêtes peureuses et crasseuses, leur sueur ne les lave pas de leur crime et de leur félonie, le bruit leur fait peur. Il faut croire qu'il n'y a ni dieu ni père pour moi...pas de bruit non plus...
Allongé. Il prend son temps. Plus la peine de se presser le citron ! Je suis tendue à craquer dans cette attente-horreur. Il va me toucher. Je ne sais pas où encore. Mais il va me toucher c'est sûr. Un, deux, trois...le temps de soulever le drap et voilà sa main

sur mes fesses. Je suis allongée sur le côté, je dors toujours ainsi parce que c'est plus difficile pour lui de me toucher. Il est obligé de se battre avec le drap le plus doucement possible pour faire semblant de ne pas me réveiller pendant que je fais semblant de dormir.

Frotter avec la main contre la fesse tendre, la soulever doucement et puis ça y est, voilà ! Le doigt est entré et le pénis contre ma cuisse.

Inexistence.

Il grogne.

Inexistence.

Ce n'est pas suffisant. Ma poitrine naissante il veut aussi. Il n'a pas assez de mains. Il se frotte partout. Utilise sa bouche. Je voudrais devenir le drap du lit mais je ne peux pas. Je ne bouge pas, je ne respire pas, je garde les yeux fermés. Juste un frisson parce que j'ai froid. Juste une fois je voudrais qu'il finisse vite, qu'il y aie un bruit quelconque, qu'il ait peur. Que ce soit lui qui ait froid.

Qu'il crève !

Comme j'ai crevé de peur chaque fois qu'il approchait, me touchait. Comme j'ai crevé d'exister puis d'inexister. Comme j'ai crevé d'en crever. Comme j'ai crevé de ne pas crier. Comme j'ai crevé de trouille parce que ça pouvait être pire encore. La peur qui me prend par les pieds, s'insinue dans mes jambes et monte tout doucement, prenant son temps pour les paralyser. Le travail fait elle prend mon ventre, s'en empare et le pénètre profondément, elle reste là, se délecte longuement de mes tripes qui gargouillent ricanant le cri que je n'ai jamais su pousser. Lorsque l'étau de tripailles est fait de lave dure elle vise à transformer en glace tout le haut de mon corps, rends mes doigts gourds et je sens le froid qui abrutit tous mes gestes. Bientôt je ne peux plus bouger les avant-bras, puis les bras, mes épaules sont lettre morte et la peur meurtrière arrive jusqu'à ma gor0ge qu'elle étreint, enserre, étouffe. Que meure ce cri qui pourrait me sauver ! Seuls mes yeux, derrière mes paupières closes, restent animés, ils voient.

On a beau fermer les yeux...

Pendant ce temps là morceau après morceau l'ogre affamé se rassasie de mon corps, il a exploré les uns après les autres tous les orifices, il a tiré, suçoté tout ce qui de près ou de loin fait de moi une petite fille. Et son pénis qui roule, qui flagelle et me dégoûte. Tout en lui me dégoûte. Sa façon basse de me parler, de se frotter contre moi, de me poursuivre partout, ses yeux, ses mains, son odeur, sa manie de faire des boulettes avec sa mie de pain et son regard vide. Par dessus tout je hais l'avoir à deux centimètres de mon nez, à souffler avec des gouttes de salive qui tombent sur moi et sa langue qu'il passe sur ses lèvres dans un mouvement très rapide.

Ce mouvement me rappelle les serpents.

Son pénis me rappelle les serpents.

Et ce qui serpente en moi maintenant c'est ce dégoût qui vient me réveiller de la paralysie imprimée par la peur. C'est ce dégoût insupportable qui vient accentuer le froid de glace et qui va mordre la douleur d'un rejet que je ne peux plus exprimer. Tendue à craquer. Serrée. Va t-il sortir ce cri ? Je me concentre sous mes paupières fermées. Si seulement je pouvais crier avec mes yeux. Si seulement j'avais le pouvoir d'enlever ces doigts qui farfouillent dans mon ventre, de le jeter loin de moi. Il est si lourd. Je n'arrive pas à respirer. J'ai peur d'ouvrir la bouche, il me souffle des mots grossiers et il frotte ses lèvres molles contre les miennes.

Mes yeux sont fous.

Mes yeux fermés pleurent. Des larmes coulent dans les coins. Sans bruit. Il se démène pour faire entrer son pénis.

Un bruit enfin ! Trois coups frappés contre un mur. Sa femme l'appelle. L'ogre s'en va.

La vie reprend son cours…

La porte est fermée. Je suis toujours tendue à craquer, il me faudra un long moment encore pour parvenir à bouger. C'est d'abord un tremblement saccadé qui me secoue le corps. La tension persiste, je suis aux aguets, j'ai peur que la porte s'ouvre de nouveau, j'entends un lit qui grince, des pantoufles que l'on jette et des questions jetées au hasard par une voix ensommeillée…qu'est ce que tu fais debout à cette heure ? Tu t'es réveillé ?

Ça t'arrive souvent, tu as du mal à dormir en ce moment ? ....Je devine instinctivement que ces questions là le tiendront à distance pour cette nuit. Je relâche ma vigilance. Dans un moment si la porte ne s'ouvre pas je pourrai me tourner de nouveau et dormir. J'ouvre mes yeux. Je peux peut être risquer un reniflement, j'ai le nez plein. Je voudrais bien pleurer mais si je pleure mon nez va couler plus encore et je devrai sortir de mon lit pour me moucher.

Ne pas faire de bruit.
Ne pas crier. Tenir sans crier encore un peu.
Ne pas faire de bruit.
Sombrer dans l'Inexistence.
Seuls mes yeux restent vivants. Si mes yeux pouvaient crier ! Si mes yeux pouvaient parler.
Ils diraient l'ogre est là, il existe.
Ils diraient des mots d'enfant.

Yaesh, janvier 2005

Première partie

> *Je connaissais le sens, le but qui m'avait conduite là mais je l'avais très vite oublié. Naître c'est cela ! Le travail de l'oubli d'abord.*
> Yaesh

État des lieux

La transgression du tabou de l'inceste n'est pas un phénomène isolé. C'est un fait marquant, généralisé, global et il serait irresponsable de ne voir là qu'un phénomène lié à la grande criminalité. Toute la planète est concernée par le phénomène. Mais le fait lui-même doit aussi être associé à un crime plus général encore, celui de la pédocriminalité et du trafic d'enfants. Le tourisme sexuel est connu de tous et il a fallu de longues et nombreuses batailles pour qu'une lutte s'organise dans les pays consommateurs. Quoique de nombreux pays « développés » traînent encore pour que des mesures de surveillance et de répression policières soient vraiment mises en œuvre. Quant à engager une véritable réflexion sur le sujet, la question n'est pas à l'ordre du jour !

Il faut aussi prendre en compte les autres délits qui touchent l'enfance : prostitution, enlèvement, meurtres d'enfants, de nouveaux-nés, tortures et actes de barbarie commis au cours de « cérémonies » insensées. On constate également que des territoires proches du continent européen, connus pour être des lieux de tourisme, sont également touchés par cette barbarie. Au Maroc, notamment, on a constaté une augmentation notable de ces cas. Bien entendu, ces faits sont mis au compte des « marabouts » et autres sorciers surgis du fond des âges… Tiens donc ! La barbarie des « primitifs » ou des « peuples premiers » a encore frappé.

Loin de ne concerner que les pays en voie de développement,

ces crimes incroyables se produisent sur nos territoires européens, dans nos campagnes.

Il nous faut considérer ces faits dans leur globalité et nous demander ce qu'ils traduisent de nos mentalités et répondre à la question : « Comment en sommes-nous arrivés là ? »

Et si l'on s'en réfère aux condamnations effectives pour les quelques rares cas ou le signalement aboutit au tribunal, on reste atterré. (Voir l'article de Lena Estibère dans le préambule ci-dessus, p. 20)

Quelques chiffres

Le site de **Innocence en danger**[6] présente quelques chiffres qui, quoiqu'incomplets et datant de 2002, sont déjà effrayants.

Chiffres connus en France en 2002 :

« En 2002, le ministère de la Justice a recensé 328 atteintes sexuelles et 426 viols sur mineurs de moins de 15 ans. En 20 ans, les condamnations pour agression sexuelle sur mineur ont augmenté de 200 %.

– 800 mineurs se sont volatilisés en France en 2000 selon la Garde des Sceaux de l'époque, Marylise Lebranchu.

– 5 116 plaintes pour abus sexuels sur mineurs de moins de 15 ans ont été enregistrées en 2000. Et seulement 500 procès. Dans cette comptabilité, la pédophilie est confondue avec l'inceste. (source : Le Point 21/06/2002)

– Près de 13 500 affaires recensées en 1999 – 33 % de viols, 67 % d'agressions sexuelles.

---

[6] – <http://smoky7.ecritel.net/typo/index.php?id=5>. Les chiffres qui suivent reproduisent *in extenso* ceux qui sont donnés en page d'accueil du site de *Innocence en danger*. Voir aussi le nouveau site :
<http://www.innocenceendanger.org>.

– Sur l'ensemble des condamnations pour délits sexuels, la part des faits commis sur des mineurs est passée de 49 % en 1997 à 54 % aujourd'hui. (Cf. également p 47)

– Près de 13 500 mineurs ont subi des violences physiques ou sexuelles en 2001 en France, soit 40 enfants victimes d'agressions sexuelles par jour. Le standard d'« Allô, enfance maltraitée » (119) a reçu en 2000 près de 26 900 demandes d'aide. (L'Humanité, 25/01/2002)

– Selon les chiffres de l'Observatoire décentralisé de l'action sociale, 85 500 enfants sont en danger, c'est-à-dire maltraités ou risquant de l'être à cause de l'environnement dans lequel ils vivent. Ces enfants se répartissent ainsi : 18 000 sont victimes de violences et 67 500 risquent de l'être.

On peut estimer d'après les chiffres de l'ODAS pour 2001 qu'une fille sur huit et un garçon sur dix sont victimes d'abus sexuels avant d'avoir atteint leur majorité ; 22 % d'entre eux ont moins de six ans ; dans quatre cas sur dix, l'enfant est victime d'agressions répétées. Les filles sont plus souvent victimes de maltraitance que les garçons – elles représentent près de 60 % des cas – et subissent un plus grand nombre d'abus sexuels. »
Ces chiffres contredisent ceux d'une étude de l'INSERM portant de manière générale sur les comportements des adolescents – 14/18 ans – qui mettaient en évidence que moins de 4 % d'entre eux avaient subi des agressions physiques et sexuelles avant leur majorité.

Il semblerait que les autorités compétentes, gardiennes d'un ordre, cherchent à minimiser l'ampleur du phénomène, voire le masquer ou le négliger sciemment. Ainsi Juan Miguel Petit, rapporteur spécial de la mission de l'ONU sur la pédocriminalité[7] en France épingle l'État, sa justice, sa police. Cette mission a été

---

[7] – Ce rapport est accessible sur le site *SOS Justice* : <http://www.sos-justice.us/organisation/decadence/rapport-ONU-fr.html>.

Première partie – État des lieux

menée dans l'Hexagone du 25 au 29 novembre 2002. Elle portait sur « la vente des enfants, la prostitution et la pornographie impliquant des enfants ». (Que dire si la mission s'était portée sur plusieurs mois ?)

Le document se révèle très sévère sur la manière dont la justice française aborde les affaires de pédocriminalité. Les conclusions mettent clairement en cause l'attitude des magistrats français : « Le rapporteur spécial tient à recommander à nouveau qu'un organe indépendant mène de toute urgence une enquête sur les carences de la justice à l'égard des enfants victimes de sévices sexuels », écrit Juan Miguel Petit, qui estime cette démarche « vitale » ... Ce qu'il a vu l'a marqué : « Je me suis retrouvé face à des dossiers complexes, soixante au total, nécessitant la plus grande prudence. J'ai pu constater que les choses ne fonctionnaient pas. Dans plusieurs cas, avérés, des enfants ont été filmés ou photographiés dans des situations pornographiques. La justice française n'a pas enquêté ! Pour ces dossiers un regard neuf est absolument nécessaire. »

Le rapporteur de l'ONU revient également sur la manière surprenante dont le Tribunal de Grande Instance de Paris a traité l'affaire des fichiers de Zandvoort...[8] Plusieurs centaines d'enfants apparaissent sur ces images terribles. Le parquet de Paris a conclu par un non-lieu... À Paris, au Ministère de la Justice, l'évocation du rapport de Juan Miguel Petit agace. « C'est une étude périmée », précise un conseiller de Dominique Perben... » Il n'en demeure pas moins que Serge Garde, auteur de cette révélation de l'existence d'un fichier d'enfants « à vendre » n'a, jusqu'à ce jour, jamais été associé à une enquête globale. Il demeure dépositaire du CD ROM. Tiroir, tiroir ! Faute de moyens, manque de personnel, mais on sait que derrière les arguments réside une absence de détermination politique, une sorte d'aveuglement sélectif.

Pire, il peut être mis en examen pour détention de documents pornographiques à caractère pédophile.

---

[8] – Voir les articles de Serge Garde, journaliste à l'Humanité qui a révélé l'existence d'un CD ROM contenant de nombreuses photos, à caractère pornographique, d'enfants disparus.

Peut-on faire mieux en termes de désinvolture et de mépris pour la dimension humaine des faits ? On pourrait penser qu'il s'agit là d'un réflexe caractéristique de la société française, arrogante et nationaliste. Or, les enquêtes menées par quelques journalistes ont montré que cela va bien au-delà et qu'il ne s'agit pas d'un problème purement hexagonal. Si des pays comme le Canada prennent actuellement des mesures efficaces contre la pédocriminalité, il n'en n'est pas de même en France, ni en Europe en général.

En 2019 la situation n'a guère évolué, les enquêtes révèlent pire.

Encore une fois le nuage radioactif s'est arrêté aux frontières de l'Hexagone ! Nos salades sont vierges de toute pollution par le Mal ! La France, par exemple ne connaît pas de réseaux de trafic d'enfants destinés à alimenter des « soirées entre amis ».

L'adulte incestueux ou pédocriminel

Nous serions tentés de créer un classement qui permettrait de mieux connaître la personnalité du prédateur. Il n'y a cependant pas de profil type et nous en sommes réduits à reposer toutes les hypothèses sur l'empirisme. De plus, il n'existe pas de réelle étude sociologique circonscrite au sujet de l'inceste. Résultat probable du silence, de la honte et du désintérêt.

En criminologie, on commence à mieux cerner la personnalité de différentes catégories de criminels, par contre, le crime d'inceste – lequel n'est pas recensé par le droit français – a été surtout abordé sous l'angle de la psychopathologie. Or, il concerne des individus communs.

De nombreux spécialistes s'entendent, cependant, sur une première classification qui devra être approfondie quand des États Généraux de la pédocriminalité pourront harmoniser toutes les ressources en présence, créer des critères d'études, proposer des méthodes d'enquêtes communes... Nous en sommes, pour l'instant au stade de la recension et du traitement empirique, ce n'est pas suffisant.

Agnès Kergus sur le site de *Innocence en danger*[9] présente le classement suivant :[10]

« Contrairement à l'image que l'on s'en fait à travers les faits divers présentés par de nombreux médias, le pédophile qui passe à l'acte a rarement les traits d'un monstre qui enlève, viole et tue les enfants.

Il y a plusieurs types de personnalités chez les pédophiles et il est assez délicat d'en établir des catégories ; chaque être humain, pédophile ou non, étant un individu complexe et unique.

Les experts distinguent cependant quelques types principaux de pédophiles :

– Les immatures :

Ce sont des individus restés bloqués au stade de l'enfance. On observe parfois chez eux un grand retard intellectuel. Ils ont l'âge mental de leur victime.

– Les régressifs :

Ces individus ont eu des relations sexuelles avec des adultes qui non pas été satisfaisantes (ils ont pu éprouver par exemple à cette occasion un sentiment d'humiliation). Ils se sont ensuite tournés vers les enfants, partenaires qui leur semblent plus accessibles, et avec qui ils retrouvent un sentiment de puissance et de contrôle. Certains sont culpabilisés par leur comportement. D'autres tentent d'auto-légitimer leur conduite en prétendant éduquer l'enfant.

– Les pervers :

Les pervers sont des gens intelligents, très manipulateurs, qui savent que ce qu'ils font est interdit par la loi. Certains ont un discours moral, strict et sévère. Ils occupent souvent une fonction d'autorité sur les enfants. D'autres sont des intellectuels qui invoquent la liberté de choix de l'enfant face à la sexualité et se réfèrent fréquemment aux mœurs sexuelles de la Grèce antique où des hommes adultes avaient des relations sexuelles avec de jeunes garçons. »

---

[9] – Déjà cité, voir plus haut.
[10] – Voir à l'URL suivante :
<http://smoky7.ecritel.net/typo/index.php?id=35>.

Ce classement est intéressant, il présente l'avantage de la clarté et permet une première approche commune. Dans la catégorie des **immatures**, nous allons trouver la pédocriminalité archaïque, ancienne, largement tolérée dans nos campagnes. Elle relève de l'indigence et du confinement familial. À mon avis, cette pédocriminalité demeure stable et elle implique au plan culturel l'existence d'une tolérance coupable. On garde le silence pour préserver la quiétude de la petite communauté…

Dans la catégorie des **régressifs** nous pourrions supposer trouver les nombreux cas de professeurs, d'instituteurs ou d'éducateurs impliqués dans les faits divers multiples que la justice révèle et que les médias nous présentent. Dire d'eux qu'ils auraient été déçus par une relation insatisfaisante avec des adultes est trop court comme explication. Surtout que cela ressemble un peu trop à ce que Dolto a prétendu concernant le viol de la petite fille par son père… L'enfant de sexe féminin, dans ce cas, serait l'image idéale de la relation sexuelle et elle représenterait une substitution à une image de mère déficiente.

Que dire alors du viol de jeunes garçons ? Que dire également du viol des enfants en bas âge ?

Peut-on tout fonder sur la sexualité ? Que dire des sentiments qui surgissent chez le prédateur, soucieux de prolonger son contrôle en se cachant au mieux ? Que dire d'une société alentour qui feint d'ignorer les faits ? Nous avons pu constater que certains actes attribués à ce type de prédateur pouvaient s'étaler sur plusieurs dizaines d'années, voire deux générations. Les justifications – purement intellectuelles – n'interviennent qu'*a posteriori*, devant les policiers et les juges, comme moyens de défense. Dans les faits, nous sommes contraints de nous dire qu'il existe là une forte dose de perversité. C'est pourquoi, en dehors de la personnalité archaïque du **prédateur primaire**, – l'**immature** selon les rapports de Agnès Kergus – familier de nos banlieues obscures et de nos campagnes, associé à l'alcool, à la pauvreté et à la drogue, la notion de perversité doit être sérieusement prise en compte.

S'agissant de ce classement, dans la catégorie des pervers,

j'ajouterai deux catégories liées l'une à l'autre.

– Le pédocriminel esthète :

Il m'est arrivé fréquemment de croiser ce type de pédocriminel. Il est d'un niveau intellectuel supérieur. Esthète au sens commun, il affecte le culte raffiné du beau formel, souvent au détriment de toute autre valeur. Très calculateur il sait anticiper et s'entourer de toutes les barrières possibles pour masquer ses œuvres funestes. Il peut utiliser tous les artifices de sa culture pour s'ériger au-dessus de tout soupçon. Isolant sa victime et la soumettant très tôt à sa domination, il est capable, en toutes circonstances d'inverser le sens des valeurs à son profit.

Cette propension à inverser les valeurs peut le conduire à choisir parmi ses enfants un complice qui lui sera entièrement dévoué.

Le pédocriminel par filiation :

C'est l'enfant du précédent. Il a acquis auprès de celui-ci un « savoir-faire » qui découle de sa soumission précoce à son prédateur. Sans être un esthète comme son modèle, il a appris tous les artifices de la dissimulation et du calcul. Sa construction psychique entièrement dévoyée, privé des moyens les plus élémentaires d'accéder à l'expression émotionnelle il a été façonné pour n'être une mécanique criminelle. Et il construit sa vie autour et au service de cette mécanique.

S'agissant du terme **régressif** utiliser par certains spécialistes, il fait penser au vocabulaire psychanalytique et à la topique freudienne qui, pour moi, sont totalement inopérants dans ce cas. La psychanalyse, comme mode d'approche et de traitement, serait même à exclure car trop chargée de préjugés anciens ! Selon cette approche, n'oublions pas que c'est l'enfant qui serait un « pervers polymorphe », curieuse inversion. Le psychanalyste, qui travaille sur les symboles, ne peut se détourner de ce fait singulier. Si l'enfant est un « pervers polymorphe », le psychanalyste doit s'interroger sur ce que cela représente pour la théorie dont sa pratique est issue.

Alors, il importe que nous interrompions les gesticulations verbales autour des théories pour poser, enfin, les termes d'une vision globale, pertinente et apte à englober tous les faits individuels humains en interaction avec le milieu. Pour cela, nous ne pouvons rester rivés aux strates du passé, régressifs en quelque sorte. S'il est mis en évidence que la transgression généralisée du tabou de l'inceste conjointe aux crimes commis sur des enfants est associée à une quelconque dérive de nos cultures, nous devrons nous mettre à l'œuvre pour refondre certaines théories des sciences humaines.

Ainsi, en l'absence de démarche anthropologique, c'est dans une certaine forme de flou que la personnalité du prédateur est décrite, signe probable de l'émergence d'une signature particulière de pathologie psychique. Notons que, du point de vue psychiatrique, le pervers ne relève ni de la classification des névroses ni de celle des psychoses. La perversité est un phénomène psychique à part. C'est la criminologie qui en fait état le plus souvent et qui nous en fait connaître les aspects les plus négatifs.

Le pervers narcissique, pédophile ou pédocriminel ?

Les descriptions du manipulateur ou pervers narcissique sont nombreuses, parfois discordantes. Les ouvrages et les documentaires de Marie-France Hirigoyen et de Alberto Eiguer qui demeurent encore des références en la matière, sont connus. La plupart des recommandations qui sont faites pour protéger ou dénoncer reposent sur les écrits de ces auteurs. Dans l'esprit de nombreux auteurs, ce personnage est souvent associé à la pédocriminalité et à la transgression du tabou de l'inceste. Il semble que la réalité soit bien plus complexe. Le terrain de chasse de ce prédateur est bien plus large en fait. J'aborderai ici la personnalité du pervers narcissique de manière générale à grands traits tout en restant, pour l'instant, comme nos auteurs, sur un mode comportementaliste. Je reviendrai ensuite à notre préoccupation principale, celle de l'inceste et de la pédocriminalité.

Au-delà de la surface comportementale, en intégrant la

dimension de l'Inconscient en constante relation avec la Conscience, approcher la personnalité du pervers narcissique pose de nombreux problèmes. Le premier est celui de la « découverte » d'une pathologie des temps modernes, comme le fut l'hystérie à la fin du XIXe siècle, puis la schizophrénie au mitan du siècle dernier. Il convient donc de se méfier de ces tendances modernes à toujours tout réinventer et tout recréer. Une lecture attentive de l'Histoire nous dévoile l'existence de nombreux « pervers narcissiques » et, étrangement, c'est en relation avec le totalitarisme que ce personnage surgit. Hannah Arendt nous le fait remarquer à propos du nazisme et de Eichmann en particulier.[11] Cette philosophe insiste également sur le caractère apparemment banal de Eichmann. « Il ne pense pas ! » dit-elle. Rien, du mal suprême de la Shoah ne le perturbe, il en banalise tous les aspects. Le modèle qui consiste à introduire la relation conscient/inconscient, est opérant pour assurer un pont entre différents auteurs, différentes sources. Nous verrons plus loin ce que cette dynamique de relation Conscient / Inconscient nous apporte de différent.[12]

S'il fallut « inventer » un modèle nouveau de pathologie pour encadrer cette personnalité singulière, c'est bien parce qu'il n'existait rien dans les théories du moment qui eût permis de comprendre celle-ci. Cela veut-il dire que l'apparition de nombreux « cas » de pervers narcissiques renvoie à un événement passé inaperçu dans le tissu de nos sociétés ? Je le pense. Une société produit un type particulier de normalité et, par suite, de déviance. Si l'hystérie est devenue tout à fait exceptionnelle, l'apparition du pervers narcissique pourrait nous en dire beaucoup sur ce qui se loge à l'envers des miroirs resplendissants du progrès technologique. Cette synchronicité n'a jamais vraiment été étudiée par la psychologie qui tient à en rester à l'étude de la psyché individuelle selon un schéma causaliste, mais comment cela peut-il être possible si l'on ignore les qualités spécifiques du contexte, historique, politique, climatique, économique, etc. ?

Hitler semble avoir été un pervers narcissique et nous

---

[11] – Eichmann à Jérusalem.
[12] – Dans les derniers chapitres quand il sera question de l'extension de notre analyse à la société.

pourrions commencer à nous interroger sur cet étrange modèle. L'intériorisation du problème du Mal par nos cultures ne s'est toujours pas faite. Nous en trouvons la fâcheuse démonstration au quotidien. Intérioriser, c'est faire face, intégrer une nouvelle dimension – ici celle de la barbarie – à notre conscience – au plan collectif, c'est le rôle de la philosophie. Il faut ensuite transformer la dimension de l'énergie psychique ainsi récupérée et la transformer pour modeler le monde autrement, inventer de nouvelles attitudes et des modèles sociaux différents. Nous en sommes loin puisque nous demeurons sur des idéaux surannés, issus du XVIIe siècle. Et ces idéaux nous affirment la supériorité de l'Ordre apporté par la Conscience Blanche sur tout autre. La civilisation dans laquelle nous baignons découle de la révolution scientifique, philosophique et morale du « Siècle des Lumières ». Désormais, ces idéaux ont conquis la planète entière, par l'entremise de la formidable armée des soldats du Marché.

Si la révolution des « Lumières » permit à l'Europe de sortir de l'archaïsme du Moyen Âge et d'émerger de la gangue noirâtre de la magie, c'est grâce à la science et à la puissance de la Raison. Ce socle sur lequel reposent nos cultures peut-il encore être considéré comme valide, susceptible de fournir une puissante représentation du monde ?

Le bourreau ou « pervers narcissique » suivant la typologie dressée par Mme. Hirigoyen, peut être un homme ou une femme : la violence morale n'est pas l'apanage des seuls hommes, bon nombre de femmes sont des tyrans domestiques ; les préjugés, les médias donnent trop souvent l'impression que les harceleurs sont tous des hommes et nous devons bannir ce jugement erroné, les hommes victimes ont tout simplement plus de mal à parler de leurs souffrances – statuts respectifs du masculin et du féminin obligent.

Le prédateur vampirise l'énergie vitale de sa victime. Celle-ci pourra mettre des années avant de se rendre compte du processus de destruction mis en place. Parfois, c'est une rupture brutale qui lui permettra de prendre conscience du détournement complet de sa personnalité.

La progression de l'invasion se fera toujours de la même

façon, comme si le prédateur procédait de manière empirique pour mieux connaître son terrain de conquête. Au commencement il peut n'y avoir que des petites brimades, des phrases anodines mais méprisantes, pleines de sous-entendus blessants, avilissants, voire violents, c'est la répétition constante de ces actes qui rend l'agression évidente. Souvent un incident provoque la crise qui amène l'agresseur à dévoiler son piège ; en règle générale, c'est la prise de conscience de la victime, et ses sursauts de révolte, qui déclenchent le processus de mise à mort. Car il peut y avoir véritable mise à mort psychique, où l'agresseur n'hésitera pas à employer tous les moyens pour parvenir à ces fins : anéantir sa proie.

Le pervers narcissique est un personnage totalement dépourvu d'empathie, qui n'éprouve aucun respect pour les autres, qu'il considère comme des objets utiles à ses besoins de pouvoir, d'autorité, que cela soit conscient ou non. Il a besoin d'écraser pour exister. C'est pourquoi l'enfant fragile et malléable, avec sa confiance illimitée et sa soif d'amour et de reconnaissance, devient si facilement sa proie privilégiée ! Mais les milieux fortement hiérarchisés produisent volontiers ce type de personnalité. On trouve, en effet, de nombreux manipulateurs à des postes de « gestion humaine » dans les entreprises.

Ce manipulateur ne possède pas de personnalité propre, elle est forgée sur des masques dont il change suivant les besoins, passant de séducteur paré de toutes les qualités, à celui de victime faible et innocente, ne gardant son véritable visage de démon que pour sa victime. Et encore peut-il jouer avec elle au chat et à la souris, faisant patte de velours pour mieux la tenir, puis sortant ses griffes lorsqu'elle cherche à s'évader... De ce point de vue, les témoignages de victimes concordent.

Si ces êtres paraissent doués d'une intelligence puissante c'est parce qu'elle est entièrement asservie à leur comportement vicié et leur permet d'élaborer des pièges très subtils.

Ce prédateur s'appuie volontiers sur les sentiments de culpabilité de leur victime. Puisqu'ils sont toujours victimes, c'est l'autre qui les agresse et leurs arguments sont le plus souvent très pertinents, souvent fondés sur la manipulation des sentiments ou sur une logique matérielle : argent, partage domestique, etc. Ces individus ne supportent pas la contradiction et ils sont incapables de discussions ouvertes et constructives ; ils bafouent ouvertement leur victime, n'hésitant pas à la dénigrer, à l'insulter autant que possible sans témoin, sinon ils s'y prennent avec subtilité, par allusions, tout aussi destructrices, mais invisibles aux regards non avertis !

La violence n'est jamais directe, tout au moins à notre époque, car le pervers narcissique sait parfaitement jouer avec la loi, voire la retourner à son service. Par contre il peut exister une relation très particulière entre l'enfant et le pervers narcissique, qui induise la violence, parfois poussée à l'extrême. En effet, la spontanéité de l'enfant ne fait pas bon ménage avec l'extrême susceptibilité du pervers narcissique. L'enfant n'est pas toujours accessible au raisonnement ni à la logique de l'adulte. Le bourreau frappe, parfois très fort, car la contradiction l'atteint au cœur de son système. Il est donc en danger. Et c'est bien la preuve que cela touche, chez lui, une constellation psychique particulièrement puissante.

Dans l'exemple que j'ai donné plus haut de François, les coups, les humiliations physiques, imposées comme des actes de discipline, furent nombreux, réguliers et violents, dès les premiers mois de la vie de cet enfant…

En étudiant attentivement les stratagèmes et les manœuvres du pervers narcissique on s'aperçoit qu'il cultive un art particulier du « décervelage ». Il s'assure d'une domination possible, d'un accès particulier à la psyché de sa victime. Il introduit ensuite le poison qui conduira sa proie à subir une véritable addiction.

Certains pervers narcissiques parviennent même à transformer complètement la vie de leur entourage pour que tout soit conforme à la vision qu'ils ont d'un monde bien rangé. Il est évident alors, qu'aucune perturbation ne doit intervenir. Ils vivent alors de l'âme des autres.

Le pervers qui n'a aucune « vie » personnelle si ce n'est celle de détruire les autres, de s'approprier les idées, les gestes, les habitudes des autres, suscite l'obsession chez les autres. Des années après, l'obsession est encore vivante, tel ou tel détail revient et défile dans notre tête. On le croit oublié, durant des années, la vie s'est reconstruite et l'idée qu'il va revenir nous plonge dans une angoisse démesurée. On appelle contamination ce genre de phénomène qui conduit l'individu à se sentir sali, même plusieurs années après. C'est bien pourquoi, les positions comportementalistes ne peuvent tenir face à une telle pollution psychique. Tout au plus peuvent-elles « couvrir » l'apparition de signes perturbateurs de surface, sans, pour autant, s'attaquer au noyau dur de la constellation psychique toujours active en profondeur. C'est un des dangers des thérapies comportementalistes qui posent un couvercle sur ce volcan qui n'attendra qu'une occasion pour exploser.

Manipulation et pédocriminalité

Comme on l'a pressenti à la lecture du portrait générique du manipulateur, son champ d'action est très large, son terrain de prédilection sera, bien entendu, l'espace domestique. Dans une affaire de pédophilie on peut avoir affaire avec un manipulateur mais pas forcément. Tous les parents incestueux ne sont pas des manipulateurs. Ils peuvent être très frustres, sans véritable calcul, abusant lâchement de la faiblesse d'un enfant mais incapables d'affronter des adultes.

Ce sont des choses que les travailleurs sociaux rencontrent dans nos campagnes reculées ou dans des conditions de promiscuité qui favorisent des tendances suspectes sur un substrat de pauvreté morale et culturelle. Mais la transgression du tabou de l'inceste – façon moderne – est un fléau bien plus répandu et sournoisement caché derrière un vernis qui donne le change.

Dans ces cas, fort probablement, nous avons affaire à des tendances perverses comme nous les avons succinctement décrites plus haut. Cependant, rien ne nous permet vraiment de généraliser et d'associer le manipulateur à la pédocriminalité.

De même, tous les manipulateurs ne sont-ils pas forcément

des pédocriminels ? Beaucoup préfèrent piéger des proies adultes sur leur terrain d'excellence : une position hiérarchique par exemple. Mais on constate des manipulations également là où la justice est déficiente ou bien plus soumise à des préjugés qu'à des objectifs d'équité, dans les affaires familiales, par exemple. Dans ce genre d'affaires, un père est plus souvent « condamné » qu'une mère, sans enquête, et la mère bénéficie d'emblée d'un préjugé favorable...

Par contre quand, dans une affaire de pédocriminalité, c'est un pervers narcissique qui est en cause, on voit se dresser des obstacles insurmontables tout au long de l'instruction, de toute forme d'action sociale ou de psychothérapie. Le pervers narcissique excelle partout où une « médiatisation » intervient car il sait dresser les gens les uns contre les autres. Or c'est une des formes modernes de l'action sociale, sûrement adaptées dans la plupart des cas mais inopérantes dans celui-ci. Elle favorise plutôt le besoin de performances du prédateur, tout autant que ses défenses.

Lorsqu'une procédure oppose un individu honnête à un pervers devant un juge, ce sera toujours de la personne honnête dont le juge doutera d'abord ! Le pervers narcissique fonde ses stratégies sur des sentiments archaïques, hors du champ de conscience, si bien que l'on peut se trouver manipulé sans le vouloir, ni le savoir immédiatement. C'est pourquoi certains juges essaient de gagner du temps, escomptant que le prédateur commettra des imprudences ou des erreurs qui le confondront. Certains juges disent : « Si ça dure, il se pourrait que je sois amené à changer d'avis... »

Agir ainsi est sans doute confortable du point de vue du juge mais d'un point de vue moral et psychologique c'est le plus souvent inconséquent. Dans ces affaires où les enfants sont victimes, c'est une vie entière qui est en jeu, c'est la formation d'une personnalité qui est menacée. Les juges, les travailleurs sociaux devraient avoir conscience que leur lenteur peut s'avérer complice face à un pervers narcissique.

C'est en amont des comparutions devant un juge que le pervers aura joué ses cartes. Les nombreuses enquêtes et expertises sont un terrain d'excellence pour le pervers qui jubile à la perspective de piéger tout son monde.

Ce n'est pas parce que le manipulateur est plus rusé. C'est parce qu'en lui, il n'y a aucune différence entre le bien et le mal. Lorsqu'il fait le mal, il ne le ressent jamais comme tel. Pas un doute, pas une émotion ne l'effleurent. Le pervers narcissique ne se remet jamais en cause ! Il y a fort à penser que le pervers narcissique est un être à double face. Nombreux sont les témoignages qui le présentent comme une personnalité très sociable, aimable, voire très complaisante. S'agit-il d'une *persona* comme le dirait Jung, au sens d'une façade qui servirait de couverture et à laquelle il s'identifierait ? Il y a une objection à cela : la *persona* est un masque protecteur qui abrite l'individu de ses fragilités. La *persona* n'est pas mobile et son effritement produit de fortes perturbations. Chez le pervers narcissique, le changement de personnalité est très facile. La mobilité psychique est très grande chez cet individu mais elle est au service entier de sa prédation. On est bien en face d'une personnalité qui joue d'un registre à l'autre sans difficulté.

Il est donc fort capable de tromper longtemps un psychothérapeute qui manquerait de vigilance. Si le pervers narcissique ignore l'empathie, il sait fort bien se servir de la contamination psychique. Il est si bien dans « son histoire » que nul ne doute de ce qu'il dit.

C'est pourquoi, dans ce genre d'affaire, il faut à tout prix entrer dans les détails, fouiller dans les souvenirs, établir des corrélations et se servir de témoignages croisés – et ce, aussi bien en séance de psychothérapie que lors d'une enquête. Le manipulateur excelle dans des cercles restreints, il perd pied quand il y a foule car sa stratégie repose sur une étroite fusion avec ses interlocuteurs.

Gérard Lopez, psychiatre, écrit : « Comme *Dracula*, il est invisible dans le miroir, donc inapte à tout travail d'introspection, à toute psychothérapie. Il ne se sent jamais coupable et s'imagine être la loi. Dans une affaire pénale, il manipule avocats, experts et juges. »[13]

Il est alors évident que le juge ne pourra se fier à sa seule conviction si les experts lui affirment le contraire.

J'ai souvenir d'une confrontation avec un homme, chirurgien de son état, qui avait cherché à m'embarquer dans une histoire fort compliquée. Il était déjà très empêtré dans différentes enquêtes qui le mettaient en cause auprès de ses enfants. Il était également poursuivi pour violences sur sa compagne… Mais il ne se sentait jamais en cause. À chaque « manipulation », il demandait mon avis, cherchant mon assentiment. Mais cette quête était toujours accompagnée d'une demande concrète de témoignage, de certificat, etc. Ou bien il cherchait à obtenir une attestation, ou bien me proposait-il de téléphoner à telle ou telle personne. Je perçus très vite qu'il me manipulait et qu'il n'avait aucune volonté d'introspection. Je lui servais de « Joker, au cas où… »

Je décidai de ne plus rentrer dans son jeu. Je téléphonai à la psychologue de sa femme et lui signalai que cet homme était potentiellement dangereux et qu'il valait mieux qu'elle prenne très vite ses distances, qu'elle cesse de se culpabiliser et qu'elle veille à ce que les mesures déjà prises par les juges soient respectées scrupuleusement.

J'avertis cet interlocuteur de ma démarche, lui disant que s'il voulait vraiment faire un effort d'introspection, il lui fallait affronter ses démons sans avoir à se décharger constamment sur les autres. À partir de ce moment, il arriva plus souvent en retard, ratant même ses séances tout en ayant toujours des arguments très puissants et surtout logiques. Il lui arrivait de me téléphoner plusieurs fois dans le *week-end*. Je devenais « sa » nouvelle cible, sa femme ayant pris ses distances. Mais mon travail consistait aussi à couper la source de ses projections. C'est pourquoi je l'obligeai à tenir régulièrement son « carnet de bord » et à noter soigneusement ses rêves. Il ne supporta pas cette confrontation soutenue avec lui-même et les différentes facettes de ses comportements. Cela produisit de nombreuses manifesta-

---

[13] – Entretien dans *Femme actuelle*, magazine.

tions de violence dont sa famille dut se protéger. Ce bouclier, dressé désormais devant lui, il finit par retourner la violence contre lui.

Aborder l'inceste socialement

Dans les quatre témoignages qui récapitulent différents vécus que l'on retrouve communément, soit comme acteurs sociaux soit comme psychothérapeutes on remarquera l'omniprésence du silence, de la domination et du chantage. Par l'exercice d'un chantage barbare, la victime est très tôt mise face à une responsabilité trop importante pour son âge. Elle doit se soumettre – domination du plus fort – elle subit et elle se tait. Le prédateur prolonge ainsi sa domination et se réserve une proie pour son plaisir. Si elle parle, elle détruira sa famille et verra ses accusations se retourner contre elle. Comment un acte aussi immonde peut-il être commis par une personne aussi respectable ? Et voilà notre innocent mis au ban de sa famille, du village parfois, pour avoir osé inventer de telles monstruosités. Telle est la trame d'une geôle que le prédateur va construire rapidement autour de sa victime. Parfois la victime, adoptée ou provisoirement hébergée se verra menacée de renvoi… « Tu retourneras au Foyer ! » C'est une constante que l'on retrouve régulièrement.

J'ai aussi souvent entendu ceci : « Tu sais bien que si tu parles, ta mère se suicidera ! »

Dans le film, *Les garçons de St Vincent*[14], ce mécanisme, somme toute complexe, est très nettement mis en évidence : au milieu des années 70, le concierge de l'orphelinat religieux pour garçons Saint-Vincent, au Canada, est à l'origine d'une enquête de police qui révèle que de nombreux enfants y sont victimes de sévices corporels et sexuels. Les frères incriminés sont simplement relevés de leurs fonctions, la collusion entre la hiérarchie catholique et différents membres du gouvernement ayant abouti au classement de l'affaire. Le frère supérieur – principal prédateur – établit alors son pouvoir sur des pensionnaires qu'il choisit soigneusement. L'assujettissement de ce pouvoir se fonde sur

---

[14] – Réalisateur, John N. Smith, Canada 1993.

Première partie – État des lieux

les étapes suivantes : approche par une démarche de séduction teintée de tendresse, établissement d'une complicité fondée sur un secret partagé, apparition du véritable esclavage par un harcèlement de tous les instants. Le ciment de cet asservissement se trouve être la terreur des représailles et la lente destruction de l'ego de la victime.[15] Le film en lui-même est une fiction inspirée en partie cependant d'événements qui se seraient produits à Terre-Neuve et ailleurs au Canada. Il est suivi d'une seconde partie que nous aurons l'occasion d'aborder dans le second volume de cette étude. L'impasse dans laquelle se trouve la victime est parfaitement décrite, ainsi que ses troubles intérieurs, entre un bourreau qui sème la terreur et des autorités religieuses ou judicaires qui ferment les yeux.[16]

Les grandes affaires de crimes en série, étudiés en criminologie, montrent que si le prédateur exerce sur sa victime un chantage c'est, en premier, pour la soumettre à sa fascination puis exercer sur elle le pouvoir de la terreur, la placer sous la puissance d'une fascination dont l'issue, de toute manière, sera fatale. Dans les affaires de pédocriminalité le chantage affectif intervient de surcroît, sinon c'est par la force ou par les coups. La fascination précède car l'enfant, quel que soit son âge est immédiatement soumis à un acte qu'il sait « contre nature ». Commis en outre par un adulte dont il attend protection et bienveillance, le cataclysme psychique qu'est la transgression du tabou de l'inceste suffit à installer le rapport de fascination.

Le prédateur sidère sa victime, il l'englobe dans sa perversité. Il n'est pas possible d'admettre les affirmations de nombreux psychologues, selon lesquels il faudrait aider l'enfant à connaître les limites qui ne doivent pas être franchies. Ainsi, ce serait à l'enfant de connaître ces limites, donc de se défendre en posant clairement l'interdit. Mais que dire des viols de bébés, de plus en plus fréquents ? Le tabou de l'inceste est si bien ancré dans la civilisation qu'il est agissant dans les strates profondes de l'Inconscient dès la naissance. Quand le jeune enfant demande à dormir avec ses parents, cela n'a rien à voir avec un fantasme

---

[15] – On a trop banalisé cette atteinte meurtrière de l'ego.
[16] – Toujours ce silence coupable de l'autorité. On peut se demander quel en est le mobile ?

présupposé. Ce sont les adultes qui pourraient au contraire mettre leurs propres mots sur une expression tout à fait innocente et faire dévier une parole liée à l'imaginaire de l'enfant vers des attitudes purement inscrites dans le registre de l'adulte. Cela se nomme perversion !

Justice, manipulateur et victime

Concernant les actes d'inceste ou de pédocriminalité commis sur des enfants en bas âge, l'intervention est rendue extrêmement difficile par la présence de nombreux intermédiaires dans les rouages d'une instruction, l'intervention de composants idéologiques, psychologiques ou politiques qui n'ont rien à voir dans ce cas et qui prennent les enfants en otages. L'enfant est rendu objet de stratégies obscures qui rendent difficile l'action des parties civiles. Il n'est pas rare que la justice, impuissante, voire complice, se retourne contre les accusateurs. Les différents acteurs demeurent le plus souvent dans l'ignorance la plus totale de ce qu'il faut faire et comment le faire ? Dans une affaire judiciaire, la bonne volonté, la commisération ne valent malheureusement rien. La justice, avec ses procédures minutieuses et tatillonnes, intervient souvent à contresens, imposant des expertises qui sont autant de traumatismes pour les victimes. La recherche de preuves formelles, physiques, est aberrante, car, souvent, il n'y a plus rien à constater, au bout de huit ou dix jours – le temps que la machine judiciaire se mette en route – l'hématome, la blessure ont disparu... Et quand la plainte est déposée plusieurs années après, la parole de la victime peut se retourner contre elle.

Ce sont des comparutions devant des juges qui ignorent tout ou presque des mécanismes psychiques et sociaux mis en jeu dans ce genre d'affaire. Ou bien, ce sont des juges, qui savent tout de la psychologie et de la psychanalyse après une lecture distraite de quelques ouvrages, qui prennent des décisions qui résultent en fait de leurs propres projections. Cela n'est pas exceptionnel. Les actualités belges et françaises ont montré durant ces dernières années combien les acteurs sociaux sont impuissants à masquer leur incompétence, voire leur complicité obligée. Et ce n'est pas tant les acteurs, pris individuellement qui sont en cause. Il s'agit bien plutôt de la faillite d'un système qui repose sur des procédures et des mécanismes inopérants pour faire face à ce genre d'affaires. Sans compter la facilité avec laquelle le prédateur peut, parfois, manipuler tous les acteurs. Même si les juges sont très susceptibles quant à leur indépendance, il leur faudra bien reconnaître un jour que l'approche judiciaire des affaires familiales impose un doigté particulier qui ne peut s'acquérir que par l'expérience. On sait cependant que les affaires familiales sont un passage pour les jeunes juges en quête d'une affectation plus prestigieuse.

L'inceste amène des bouleversements tels que la vie entière de l'individu qui en est victime sera totalement perturbée. Il est inconcevable que des décisions soient parfois prises avec ce qu'il convient d'appeler de la désinvolture.

Si le juge doit prendre ses décisions seul, on ne comprend pas pourquoi il le ferait en fonction de sa propre représentation du monde. L'infaillibilité de la décision du juge mérite d'être mise en discussion. Qu'une décision collégiale soit mise en place serait déjà plus salutaire, mais autant avec des juges qu'avec des acteurs sociaux spécialement formés. Cela, les magistrats ne l'accepteront pas de si tôt !

Outreau ou la faillite des médias et des institutions

Le procès d'Outreau et les suites judiciaires, le recours en appel, la Commission d'enquête parlementaire ont mis en évidence de nombreux dysfonctionnements auxquels le législateur semble vouloir porter remède. Mais il demeure un gigantesque oublié dans cette affaire : l'enfant victime, l'enfant violé. Ils sont innombrables dans nos villes à subir les assauts de leurs monstrueux prédateurs. Que se passe-t-il donc dans l'esprit du législateur, du journaliste, pour passer ainsi à côté de ces évidences ?

Les péripéties du procès d'Outreau et le procès en appel pourraient nous dire que la parole des enfants serait manipulée par les adultes, invalidant donc sa portée. Ce en quoi le célèbre Van Gijseghem aurait raison, à dire qu'on fabrique les accusations d'inceste. Or, dans cette affaire, ce qui est clair, c'est la faillite de la méthode judiciaire, c'est aussi l'invalidation des méthodes des experts, psychologues et psychiatres. Mais c'est aussi l'incroyable arrogance des avocats de la défense. Ces derniers ont préféré insister sur la pertinence supposée de spécialistes auto-proclamés au détriment d'experts qui vaient montré un grand professionalisme. Ils avaient insisté sur la réalité des faits criminels subis par les enfants. Mais les jurés ont préféré statuer d'après les allégations de ces pseudo spécialistes. On ne peut rien conclure de fondé d'un ou de plusieurs entretiens de deux à trois heures chacun. C'est d'abord une enquête sur le terrain qui permettra de collecter les multiples indices qui permettront par la suite de décider si oui ou non il y a fabulation, manipulation du témoignage. Entre un enfant qui joue à l'inceste et un autre qui est en permanence sous cette menace, il y a, à tous les échelons de la vie domestique, des indices qui ne trompent pas, à l'école, au centre aéré, partout où l'enfant échappe à la surveillance assidue de son prédateur. Parfois même, l'enfant laissera échapper des indices flagrants lors d'une simple visite médicale. Et le tact d'une enquête sur le terrain se forge après une formation idoine.

C'est donc tout le réseau de surveillance et de recueil d'informations autour de l'enfant qui est en cause. Sans réelle formation, sans que son acuité se soit exercée, le pédagogue qui reçoit l'enfant risque d'amplifier des faits fortement chargés en émotion au gré de ses propres projections. Il peut, de ce fait, amplifier une rumeur déjà rampante, lui donnant ainsi plus de consistance.

En ce qui concerne la santé publique et les mesures de vaccination, le BCG, le vaccin contre la poliomyélite, etc., la mobilisation est globale, toutes les instances, du milieu scolaire au médical, sont soumises à des procédures précises, dotées de moyens pour se mettre en alerte chaque fois que nécessaire. Nos institutions sont rodées à ce travail. Pour les enfants victimes d'inceste, de violences, on voit parfois clairement, on soupçonne mais on se tait au nom d'un éventuel abus et d'une erreur judiciaire.

Une affaire récente – fin 2005, début 2006 – a mis en cause deux médecins qui avaient gardé le silence devant des faits de maltraitance sur un enfant. Occasion de dire que le silence, si on comprend comment il s'installe, ne se justifie jamais !

Dans une affaire d'inceste, nous oublions trop que nous devons faire face, en la personne du prédateur, à un individu qui mobilise toute son intelligence au service de son vice. Ces êtres établissent très tôt avec l'entourage un rapport de fascination, comme s'ils préméditaient leur crime très longtemps à l'avance. C'est ce qui constitue le piège dans lequel la victime viendra s'empêtrer d'elle-même si elle ose réagir. [17]

Tout cela démontre combien l'information demeure absente quant au réel impact des faits d'inceste sur la vie d'un petit être humain. Nous ne pouvons pas comprendre ce décalage entre la vigilance pour la santé publique et le signalement, l'accueil des victimes de violences familiales. Nous devons bien, à un moment ou à un autre, nous poser des questions quant aux valeurs fondamentales que défendent nos cultures.

Les experts, de leur côté, se cantonnent à l'éclairage obscur de leur cabinet, délaissant le terrain et l'opinion publique, objet d'une vaste désinformation. Ils demeurent silencieux, parfois arrogants. La mobilisation pour la mort de Cannelle, la dernière ourse pyrénéenne, fut générale et immédiate ; la comparution du chasseur très rapide. L'enfant victime de viol ou d'inceste et de violences demeure seul avec ses souffrances et ses tortures. Il attendra réparation, parfois sa vie durant. Ce phénomène étrange d'apitoiement pour la vie d'une bête alors que celle d'un enfant ou d'un déshérité ne rencontre qu'indifférence est bien connu dans l'histoire.

---

[17] – *Le pervers narcissique*, voir bibliographie.

À quoi bon les débats sur le bracelet électronique ou un accompagnement thérapeutique pour les pervers sexuels ? « Surveiller et punir », voilà la seule réponse de nos sociétés. De quoi flatter le gigantesque narcisse des prédateurs.

Ce n'est pas la parole de l'enfant qui est ici en cause mais les moyens qu'une société se donne pour accueillir celle-ci, le courage dont l'institution se dote pour dévoiler et affronter un mal qui mine des consciences, sape lentement l'image que l'on peut se faire de la société. C'est cette image qui imprègne les jeunes générations.

Un autre facteur déforme une réalité déjà bien trouble : la place de ce que nous appelons d'un terme vague, les médias. Les médias, comme supports de l'information, constituent un outil de transmission et de propagation de « la nouvelle ». Ils ne sont que des moyens. Par contre, la manière dont ceux-ci sont mis en œuvre traduit comment nous communiquons avec l'ensemble du champ social. Les médias fonctionnent sur des valeurs émotionnelles voire passionnelles, pas sur la transmission objective de faits avérés. Le procès d'Outreau a révélé ce grave défaut des médiateurs de l'information, transformant en victimes les bourreaux de la veille, méprisant les anciennes victimes en les présentant comme des manipulatrices. Procéder ainsi sans jamais prendre une distance, en posant la question essentielle : « Pourquoi en est-il ainsi ? », c'est se laisser entraîner dans les modes de fonctionnement purement instinctuels des mouvements de foule avec ce que cela comporte de barbarie.

S'exprimant sur le procès d'Outreau, Homayra Sellier, présidente et fondatrice d'Innocence en danger, mouvement mondial de protection et défense des enfants contre l'abus et l'exploitation sexuelle, nous dévoile les questions à poser : « Après des semaines d'audiences, comme beaucoup d'autres, j'ai eu l'impression d'un magnifique gâchis ! Beaucoup de tristesse, mais surtout et avant tout beaucoup de craintes.

On s'en souvient, tout a été dit sur le naufrage judiciaire, l'incompétence des uns, des autres, les manquements des services sociaux, les dysfonctionnements de tel et tel service, cependant, je n'ai pas entendu, ni lu de vrais mots de compassion et de soutien pour ces enfants, qui, même si les adultes ont viré de camp plusieurs fois, changé du tout au tout à plusieurs reprises, eux ces enfants, ont tous bel et bien été violés !!! »

Ils ont tous été habilement utilisés, de la façon la plus odieuse qui soit pour répondre aux pulsions perverses d'adultes, parmi lesquels se trouvaient leurs propres parents ! C'était comme si tout à coup, tout le monde avait perdu sa sensibilité et tout se déroulait comme si ces enfants, qui ont vécu un véritable cauchemar dont on se ne réveille pas, étaient coupables de ne pas bien se tenir devant la cour !

Qui a cherché à comprendre comment on en était arrivé là ?

Quels ont été les mécanismes qui ont conduit des familles dans l'horreur ?

Comment se fait-il que personne n'ait rien vu durant presque 4 ans, alors que ces enfants étaient violés 3 à 4 fois par jour par leur propre père, selon ses aveux, et que cette famille était suivie par les services sociaux ?

Comment réparer ? Qui va chercher à réparer les dégâts incommensurables d'un procès, au cours duquel ces enfants, issus d'une famille qui les a maltraités, se sont trouvés entre les mains de toute une série d'institutions qui les ont elles aussi maltraités, pour finir presque coupables ? « Il ne faut surtout pas que la conclusion tirée de l'affaire Outreau soit cette question : faut-il croire oui ou non la parole de l'enfant ? »[18]

Qui est mis en cause ici ? La transmission de l'information et la faiblesse des institutions devant la rumeur, rien d'autre ! Confirmant combien les règles éthiques les plus élémentaires peuvent être bafouées quand la passion médiatique est en jeu : un des accusés, condamné dans cette affaire à deux ans de prison, aurait été confondu avec un autre sur la bonne foi des déclarations d'un journaliste qui enquêtait sur l'affaire.

Au lieu de présenter les différents éléments d'une réalité en créant les conditions d'un débat, voilà les médias prêts à dresser des bûchers sur lesquels une victime sera immolée, qu'importe ce qu'elle est en réalité. Des cris, du sang, des larmes !

---

[18] – Voir sur le site de Innocence en danger :
http://smoky7.ecritel.net/typo/index.php?id=20&backPID=20&tt_news=841%29

La manière dont les agents médiatiques transmettent les rumeurs au lieu des « nouvelles », traduit, là encore, un profond malaise de société. Mais l'absence totale de distance aux différents niveaux de la transmission des informations révèle que nous – l'ensemble des acteurs sociaux – sommes pris par ce que Jung nommait un archétype... L'emballement incontrôlé par un fait social qui nous touche tous en profondeur. Les médias, ici nommés comme une entité globale font figure de monstre impersonnel. Mais il importe tout de même de se demander si ce monstre mystérieux est bien en cause. Et, derrière le monstre il y a des être humains !

D'aucuns diraient que le sensationnalisme médiatique repose uniquement sur l'obéissance aveugle aux lois de « l'audimat » comme le soulignent certaines associations de défense de l'enfant. Il y a bien plus, une absence complète de distanciation et, par suite, de réflexion – au sens propre –, qui correspond à l'altération profonde des consciences dans les sociétés industrialisées. Conscience sur l'emballement émotionnel de la transmission de l'information, détournement de l'attention du public du fond des affaires au profit d'événements annexes, absence d'informations au contenu pédagogique qui donneraient une meilleure vue d'ensemble sur les événements en cours. Les médias ne sont pas esclaves de l'audimat mais de l'émotion et c'est un mécanisme qui n'est plus contrôlé. Il conduit à des dérives sémantiques, à des analyses superficielles sans aucune distance.

Ainsi, au moment même où les journalistes témoins du procès d'Outreau viennent battre leur coulpe devant la commission d'enquête parlementaire, d'autres se livrent très exactement aux mêmes excès d'emballement dans le récit d'autres événements : affaire Youssouf Fofana, grippe aviaire, etc. Nous ne pouvons pas invoquer une quelconque irresponsabilité des acteurs médiatiques. L'emballement provient d'une source qui demeure impalpable mais puissamment agissante.

Dire que les médias ne souscrivent qu'aux lois de l'audimat ne repose sur rien de bien concret. Que nous apprend le procès d'Outreau ? Si nous nous en tenons à ce qui se passe grâce aux séances de la Commission d'enquête parlementaire, c'est le procès d'une enquête qui se déroule et chacun peut ainsi s'effrayer de la somme de tant d'erreurs et d'outrances. Dès le premier procès, il y eut des journalistes pour dénoncer des impasses et des incohérences dans la tenue de l'enquête. Tout ce qui se dit en ce moment, nous le savions déjà !

Des enquêteurs qui ne sont pas formés aux techniques d'entretien, une justice qui dispose des moyens d'un pays sous-développé, un juge d'instruction omnipotent que la Chambre d'instruction suit aveuglément dans ses décisions, par manque de temps et de moyens ; des experts qui ignorent tout des roueries d'un manipulateur – Myriam Badaoui en est une et le petit juge Burgaud est tombé dans le panneau. Que signifie cette soudaine inflation médiatique ? Il nous est impossible de ne pas penser que tout cela résulte d'une vague instrumentalisation. Nous ne pouvons passer outre le conflit larvé qui enfle entre le pouvoir législatif et le pouvoir judiciaire d'un côté, le pouvoir des médias et le même pouvoir judiciaire de l'autre. Comment ne pas voir, dans la curée qui se livre sur le dos du juge Burgaud l'instrumentalisation d'une lutte où la maltraitance de l'enfant passe au second plan. Certes, il s'agit de faire la lumière sur les graves lésions subies par ceux qui furent injustement livrés à la prison, durant plus de deux ans pour certains. Mais ce n'est pas la première fois que des faits divers révèlent l'existence d'une forme d'arbitraire dans l'omnipotence du pouvoir judiciaire, non pas que celui-ci soit contestable mais qu'il s'appuie souvent sur une conception désuète du monde et de la vie.

Ne pourrait-on pas dire, alors, que la *vox populi*, soigneusement trompée par les médias, eux-mêmes instrumentalisés et manipulés par le politique a donné du coffre là où il fallait. Le politique règle de vieux comptes avec le judiciaire et ce n'est pas fini. Outreau sera vite oublié ! À nouveau les affaires de maltraitance d'enfant, de viol sur mineur seront traitées avec la plus grande discrétion.

Outreau, c'est pourtant une occasion ratée de porter à la connaissance de tous que, d'abord, il y eut des enfants violentés, qu'il existe de nombreuses affaires similaires qui se règlent bien souvent de la même manière : des experts arrogants et ignorants, des juges sûrs d'eux-mêmes et le silence... La transgression de l'inceste ne fait pas encore bonne recette. Actuellement, à l'heure où la Commission d'enquête parlementaire a achevé ses travaux, personne ne se pose la question du silence que subissent les victimes d'inceste. Pourtant nous devons interpeller les journalistes : « Pourquoi avez-vous oublié les enfants d'Outreau ? Pourquoi avez-vous si peu parlé des sévices subis par ces enfants victimes dans le procès d'Angers ? Qu'est-ce qui justifie la différence de traitement entre l'affaire d'Outreau et celle d'Angers ?

Angers, le plus grand procès pour pédophilie jamais organisé en France. Le verdict, prononcé le 27 juillet 2005, par la cour d'assises du Maine-et-Loire a condamné 61 personnes. Le mystère n'a toujours pas été éclairci sur l'existence du « cercle des encagoulés » ? À savoir ces agresseurs – hommes ou femmes – ayant abusé des enfants, le visage dissimulé sous des cagoules.

Dans d'autres villes, en France ou en Europe, des enquêteurs agissant en solitaires ont pu relever des éléments importants qui tendraient à prouver que des réseaux existent dont le principal objet est de consommer de la « chair fraîche », sous toutes ses formes. Un policier engagé dans l'enquête sur « l'affaire d'Angers » affirme que l'existence de réseaux pédophiles agissant via Internet et dans toute l'Europe serait « un secret de Polichinelle ». Ha ?! Que faites-vous, journalistes ? Pourquoi n'apportez-vous pas d'informations sur ces éventuels réseaux ? N'est-ce pas votre rôle, quand les pouvoirs publics sont défaillants, d'engager des investigations afin de servir votre public en informations cohérentes et susceptibles de déclencher des instructions ? Avez-vous pensé que vu la puissance d'Internet, Angers ne serait qu'une plateforme parmi d'autres ? Ne pourriez-vous pas vous dire qu'à Toulouse, Madrid ou Berlin, voire Moscou d'autres enfants souffrent encore, attendant, blêmes d'angoisse que le *week-end* se termine pour que leur horreur s'arrête, le temps d'une semaine en classe ? Ne nous dites pas, dans 10 ou 15 ans : « Nous ne savions pas ! » Cela nous rappelle quelque chose ! Nous avons cité Serge Garde qui a mené une longue enquête qui établit un lien indéniable entre la disparition d'enfants et la présence de vidéocassettes où l'on retrouve ces mêmes enfants esclaves de quelques prédateurs au-dessus de tout soupçon. (Voir dans les archives du journal *l'Humanité* et lancer une recherche sur le site. Les articles concernant ce sujet sont nombreux.)

Cessons ! L'on va nous rebattre les oreilles avec la théorie du complot, etc.

À suivre... malheureusement ! Quand la transmission de l'information se fonde sur les émotions, la rumeur s'autogénère, se nourrissant du moindre bruit.

Rumeur et mobilisation populaire, les violences conjugales et le viol au quotidien

Tout se passe comme si les médias demeuraient passifs devant la matière qu'ils ont à traiter : l'information sur l'événement. Si bien qu'il faut attendre un mouvement « populaire » pour espérer voir les vrais questions mises en débat. Les médias auraient-ils renoncé à leur rôle de véhicules des savoirs ?

Dans l'histoire récente du système judiciaire français et de la mobilisation de l'opinion publique il existe un exemple édifiant : la mobilisation populaire contre le viol des femmes et les violences conjugales.

Dans son ouvrage – Le livre de la honte – co-écrit avec Laurence Beneux, Serge Garde rapporte de nombreux exemples du dédale dans lequel les victimes et/ou des parties civiles se perdent. Il ressort de son enquête approfondie que les circuits psycho-judiciaires ne sont pas près d'accueillir les faits d'inceste et de pédocriminalité. Les réflexes des travailleurs sociaux demeurent archaïques, mus par des préjugés féroces, des idées forgées par les concepts d'une psychologie mal digérée. Et nous serions d'accord l'un avec l'autre pour dire que nous nous trouvons, face à l'inceste, dans la même situation où se trouvait la société dans les années 70 face aux crimes de viol : femmes bafouées, humiliées dans les commissariats, interrogées de façon quasi égrillarde par des juges narquois et hautains, des femmes, des adolescentes montrées du doigt, fanion de la honte de la famille... On les soupçonnait aussi, psychanalyse à l'appui, de « désir inconscient », de provocation donc, d'induire leur agression, voire d'y prendre du plaisir. Jusqu'à ce que des individualités plus fortes que d'autres, des femmes violées, prennent leur sort en main pour le jeter en pleine face d'une société qui sommeillait indifférente. Elles parvinrent à convaincre d'autres femmes, des juristes, des politiques, des psychanalystes, qui osèrent défier un ordre établi dans le silence et qui laissait les victimes supporter seule le poids de la honte. Il en découla une prise de conscience globale du problème et il fallut bien se rendre à l'évidence : le viol c'était mal et le violeur devait passer devant les Assises. Dans les faits il en résulta un vaste mouvement de prise en charge des formations de policiers, des magistrats. Les procédures d'accueil des femmes violées furent sensiblement modifiées : procès-verbaux d'auditions préparés par des femmes policiers, suppression des investigations infamantes dans la vie privée des victimes, formation des magistrats...

Désormais, il existe, dans le tissu social, de nombreuses associations qui prennent en charge la douleur de ces femmes, des numéros verts, etc.

On trouve un modèle identique à propos des violences conjugales : la honte des victimes, leur refus de dévoiler les violences dont elles étaient l'objet. D'énormes résistances prévalaient dans la société, puis, à nouveau, le silence fut brisé – nous avons l'exemple vivant de ce même processus en cours d'évolution pour l'éveil de la conscience publique en Espagne. Des acteurs sociaux initièrent et participèrent à des actions d'information et de formation. La mobilisation devint générale, les médias amplifièrent l'impact de l'information. Des dispositions juridiques et sociales furent prises par les pouvoirs publics : téléphone vert, lieux d'écoute et d'hébergement, soutien psychologique et juridique, etc.

Tout cela résultait d'une prise de conscience et les médias jouèrent leur rôle de relais d'information et de courroie de transmission des savoirs. Il en est résulté des changements de comportements dans les couples et dans les relations hommes-femmes.

En ce qui concerne l'inceste ces exemples pourraient servir de modèles à des actions pour une plus vaste prise de conscience...

S'il est difficile de dénoncer les actes de violence à l'égard des enfants, si l'action judiciaire s'avère souvent difficile à mettre en œuvre, il existe déjà des moyens d'agir mais de nouveaux outils spécifiques devront être mis en place.[19] Ceux-ci devraient avoir pour première destinée d'isoler les victimes du prédateur et, plus tard, de leur restituer leur dignité. En termes de droit ceci imposera la mise en place de mesures particulières et rapides qui risquent de bouleverser notre représentation de l'exercice du droit des parents. Nous ne pouvons ignorer les conséquences que cela aura tant au plan collectif qu'au plan individuel, en nous réfugiant dans la caverne de la séance censée demeurée individuelle et secrète. Il existe une étroite relation de l'individuel au collectif et le problème dont il est ici question ne peut se traiter sous un seul versant ! Il est aussi du devoir des psychologues et des travailleurs sociaux de se mobiliser afin de lancer une vaste réflexion sur ces sujets.

Les psychothérapeutes et les psychanalystes ont souvent ignoré les dédales du droit en réservant leur seule intervention à l'individu, seule entité soi-disant prise en compte par eux. Il existe cependant, dans toutes nos sociétés, une règle fondamentale : les droits de la victime doivent être rétablis. Qui ignore cela en vertu d'une quelconque théorie ou d'une pratique se rend responsable de complicité voire d'encouragement à la criminalité ! (Je pèse mes mots.) Le Droit, collectivement consenti, transcende l'idéologie et les dogmes ! Et si celui-ci s'avère faillible, il

---

[19] – Sans oublier qu'en cas de non-lieu, le prédateur se retourne contre sa victime à laquelle, la justice, par sa mollesse, cette fois, fera subir une violente outrance. Injustice dont on se remet difficilement car la victime, transformée en accusée se sent mise au ban de la société.

nous faut porter la contestation à tous les niveaux où chaque citoyen peut agir dans sa société. Le secret, la protection de l'intimité ne peuvent valoir s'ils deviennent prétextes d'une omerta.

La mobilisation de l'opinion publique est incontournable. Afin que cette dernière s'éveille à d'autres exigences qu'une simple curiosité pour des faits divers. Mais il faut aussi que les vecteurs d'informations sortent de leur versatilité émotionnelle.

L'objectif étant d'abord de dédramatiser la prise de parole des victimes ou des adultes qui les aident, créer des lieux d'écoute des victimes, de court-circuiter les institutions dont les idéologies sont encore alimentées par des dogmes et des présupposés qui tiennent plus de la superstition primaire que de la science psychologique.

Il faut sortir d'un système qui est actuellement bien plus fondé sur la rumeur que sur la raison !

La psychanalyse en rajoute

Nous avons lu sur le forum[20], la citation de cette fabuleuse Dolto, qui, du haut de sa notoriété, nous affirmait comment la petite fille, finalement consentante, se substituait à sa maman qui ne parvenait plus à donner du plaisir au papa. Par chance cette citation a été parfaitement repérée et reproduite.[21] De nombreux chercheurs ont déjà démasqué les ambiguïtés de la psychanalyse, notamment pour ce qui est de la relation enfant-parent. Je n'y reviendrai pas ici.[22]

Parmi les courants psychologiques qui contestent le bien fondé des thèses actuelles sur l'inceste il en est qui reposent sur

---

[20] – <http://village.psycho-ressources.com/>, forum « psychologie ».
[21] – Lors d'un entretien avec une journaliste de la revue *Choisir* de nov. 1979. Ceux qui suivaient les conférences de F. Dolto avaient aussi entendu des propos semblables. Ces paroles choquantes ont été reprises dans *Le livre noir de la psychanalyse* mais, de ce côté, les auteurs n'ont pas inventé la poudre.
[22] – Les ouvrages ne manquent pas, les sites internet de qualité non plus. Même si l'on sait que les freudiens intégristes continuent de dresser une chape de plomb sur la diffusion de ces critiques, l'information circule.

un radicalisme époustouflant. Au musée des horreurs de la science nous trouvons bien des certitudes :

Gardner, l'inventeur du syndrome d'aliénation parentale nous prévient de l'issue positive de l'inceste : « Il est ici pertinent pour ma théorie que la pédophilie sert des buts procréateurs. Évidemment, la pédophilie ne sert pas ce but de façon immédiate puisque les enfants ne peuvent tomber enceinte ni rendre d'autres enceintes. L'enfant attiré dans des interactions sexuelles dès l'enfance est susceptible de devenir hautement sexualisé et de rechercher activement des expériences sexuelles durant les années précédant la puberté. Un tel enfant 'chargé à bloc' est susceptible de devenir plus actif au plan sexuel après la puberté et donc susceptible de transmettre ses gènes à sa progéniture. »[23]

Leo Thiers Vidal[24] cite aussi le comparse de Gardner, Ralph Underwager : « Les pédophiles dépensent beaucoup de temps et d'énergie à défendre leur choix. Je ne pense pas qu'un pédophile ait à faire cela. Les pédophiles peuvent affirmer fièrement et courageusement leur choix. Ils peuvent dire que leur volonté est de trouver la meilleure façon d'aimer. Je suis également théologien, et en tant que théologien, je crois que c'est la volonté de Dieu qu'il existe de la proximité et de l'intimité, de l'unité de la chair entre les gens. »

Le théologien conclut en affirmant : « Les pédophiles sont trop sur la défensive. »

Dieu au secours du crime ! Ici, on joue sciemment sur un clivage de sens : pédophile et pédocriminel. Que la poésie encense la pédophilie comme lien à l'enfance est une chose mais que l'on fasse l'impasse de ce que l'on nomme le passage à l'acte ou réduction au réel de la dimension imaginaire est une autre chose. Déjà, dans les années 80, un mouvement d'esthètes avait revendiqué le droit à la pédophilie. Cela avait soulevé de nombreuses polémiques. Désormais, cette sorte de revendication passe à un autre niveau, celui du droit.

Ailleurs, *Le Journal du Droit des Jeunes* – revue d'action

---

[23] – Mail de Léo Thiers Vidal, (Lyon, France) s'insurgeant contre ces dérives pseudo-scientifiques dans un mail en date du 19 octobre 2004 auprès de l'Assemblée Européenne.
[24] – Courriel déjà cité.

juridique et sociale fait une place d'honneur à M. Van Gijseghem, grand spécialiste devant l'éternel de ces questions. Ce dernier met en garde les acteurs sociaux et les magistrats contre les « faux souvenirs » et, au nom du « syndrome d'aliénation parentale », il discrédite systématiquement la parole de l'enfant, notamment dans les cas fréquents de séparation des parents. Il soutient que la séparation offre à l'un des parents l'occasion de prendre l'enfant en otage contre l'autre en l'accusant de pédophilie – on soupçonne l'idéologie qui serait aux sources de telles opinions.

Les conséquences de ces *a priori* pseudo experts se dévoilent dans certaines affaires où des enfants sont confiés au parent prédateur par des juges au prétexte que l'autre était, en quelque sorte, un « manipulateur ».

Le même « spécialiste » prétend que les souvenirs ne reviennent jamais au-delà d'un certain temps – j'ai observé exactement le contraire. Il en conclut fort logiquement que la thérapie des victimes d'inceste ou de maltraitance d'enfant n'est pas possible. L'expérience m'a montré que la thérapie est non seulement possible mais qu'elle s'avère nécessaire, salutaire et réhabilitante. Cependant, certaines méthodes figées dans le carcan de rituels vieillots ne réussissent pas, en effet. Cela n'invalide pas pour autant le but que l'on assigne et que l'on est en droit d'attendre d'une thérapie. Permettre à l'individu de trouver sa propre totalité, pour vivre son destin individuel aussi pleinement que possible ; abolir l'illusion et trouver la vérité de son propre être, s'adapter à ce qu'il est.

Van Gijseghem affirme, par ailleurs, que la parole des victimes, la remémoration des faits de viols s'avère encore plus traumatique que le viol lui-même. Il conclut donc : « Il vaut mieux ne pas porter plainte du tout ! »

Rappelons que ce monsieur, professeur à l'université de Montréal, est aussi intervenant dans de nombreuses écoles de formation de magistrats, dont en France, conférencier à l'École de la Magistrature.

Une circulaire du Ministère de la justice, lui accorde crédit et recommande aux policiers de « suivre la méthodologie de Van

Gijseghem ».

Sachons que Hubert Van Gijseghem et son complice Serge Larivée déplorent la tyrannie exercée par la psychanalyse sur tout un secteur des sciences humaines, l'empêchant d'évoluer, et parasitant la psychologie dans un discours aux relents de « crois ou meurs ». Leur souhait est d'amener les tenants de la psychologie à opter pour des approches plus rigoureuses. Leur *Revue de psychoéducation (vol. 32, no 2)* recense 78 ouvrages contestant le caractère scientifique de la psychanalyse. On perçoit la liquidation d'un contentieux ancien qui nous éloigne des objectifs de la raison, de la science et du propos principal. Ce qui invalide leur thèse. On nage en plein règlement de comptes, sur le dos de la science et d'une supposée rigueur, pire, sur celui des nombreuses victimes qui vont suivre.

Que la psychanalyse doive être mise en question ne fait pas de doute. Nombreux sont les psychanalystes eux-mêmes qui le souhaitent, mais cela veut-il dire que l'Inconscient n'existe plus ? Il importe, certes, de revenir sur les définitions que nous donnons à l'Inconscient et aux contenus que nous lui assignons. Pour l'instant, cela fait le lit du comportementalisme, digne complément de la société des *fast food*.

Il résulte de ces allégations, qui ne sont que gesticulations passionnelles entre pseudo scientifiques, que les faits avérés de viols ou d'inceste passeront inaperçus et ils continueront de passer inaperçus si une autre voie ne s'ouvre pas pour la parole de ces innocents. Ignorer les implications de telles théories, c'est faire preuve d'une grande ignorance du terrain et, surtout, avancer des propos quelconques sans se pencher sur l'implication qu'ils peuvent avoir. C'est un phénomène que de nombreux épistémologues reprochent également aux scientifiques. À force de n'être que dans les chiffres, ils finissent par ignorer tout de la dimension humaine, dans sa totalité. Ils en arrivent alors à manipuler des concepts porteurs de mort avec la plus grande désinvolture. Or cette froideur déshumanisée est à la source d'une prédation psychique collective. Ce que Hannah Arendt relève justement à propos de la mécanique nazie peut fort bien s'appliquer ici. Et ce n'est pas briser un tabou de le dire !

Il n'y a donc rien à attendre pour l'instant des théoriciens de la psychologie ni des Institutions publiques sinon la méthode de l'étouffoir pour les affaires et la persuasion dans l'interrogatoire des victimes. Les plus fragilisés par ces méthodes étant les mineurs et les enfants en bas âge. Nous avons vu plus haut ce que cela pouvait donner avec un enfant comme François.

Si différentes affaires ont, certes, montré, qu'en effet, il fallait être très prudent dans le recueil de témoignages des victimes de violences, de là à passer au déni pur et simple, voire à l'encouragement et à l'apologie de l'inceste, il y a un pas que je qualifie de barbare et dénué de toute caution scientifique, tant d'un point de vue historique que théologique et moral. Il manque à de telles méthodes l'apport du terrain mais aussi une réelle connaissance des bases de toute civilisation, une profonde ignorance de la manière dont une cosmogonie se crée.

De telles thèses demeurent purement intellectuelles et froidement cérébrales. Elles vident le vécu pur de tout impact émotif et sentimental si bien que l'on en arrive à étayer n'importe quelle hypothèse. Nous retrouvons le monde si familier du pervers narcissique.

Le crime d'inceste est un crime contre l'humanité ! C'est la conséquence de l'universalité géographique et historique du tabou. Cela est ignoré et il est grave que cette ignorance soit entretenue par des universitaires.

Question sur la responsabilité

Si nous faisons un détour du côté des fondements du droit, il est étonnant de lire que l'on puisse mettre en cause une quelconque responsabilité dans les actes pédocriminels. C'est pourtant une tendance actuelle que l'on retrouve même chez certains juges soucieux de « dépénalisation ».

Peu à peu, sans que cela soit évident, on donne à la notion de responsabilité un sens qui n'est pas celui que le droit et la morale entendaient jusque-là.

Première partie – État des lieux

En terme d'éthique, est responsable celui qui peut et doit rendre compte de ses actes, de leur portée et du préjudice subi par la/les victime/s.

En termes de droit pénal, est responsable celui qui peut et doit supporter les sanctions prévues pour un acte délictueux commis en pleine possession de sa conscience. Notons en passant que le crime d'inceste n'existe pas dans le droit français. On peut faire valoir des actes de violences, le viol par exemple, mais, dans ce cas, faut-il encore prouver que la victime n'est pas consentante.

Maintenant, si l'on se situe sur un plan psychologique, il convient de différencier la responsabilité de la volonté, de la lucidité et du contrôle (de soi).

Le juriste accepte l'atténuation de la responsabilité en cas de perte totale ou partielle de la lucidité.

Le psychologue explique la subordination de la volonté aux effets d'une pulsion par l'existence de l'Inconscient mais cela ne signifie en rien une remise en cause de la participation consciente à l'acte criminel ni, par suite, de la responsabilité.

Si l'on se hasarde sur ce terrain, on confond des notions collectives – comment une société s'organise autour d'une représentation du monde et, par suite d'une éthique – avec des explications causalistes, de quelque type que ce soit. Car, après tout, le psychologue donne une explication en introduisant la notion d'inconscient, le généticien par la génétique, le prêtre par Dieu... Ce sont toutes des explications qui peuvent être localement ou temporellement valables mais le droit qui est la traduction d'une éthique se soucie de maintenir la cohérence du tissu social et, avant tout, de protéger les plus faibles du pouvoir des plus forts.

Dire que l'on est ou non « responsable de son inconscient » n'a aucun sens. Nous disposons d'un outil de création et de socialisation qui est la conscience. Celle-ci dispose à son tour d'une volonté plus ou moins forte pour mettre en œuvre ses desseins. Si cette volonté sert à porter gravement atteinte à autrui, il y a sanction, laquelle découle d'un interdit posé là comme nécessaire par les humains réunis en un groupe qui se reconnaît à travers un acte fondamental – la Constitution pour une démocratie.

C'est un fait inaliénable pour le maintien ou l'édification d'une culture. Chaque citoyen doit souscrire à ces règles minimales.

L'inconscient n'a aucune place dans cette affaire. L'inconscient est une donnée personnelle que, seule l'individu doit prendre en compte. Certes, il est tenu compte, en droit, de l'éventuelle abolition de la conscience dans un acte criminel : crime passionnel, folie passagère, psychose.

La psychologie n'est pas le droit. Le droit peut se nourrir de la psychologie ou d'autres disciplines. Il faut au préalable que les théories émises cadrent avec la représentation du monde d'un groupe donné. Beaucoup d'experts ignorent cette dialectique, faisant de leur parole une vérité sur laquelle le juge s'alignera. On retrouve une autre dérive qui ne dit pas son nom sur les fondements du droit : la sacralité quasi exclusive et infaillible des experts – ce qui est aussi valable dans le domaine technique. Les affaires de pédocriminalité révèlent ainsi de nombreuses dérives des fondements de nos sociétés… Probablement parce que derrière des liens de cause à effet, il y a plus : l'introduction de composantes irrationnelles que nos cultures ont du mal à appréhender.

La place du parent passif

S'agissant de définir une responsabilité, une question mérite qu'on s'y attarde, elle concerne la place du parent passif, souvent la mère, mais c'est parfois le père. Les témoignages sont encore plus difficiles à recueillir car l'homme est souvent bloqué par son orgueil mais aussi parce que, sous nos latitudes, il gère ses émotions et sentiments plus difficilement que la femme.

L'enfant violé, fille ou garçon, se retrouve dans une prison à devoir seul affronter la violence. Se sentant trahi, il prendra très vite l'habitude de créer un espace spécial fait de terreur, de honte, plus tard de culpabilité et un autre où la vie se déroule presque normalement. Cela fait penser aux descriptions de maisons hantées. D'un côté les choses semblent se dérouler normalement mais l'ambiance laisse planer une terrible incertitude. L'enfant violé connaît cela, c'est son monde ! L'autre parent pourrait lui être d'un grand secours, … s'il parle et si on le croit. Une montagne de conditions qu'il ne parvient pas toujours à franchir seul. Je connais des familles qui se sont, dans leur ensemble, mère, grand-mère, cousins, tantes, etc., retournées contre le ou les enfants – garçon ou fille – qui avaient osé parler. Cette cabale est souvent montée par le prédateur lui-même qui sait plus que quiconque d'autre manipuler et fasciner son entourage, entretenant bien souvent un rapport de séduction avec l'alentour. Prenons l'exemple de ce monstre qu'est Émile Louis. Il a été dit, qu'en plus de ses jeunes victimes, il avait séduit de nombreuses femmes. Le prédateur est une sorte de personnalité qui combinerait la psychopathie et la manipulation.[25]

De nombreuses victimes opèrent une rupture brutale du milieu de souffrance, dès qu'elles le peuvent. Parfois quand une de leur sœur ou nièce ou quelque autre petite fille est prise dans les rets du prédateur, elles trouvent le courage d'intervenir. Et il

---

[25] – Lire à ce sujet deux ouvrages récents : *L'homme manipulé* et *Le pervers narcissique*.

leur en faut malheureusement beaucoup pour convaincre et surmonter les nombreuses humiliations qui s'ensuivront !

Les travailleurs sociaux ne sont pas à l'abri du chantage. Il m'est arrivé d'être menacé de plainte pour diffamation par la mère d'un enfant car j'avais dénoncé des faits de violence commis par le père.

De même, Le docteur Pierre Sabourin, psychiatre et psychanalyste, a été poursuivi par le conseil de l'Ordre pour avoir dénoncé des faits d'inceste. Réaction familiale d'un côté, collective de l'autre. Ce n'est pas sans lien. Ces cas ne sont pas exceptionnels. De nombreux prédateurs attendent avec impatience et certitude un rendu de non-lieu pour attaquer en diffamation ceux qui les ont dénoncés.

Pour ce qui concerne François et Alex, je connais la mère depuis très longtemps et j'ai vu comment la manipulation avait commencé, comment elle avait fini par accepter de devenir la complice du prédateur/père.

En établissant très vite un rapport de fascination, le manipulateur nous entraîne dans les dédales de notre propre conscience au point que nous ne disposons plus de nos facultés de discernement. Cette perte du discernement a parfaitement été étudiée grâce aux témoignages des rescapés des sectes. Le manipulé – ici le parent passif – est comme drogué, au point même que la rupture du lien de fascination lui fait traverser une zone de manque et de grandes souffrances. D'où, parfois une violence certaine contre la main tendue du protecteur, du travailleur social…

Cette addiction ne dédouane pas le parent passif de toute forme de responsabilité. Il y a bien un mécanisme de grave altération du discernement.

Cependant j'aurais tendance à penser que s'il existait des relais extérieurs pour accueillir et amplifier la parole des enfants et de leurs défenseurs la pression de la manipulation serait moins forte.

De plus, si cette altération du discernement s'installe et persiste c'est bien parce qu'il y a dans nos sociétés un mécanisme gravement dévoyé, celui d'une tolérance d'un crime contre l'humanité. Un crime qui altère la fondation même des sociétés. Ce n'est pas sans raison puissante que les humains ont rendu universel le tabou de l'inceste. Et dans certaines ethnies il s'étend même aux personnes qui portent le même nom. C'est pourquoi, j'ai comparé ce crime à l'Holocauste et pourquoi nous devons faire en sorte qu'il cesse de s'étendre. L'Holocauste fut innommable, on ne peut lui trouver aucune justification. Aucune science, aucune religion, aucune philosophie ne peut expliquer l'innommable. Nous sommes dans l'envers du sacré ou bien dans une religion du Mal. Ce qui est inconcevable, pourtant bien réel. Avec le crime d'inceste nous sommes également dans l'innommable. Peut-être, les historiens et les anthropologues trouveront-ils un jour une filiation historique pour nous donner quelques explications sur l'étendue d'un mal qui n'est plus exceptionnel. Si nous sommes dans une religion du Mal, cela conforte le témoignage relevé par de nombreux enquêteurs qui ont dévoilé les liens entre la pédocriminalité et des rites sataniques.

Il n'existe, pour l'instant aucune étude statistique pour repérer l'ampleur des dégâts mais si j'en crois les rares sources du Ministère de la justice et celles de Serge Garde, cela dépasse très largement le taux habituel des crimes de sang.

Les quelques rares statistiques existantes se fondent sur l'énumération des procès en cours. Une étude plus générale, faite auprès de jeunes de 14 à 19 ans, révèle que 4% d'entre eux auraient subi des sévices physiques et sexuels, sans autre précision. (Voir également les statistiques plus générales de l'UNICEF)

Nous sommes bien en face d'un fait de civilisation et plutôt que de tenter de trouver de vaines explications dans les mythes ou autres légendes nous devrions plutôt d'abord chercher des solutions pour faire face à l'urgence. Nous sommes dans le même cas que les citoyens des pays occupés par l'Allemagne nazie qui se taisaient devant le spectacle lamentable des rafles et qui contribuaient parfois à alimenter les listes de futures victimes emmenées dans des « camps de travail ».

Il ne peut pas exister de « dépénalisation des parents incestueux » !

J'aurai souvent à dire que les mythes n'expliquent rien qui

soit humain, bêtement humain. Les héros des mythes sont des dieux et des surhommes, tous aussi monstrueux les uns que les autres et si nous acceptons de penser que l'inceste trouve sa justification dans les mythes, nous acceptons aussi de penser que nos sociétés soient des foyers de monstruosités.

Alors oui, nous devons déconstruire nos magnifiques et glorieux édifices théoriques qui ne sont plus opérationnels du tout ! Ils ne rendent plus compte du réel. Or c'est la base même de tout objet scientifique, d'abord rendre compte du réel, savoir pour comprendre et comprendre pour prévoir. Les théories psychologiques n'ont pas prévu les fléaux qui nous assaillent.

La marque spécifique de l'inceste sur sa victime

La personne adulte qui aurait été victime d'inceste ou de violence durant son enfance présentera des caractéristiques spécifiques qui permettent de supposer rapidement l'existence d'une stase psychique. Nous trouverons des caractéristiques identiques chez ceux qui auraient eu à subir des faits de guerre, des exodes forcés ou des violences de sang. Mais l'inceste inflige une marque spécifique : la violence vient d'un parent ou d'un adulte ayant autorité. Le sentiment de trahison qui survient est non seulement très prégnant mais il est au point de fondation de la personnalité.

Devenu adulte, tout se passe comme si une personnalité de surface s'était constituée. La blessure de l'enfance aurait occasionné une lésion telle que l'énergie psychique aurait été conduite à trouver d'autres circuits en évitant les zones douloureuses de la mémoire et de la psyché. Tout se passe comme si une sorte de cal s'était créé et des circuits dérivés cherchaient à reconstituer l'entité humaine avec le maximum d'énergie disponible.

Il y a donc une faille dans la structure globale de la personnalité. L'Ego se forme à partir de représentations qui ne sont plus approvisionnées par une continuité de l'histoire de la personne. Dans sa vie, cet adulte se reconstitue de manière quasi instinctive car l'élan naturel qui conduirait à s'en remettre aux parents est désormais coupé.

Par-dessus ce cal, l'énergie psychique recrée donc un Ego de substitution, sans racine. Il flotte dans un lieu et un temps sans véritable lien avec le passé, ou si peu. On a parfois l'impression de se trouver face à des personnes froides ou distantes, « pas présentes » à la réalité. Comme si le sujet se noyait dans un monde de rêveries. Chez un individu qui aurait vécu une histoire banale, le contact au monde – la réalité physique objective –, se constitue à partir des sensations, des émotions et des intuitions et c'est grâce à la relation souple à toute l'histoire du sujet que des représentations naissent de ces « affects » pour conduire à une action judicieuse et contrôlée. De plus, ces représentations résultent de l'apport parental primaire qui permet une rapide réponse aux sollicitations du milieu.

Chez les victimes d'inceste ce lien à l'histoire n'existe pas ou bien il se trouve fortement altéré. La trahison de l'adulte a fortement lésé cette faculté de l'enfant à s'abandonner et à faire confiance. L'Ego se constituera plus tard une sorte de peau par imitation de modèles externes car ce qui prime, c'est bien la cohésion de la psyché, donc l'exercice d'un contrôle minima de la dynamique psychique. Cette cohésion contrôlée s'opère sans relation avec « la profondeur psychique » : l'histoire du sujet et toutes les représentations qui pourraient en découler.

Cette cohésion n'est pas non plus reliée au patrimoine « génétique », l'histoire des parents et de la famille, ce qui peut s'avérer très grave. En effet, l'individu se retrouve un peu comme un exilé qui parviendrait dans un pays sans rien en connaître et qui serait obligé de s'adapter par le seul effet de sa sensibilité aux comportements des autres sans qu'il en comprenne tout à fait le sens. D'où cette apparente déconnexion émotive, ce semblant de froideur. Il n'y a pas d'adhésion globale, profonde aux faits de la réalité.

On trouve d'ailleurs chez les exilés de force ce même type de distance au monde. Les actes quotidiens, la personnalité globale sont déconnectés du sens des choses.

La sexualité, le couple

Partant des constats suivants : « Les conséquences de l'inceste atteignent l'ensemble de la vie des personnes qui en ont été les victimes. Ces conséquences apparaissent également dans leurs relations avec les autres, y compris dans leurs aspects les plus intimes. Pour une personne qui a été victime d'inceste dans l'enfance, homme ou femme, une relation amoureuse peut être une expérience particulièrement complexe, voire douloureuse. ». Les éditeurs du site de l'Association internationale des victimes de l'inceste, l'AIVI[26] lancent un débat sur le thème : « Vivre en couple après l'inceste ». Ils posent les questions suivantes : « Est-il encore possible de faire confiance à l'autre lorsqu'on a été victime d'inceste ? Les victimes d'inceste ont-elles tendance à développer des relations de couple particulières ? La relation est-elle un danger, ou est-elle plutôt un espoir ? Quelle place peut ou doit prendre un(e) conjoint(e) vis-à-vis du passé d'une victime ? Quelle est la place des relations sexuelles dans la vie de couple d'une victime d'inceste ? ... »

Les difficultés rencontrées dans la sexualité découlent du processus de gel des sensations et des émotions. Elles sont la conséquence d'une lésion située plus en amont. Celle-ci, nous l'avons vu, est bien plus conséquente, globale et porteuse de blocages diffus et étendus. Ce sont les instances de régulation de la relation à l'autre qui sont altérées. D'une part, l'individu s'est construit sans modèle, d'autre part, sa propre image en miroir est gravement lésée. Tout le dispositif de reconnaissance et d'intégration des affects et des instincts est altéré car la personne a été trahie par son père et sa mère, donc par les porteurs des représentations primordiales pour la construction de la personnalité. Dans un premier temps, donc, c'est la capacité à faire confiance à l'autre qui est amoindrie, voire considérablement blessée. Faire confiance, c'est aussi se lâcher, s'abandonner en toute sécurité dans la relation. Il règne donc une certaine confusion dans la capacité à distinguer le bien du mal. La personne risque ainsi de se laisser piéger dans des situations les plus variées, des plus positives aux plus négatives. Dans sa construction, la personne a dû user des sources d'énergie qui sont antérieures à celles qui s'appuient sur les parents comme supports de projections structurantes, vecteurs d'adaptations pertinentes à soi et au monde.

---

[26] – URL du site : <http://www.aivi.org/>.

La conscience de l'individu ne pourra pas intégrer correctement les messages qui sont à l'origine des sensations et des émotions, ceux-ci se trouveront livrés à eux-mêmes, soumis à des forces archaïques et primaires. Nous serons donc souvent dans l'excès, de prudence ou, à l'inverse, d'animalité. Entre ces extrêmes on trouvera les comportements les plus variés.

Ainsi, les personnes les plus portées à trouver leur épanouissement grâce aux stimulations du milieu, chercheront, plus ou moins instinctivement, à se créer une expérience à travers des aventures variées et multiples, parfois les plus folles, comme si la conscience avait perdu une barrière, celle du discernement. On retrouve là l'impact de cette étrange désaffection du monde qui provient d'un manque de repères transmis par les parents.

Les personnes plus intériorisées se protègeront plus volontiers, car leur tendance naturelle les conduit à intérioriser d'abord, à agir ensuite. Comme la sexualité implique tout l'individu, ces personnes risquent de se retrouver isolées et solitaires.

Admettons que dans le cours naturel du processus d'évolution d'un enfant, l'éveil à la sexualité se fait, dans nos cultures, entre 13 et 16 ans, précisément en même temps que l'apparition des émois caractéristiques de la période de l'adolescence. Ces émois, hormis quelques ajustements se retrouveront inchangés tout au long de la vie de l'individu.

Les transgressions et abus se produisent, le plus souvent, avant cet âge, quand l'enfant est entièrement sous la dépendance de la force de l'adulte. C'est donc avant même l'apparition des processus constitutifs de la sexualité adulte que se produisent les plus graves lésions psychologiques, sans oublier les lésions physiques qui altéreront également l'image que la personne aura de son propre corps.

C'est donc en amont de la sexualité que les problèmes de couple se poseront. Et nous retrouverons souvent ce même rapport à l'émotion, contenue, malvenue souvent et rarement dévoilée. Comme si la personne reconstituait le processus du viol quand elle est confrontée au dévoilement de son intimité. Consciente de cela, elle peut faire diversion durant de nombreuses années en masquant sa souffrance. J'ai rencontré des couples où la femme s'est confiée alors que tous ses enfants étaient majeurs et autonomes.

Plus grave encore, c'est le problème de la confiance en soi qui est altérée. L'atteinte à la dignité de l'enfant imprègnera la vie entière de l'adulte si aucune réparation n'est entreprise. D'où cette difficulté à se confier, parfois la vie durant.

Entre soumission et rébellion

La personne se retrouvera toujours dans la nacelle de l'ambivalence, entre soumission et rébellion. La soumission renvoie aux séquelles du crime subi. La rébellion lui rappelle que de nombreux pans de sa personnalité demeurent étouffés, refoulés. Puisque le pont entre Conscient et Inconscient est plutôt soumis à suspicion – la personne ne se fait pas confiance – on pourra voir s'épanouir des caractères soumis à des humeurs changeantes sur fond de sensibilité exacerbée.

La soumission mieux acceptée par une femme, voire recherchée par elle, du fait de l'empreinte masculine de nos sociétés, ne résoudra jamais rien car la personne aura toujours, en sourdine, la vague impression que ses propres sentiments ne sont pas entendus et que sa véritable voie se trouve ailleurs.

Chez l'homme, la mise sous boisseau de ses sentiments, la soumission incontournable à l'influence des autres pourra conduire à des comportements, soit d'effacement total, soit de rébellion incompréhensible et violente.

L'alliance paradoxale

J'ai évoqué plus haut la personnalité du pervers narcissique, tout en disant qu'il n'était pas forcément acteur de l'inceste. Nous ne disposons pas d'éléments d'information en nombre suffisant qui nous permettent de le dire. Cependant, il existe des alliances possibles entre un pervers narcissique et un adulte qui a été victime d'inceste ou d'agression sexuelle durant l'enfance. Ce genre de couple existe dans la réalité et il peut durer assez longtemps pour faire illusion.

Avec sa faculté de s'inspirer de la psyché de l'autre pour modeler ses comportements, le manipulateur saura facilement trouver la porte d'entrée de la maison de notre victime. C'est même une proie toute faite qui n'a déjà pour seul horizon que la recherche du bonheur sans cesse blessé et une forte tendance à la soumission et au doute culpabilisant. Il peut ainsi s'inscrire dans une répétition – cycle mariage divorce – qui jalonnera sa route d'autant de nouvelle victimes, manipulées à souhait, trans-formées selon son gré et ses fantaisies du moment, puis délaissées.

La victime se trouvera elle-même prise dans un cycle infernal de répétitions sans qu'elle s'en rende compte à temps. C'est quand elle se retrouvera à nouveau délaissée et démunie qu'elle prendra douloureusement conscience que son cycle de douleur n'était pas rompu. Supporter à l'âge adulte une telle souffrance supplémentaire est cruel et les prises de conscience sont parfois dramatiques. À moins que notre victime ne s'inscrive dans un cercle de somatisations aussi longtemps que les contenus inconscients qui obstruent sa mémoire et sa vie ne seront pas pris en compte.

La question de la mémoire

La plupart des praticiens que j'ai rencontrés ou lus s'intéressent surtout à la mémoire des faits. Il s'agit d'un antique réflexe qui date des premiers pas de la psychologie et de la psychanalyse. Et c'est sur la validité de cette mémoire que les polémiques sont les plus vives. La contestation s'organise d'ailleurs avec vivacité grâce aux erreurs et aux abus des pionniers de la psychanalyse. Mais explorer la mémoire pour fonder une action thérapeutique, c'est obéir à un réflexe purement matérialiste. Il faut des faits ! Or, le traumatisme auquel nous devons faire face ici s'est produit dans l'enfance, voire la prime enfance. Et l'enfant ne vit pas dans le temps et dans les faits à la manière d'un adulte. Il baigne bien plus dans un monde fluide constitué de sentiments, de rêveries et d'images.

Il existe donc bien une mémoire qui se donne à voir, mais elle n'est pas reconnaissable par l'adulte plutôt en quête de faits concrets, repérables. Ce que l'enfant nous donne à entendre n'est pas un fait, tout juste un tableau d'impressions.

Je semble, ici, donner raison à Hubert Van Gijseghem. S'il invalide certaines théories psychologiques en s'appuyant sur différentes enquêtes psychologiques qui ont bien mis en évidence l'existence de « faux souvenirs », son approche est radicale, spartiate et aussi expéditive qu'une équipée de G.I. Elle est cérébrale et ne tient aucun compte des sentiments.

Certes, nous avons connu des affaires dans lesquelles des souvenirs avaient été fabriqués par un adulte afin de poursuivre un objectif quelconque, souvent pour exercer une pression sur un l'autre parent.

Hubert Van Gijseghem semble ignorer qu'il existe des moyens pour reconnaître les « faux souvenirs » et des méthodes parfaitement fiables pour les dépister rapidement. Le premier indice repose sur un balisage attentif de la mémoire. Des souvenirs trop bien construits, des certitudes factuelles sans aucun support émotionnel ou sensitif sont autant d'indicateurs possibles d'une construction mentale. Les grands menteurs, même des enfants, sont capables de répéter plusieurs fois de suite la même version des faits, sans aucune variation, ils ne se contredisent pas car la fausse réalité qu'ils ont construite est d'abord récente, elle mobilise ensuite leur concentration de manière immédiate. Et c'est cette concentration, l'attention portée à leur récit qui les trahit, qui peut permettre à un enquêteur de les surprendre.[27]

Par contre, l'enfant, le jeune adulte qui rapportera les faits de violence qu'il a subis, ne sera jamais tout à fait sûr de ce qu'il dit. Il lui arrivera même de se tromper dans la succession des faits. Tout cela invalide souvent son récit si l'on attend des faits ! Mais si on l'interroge sur les contenus émotionnels de ces faits, sur les ambiances, voire sur des impressions sensitives, il sera parfaitement cohérent et sûr de lui. Il existe en outre un indice majeur qui ne devrait pas tromper un enquêteur expérimenté : pour la victime véritable, la réalité parvient à se reconstruire à partir du monde flou des émotions et des sensations, parfois plusieurs années après. Cela constitue autant d'indices qui peuvent orienter une enquête ou des entretiens préalables, à condition que l'adulte s'adapte à ce monde fait d'impressions mêlées à de vagues faits concrets.

Des « faux souvenirs », une mémoire fabriquée sont repérables pour un praticien averti. L'absence de contenus émotifs cohérents constitue une preuve supplémentaire qu'il y a une fabrication artificielle.

La mémoire, les émotions, la conduite d'entretien

Je ne m'intéresse quasiment pas à la mémoire des faits. Je

---

[27] – Ces méthodes sont enseignées et perfectionnées dans les agences de renseignements, notamment la C I A.

puis entendre le récit circonstancié des faits, la plupart du temps, dès les premiers entretiens. Parfois ces souvenirs sont diffus, imprécis voire perdus dans le temps. C'est un phénomène que l'on rencontre dans toute thérapie, à propos de toute forme de souvenir. Il ne s'agit donc pas de les considérer comme de « faux souvenirs » ou des fantasmes mais d'avoir l'humilité de dire que nous ne savons rien dans un premier temps. Nous ne devons rien savoir *a priori* !

La personne que nous avons en face de nous a déjà conscience de sa vérité mais cela ne l'a pas soulagée. LA vérité est ailleurs et, sans doute, bien plus rapide à dévoiler si nous voulons bien sortir du malentendu de la mémoire.

Je m'intéresse donc aux sensations, aux émotions et aux sentiments. Comment cette personne gère-t-elle le monde des sentiments ? Comment, dans sa vie quotidienne, cette personne vit-elle avec les émotions et les sentiments ? Quel contact établit-elle avec la réalité immédiate ? De la réponse à ces questions je tire des enseignements qui me permettront très rapidement de situer la blessure. Cela impose au praticien d'avoir une très bonne acuité et une grande vivacité de réaction. Parfois, en effet, l'évocation d'un fait banal induit un regard particulier chez la personne, un rien fuyant, l'œil qui regarde dans un ailleurs à peine perceptible. Parfois c'est une phrase banale qui soulève une tempête d'émotions dont l'impact peut durer plusieurs jours. Il faut pouvoir intervenir rapidement et demander ce qui se passe. On est évidemment loin de l'écoute flottante et de l'attention bienveillante des psychanalystes. Sur ces bases, en suivant le fil des images et de leur charge émotive, il sera plus facile, si nécessaire, en cas d'expertise notamment, de revenir à des faits anciens avec une situation plus précise dans le temps et dans l'espace. En s'abandonnant au psychologue, la personne laissera à celui-ci le soin de redonner une cohérence à ce chaos intérieur qui n'est fait que de nuages... C'est un point majeur dont le praticien devrait se souvenir.

Dans un rapport d'expertise, ces précisions s'avèreront très utiles pour vérifier *in situ* par comparaison avec d'autres témoignages rendus eux-mêmes plus précis grâce aux indications qui auront été données.

Dans le cadre d'une thérapie, ce retour aux faits n'est pas nécessaire, tout au moins dans les premiers temps. Je dirai même qu'un retour trop brutal pourrait léser toute possibilité d'ouverture chez la personne. C'est, en effet, ramener la personne à la froideur angulaire de la réalité ancienne alors que le monde familier dans lequel elle baigne est celui du sentiment, de l'intuition, de la captation subtile des moindres effluves émotifs. Certes, ces personnes souffrent de cette imprégnation constante mais c'est le seul monde qu'elles ont pu fabriquer et les en déposséder peut s'avérer dangereux pour elles. Il faut donc pouvoir les suivre dans ces nuages, ces tempêtes parfois.

Je me repose donc essentiellement sur la réalité psychique de la personne à partir de ses émotions et sentiments du moment. Je ne cherche pas des faits. J'apprends à cerner les différents modes de fonctionnement d'une personne. C'est elle qui me conduira tout au long de son propre itinéraire. Mon rôle ? Permettre à mon interlocuteur/trice de retrouver le fil de sa liberté et de son autonomie.

Positionnement thérapeutique

Comment ai-je été amené à ne m'intéresser qu'aux sentiments de la personne – pas uniquement dans les cas d'inceste de l'enfance – mais aussi pour les victimes de traumatisme de guerre, des témoins de crimes, de violences collectives ?

Parce que j'ai, dans la fin de mon enfance, vécu huit ans d'une guerre atroce à laquelle, adolescent, j'ai participé. J'ai également été violé[28], puis j'ai entamé un itinéraire psychanalytique... Devenu « travailleur social » puis psychothérapeute, j'ai longtemps « travaillé » avec des Vietnamiens, des Chiliens, des Palestiniens et ils m'ont appris beaucoup de choses sur l'approche, chez l'adulte, des violences subies dans l'enfance et sur les voies

---

[28] – Viol collectif, et dans le contexte, il s'agissait presque d'un rite d'initiation à l'âge adulte, tolérance complice et silence des adultes.

possibles d'une rédemption.

Mais c'est aussi parce que j'ai fait très tôt l'expérience de la matière si particulière des souvenirs de la petite enfance. En portant moi-même une attention particulière à ces nuages d'images venus des limbes de l'enfance, j'ai pu, très tôt, discerner qu'il s'agissait des seuls souvenirs que je pouvais, adulte, avoir à ma disposition.

Que je sois concerné est un fait d'évidence, que l'on invalide alors ma parole sous ce prétexte est tout à fait surprenant et cela demande à être dûment justifié. Même les physiciens savent qu'il n'y a pas d'observateur neutre. Autant donc signaler à mon lecteur ce que pourrait être mon point aveugle.

Il faut cependant signaler que nos tendances culturelles nous portent à analyser, à décortiquer et à cerner toute forme de problème dans un échafaudage d'explications et de causalités dont l'objectif essentiel est d'apporter un minimum d'ordre. Que ce besoin d'ordre soit aussi destiné à calmer quelque angoisse est une autre histoire.

La rationalisation rabote complètement la dimension, par définition illogique, du sentiment et des émotions. Or la plupart du temps, le psychologue est d'abord confronté à la dimension émotionnelle des personnes qu'il rencontre. Dans le cas spécifique des victimes de l'inceste, revenir aux émotions est tout à fait primordial et nécessaire. Le télescopage qui survient par le mécanisme du transfert et son écho le contre-transfert peut s'avérer fâcheux. C'est pourquoi je ne vois aucun inconvénient à porter un éventuel point aveugle à la connaissance de l'autre.

Que cette attitude soit jugée peu scientifique n'est pas un argument valable, car si nos sciences se portent plutôt sur des sujets inertes, matériels, c'est d'abord parce qu'elles ont délaissé ce qui les gênait, l'émotion en particulier. S'émouvoir trouble l'exercice de la pensée, pour beaucoup. Mais il serait surprenant d'en conclure que nous ne pouvons pas construire une discipline psychologique qui prendrait en compte les émotions et le monde des sentiments. Certes, cela peut nous conduire à délaisser de vieilles habitudes sclérosées mais la nécessité de l'écoute de l'âme humaine nous conduit de toute manière à envisager les faits psychiques dans des édifices de pensée qui conçoivent l'aspect dynamique de la psyché, non sa statique.

L'écoulement de l'énergie psychique

J'ai dit plus haut que la survie de l'Ego reposait sur la capacité qu'avait l'énergie psychique de s'écouler par des circuits dérivés qui contournent la blessure de l'enfance, laquelle, en fait, se constitue comme un chapelet de traumatismes – répétition, silence, soumission pour la victime.

Jung a nommé Fonction transcendante cette capacité de la psyché à inventer sans cesse des moyens de réparation. C'est « … cette faculté qu'a la psyché inconsciente de guider l'être humain arrêté dans une certaine situation vers une situation nouvelle en le transformant. Chaque fois qu'un individu est bloqué par des circonstances ou par une attitude dont il ne parvient pas à se sortir, la fonction transcendante produit des rêves et des phantasmes qui l'aident à construire, sur un plan symbolique et imaginaire, une nouvelle façon de vivre qui soudain prend forme et conduit à une attitude nouvelle. »

Ces circuits de dérivation trouvent leurs sources au plus profond de l'être, ce qui revient à dire qu'ils traduisent une part importante de l'authenticité de la personne, même si cette originalité évolue sans grande cohérence.

Qu'est-ce que cela veut bien dire ? Nous allons retrouver dans la vie quotidienne des supports de représentations qui, eux, seront richement baignés par des affects enracinés. Contrairement à ceux qui résultent d'une imitation, comme je l'ai évoqué plus haut.

Dans sa prison de l'enfance, le petit être s'est créé des coins d'intimité à l'abri de la vigilance de son prédateur. Dans ces espaces préservés, à l'abri du regard dangereux de l'adulte, l'enfant évolue, mûrit mais sans ordre, sans le support indispensable d'un guide moral qui donnerait au futur les raisons de la vie et des modèles porteurs d'idéal. Des réflexes se créent et s'affinent dans cet espace, offrant à l'âme un semblant d'existence qui va durer et occuper tout l'espace psychique. C'est ce qui fait croire à une réparation. Les blessures demeurent cachées, leur impact toujours opérant. L'adulte perpétue donc ce genre de réflexe dans sa vie désormais un peu plus à l'abri. Ces comportements, souvent inconscients, sont banalisés et passent inaperçus mais ils sont absolument nécessaires car ce sont eux qui assurent une cohésion provisoire de l'être.

Dans un premier temps, je m'efforce donc d'en faire la recension. Et je dispose d'un fil conducteur très solide : les affects – impressions, sensations, émotions, etc. Même négligés par la personne ces lieux de la psyché sont très fortement chargés d'affects, certains très violents et primaires mais, au moins, authentiquement enracinés dans l'histoire du sujet. J'entends parfois, à ce propos : « C'est la seule chose qui me permet de tenir ! »

Tenir un journal, lire, dessiner, faire des collections, etc., sont des activités qui permettent de garder le lien avec la profondeur. J'ai connu un jeune homme qui passait ses loisirs à courir les bouquinistes à la recherche de livres rares sur des sujets bien précis. « Comme ça, disait-il, ça me détend. » Et ces livres ne lui servaient à rien, aucune activité ne leur était liée, ils encombraient plutôt son appartement. Mais après un temps on découvrit ensemble que cette activité négligeable le mettait en contact avec son grand-père, la seule personne porteuse d'une représentation parentale positive.

Ces comportements peuvent parfois apparaître compulsifs, donc suspects, alors qu'ils sont porteurs de richesses et de liens. D'où la nécessité d'une très grande prudence dans l'usage de conclusions ou d'interprétations. En général, je n'interprète absolument pas, je fouille plutôt dans la vie domestique de la personne à la recherche du moindre signe d'un « perchoir d'affects ».

J'ai constaté que, très souvent, le simple fait de revaloriser ces activités ou ces affinités singulières, permettait la création de différents réseaux d'activités et de motivations à partir desquels la vie se reconstituait de façon plus enracinée. Et c'est cela qui permettra progressivement le renforcement de l'Ego fragile et instable qui existait auparavant. (Disons que l'Ego serait la fine pointe, la peau, du Moi, lequel s'enracine dans les différentes strates de l'Inconscient. Bien entendu cette topique n'est pas classique mais elle a l'avantage d'être opérationnelle et utile.). Il existe en tout être une étonnante capacité à rebondir et à user du moindre ancrage de motivation pour reconstruire une personnalité. Mais cela ne se fait pas aussi simplement que le dit B. Cyrulnik.

Rupture

Les voix de Froggy

Plus tard je rentre, dépose mes courses et me vois très bien repartir chez Hélène.
Elle arrive chez Hélène, s'installe sur le transat au bord de sa piscine et dit,
Je ne comprends pas comment ça m'arrive.
Tu te prends la tête c'est tout.
Je ferais mieux de laisser tomber.
Si tu y arrives.
Bien sûr elle n'y arrive pas.
D'ailleurs je ne vais pas chez Hélène. Je rentre, range les courses, lance l'ordinateur.

Je crois que j'ai toujours attendu ce moment d'arriver là, submergée par ce presque rien à mesure que je te raconte la chose, une chose si banale que tu te dis « Quelle histoire pour si peu! »

Et puis sa mère lui téléphone... c'est vrai on est tout près de Pâques... ils seront tous là, les deux frangins, leurs femmes... et son vieux aime bien qu'ils soient tous réunis... « Il faut rester unis » qu'il racontait dans un discours lors de l'anniversaire de leur cinquantième année de mariage en parlant de cette famille dont il était le patriarche. C'est tout ce qu'il avait trouvé à leur raconter pour célébrer cette union interminable. De rester unis et il l'avait répété et répété et répété et tout le monde pensait qu'il radotait un peu alors que simplement c'était trop pour lui de se laisser aller à dire des choses aussi perso.

Justement elle répond « j'avais l'intention de venir »... bien sûr ce n'était qu'une intention, rien de sérieux, juste une éventualité, elle n'aime pas faire des projets à l'avance, elle ne sait pas tenir ce genre d'engagement... elle imagine d'ici la réunion de famille et sa Madeleine bien fondante glissant ses sourires, dosant ses paroles, toujours de connivence avec l'un d'eux, perfide jusqu'au bout des ongles, jouant même des coudes pour n'être pas de reste. Sa Madeleine à force de s'évertuer à être des leurs est la personne la plus décevante que tu puisses envisager.

Bien sûr ce n'est plus comme d'écrire un journal, une lettre, mais plutôt de traquer cet équilibre précaire entre la réalité et l'imaginé, l'énorme et le si peu.

Arrête de te prendre la tête, vas-y, joue le jeu, fais-lui ce plaisir à ta mère, ménage ton vieux. Tu leur dois bien ça. Tu peux le faire, te tenir entre leurs femmes, à côté des hommes dont tu portes le nom. Ce n'est qu'un temps mort, un laps de temps entre vie et mort. Traverser le vide n'est pas comme de tomber dans un précipice. Tu peux faire semblant d'être des leurs.

Elle écrit en pensant qu'elle ne peut pas raconter cette chose là et pourtant sa place est là à raconter des choses.

L'autre jour la gentille dame qui s'occupe si bien de son mari qui lui n'y est plus du tout et que je soignais du temps de Simone, l'autre jour la gentille dame a téléphoné, elle était en larmes, elle venait de perdre sa fille de 42 ans d'un anévrisme au cerveau. Sa fille était à une réunion du personnel, ils buvaient du champagne et mangeaient des petits fours quand c'est arrivé.

La gentille dame m'invitait à m'asseoir, me parlait de sa vie, me questionnait sur la mienne. Je me prenais du temps. C'était comme d'imaginer que ma mère habitait près de chez moi et que je venais lui faire coucou. Plus besoin de courir, ma mère est là qui me reconnaît. Je suis cette femme qui n'a plus besoin d'être admirable pour être appréciée.

Je m'aperçois soudain que je suis incapable d'aller consoler la gentille dame.

Première partie – L'écoulement de l'énergie psychique

Ensuite l'autre connard qui l'appelle. Plus d'un an qu'il l'appelle de temps en temps pour rien. Elle n'est jamais là. Ce sont ses filles qui lui transmettent le message. Tu dois le rappeler à ce numéro. Évidemment elle ne rappelle jamais. Et le voilà qui remet ça.

Elle soignait son père un gentil alcoolo, plaignait la mère qui en avait que pour ses chiens, quant au fils,

Vous croyez qu'il en a pour longtemps à vivre, lui demandait-il dans un recoin de couloir,

Pourquoi vous avez envie qu'il meure, répliquait-elle en s'esquivant prestement, le sourire en poupe.

Comment vont vos parents finit-elle par articuler le plus normalement possible.

Bah, mon père s'est remis à boire et ma mère pète un peu les plombs.

Vous leur passerez le bonjour de ma part.

Quand est-ce que vous êtes libre ? J'avais pensé qu'on pourrait se voir.

Je ne pense pas que ce soit une bonne idée. Je n'aime pas sortir.

Allez, ne me dit pas que tu ne sors jamais.

(et il me tutoie ce connard !)

Très peu.

Allez, tu dois bien t'amuser de temps en temps, qu'est-ce que tu peux faire autrement.

Rien de très passionnant sans doute.

Hé ! De quel monde je suis tu crois.

Je ne crois pas qu'on s'intéresse aux mêmes choses c'est tout.

Ca ne t'empêche pas de passer une soirée avec moi.

Ecoutez,

Quand même tu ne vas pas refuser qu'on prenne un pot ensemble, disons demain soir.

Demain impossible.

(Seigneur aie pitié de moi !)

Samedi alors.

(Seigneur je crois que je vais lui poser un lapin et c'est la pire des choses que je puisse faire pour l'avoir déjà pratiqué.)

Samedi soir devant Jeanne d'Arc, insiste-t-il.
T'avais qu'à lui dire non. Non c'est non et puis basta.
Pourquoi ne lui ai-je pas dit non ?
Pourquoi bordel de merde tu n'as pas dit non.
 La dernière fois Sourya est venue, elle s'est écriée « maman, allons voir Venise », et j'ai répondu « O.K. pour Venise », et maintenant je suis drôlement emmerdée, qu'est-ce que tu irais faire à Venise ?

 Tout se passerait-il comme dans le rêve lorsqu'ils arrachent tes mâchoires ? Peut-être les ont-ils réellement arrachées sans qu'elle le sache ? Les ont-ils réellement brisées ?
 Impossible, dit-elle, impossible à cause de la souffrance... la souffrance m'aurait tuée.
 Et tu vois tu n'es pas mort... seulement menacé.
 Chaque mot est une menace.
 Je ne connais rien à la justesse des mots.
 Je n'ai pas le sens des représentations, ni de leurs significations communes pour décrire cette menace et le bégaiement des images qui défilent derrière la menace.
 Quelle menace ?
 Ce n'était qu'un mauvais rêve.

 Ainsi croyais-tu encore possible d'inviter à ce festin toutes les fées de l'écriture et glisser cette chose entre deux pages comme si de rien n'était, juste un appendice, un détail, la chose dévoilée enfin dépassée.
 Mais non, même ça tu ne sais pas. C'est de l'illusion impropre.
 Et te voilà devant l'irréparabilité de la chose non pas tant parce qu'elle s'est produite mais par le fait qu'elle ne peut être exposée là sans te condamner à tes préoccupations esthétiques, à ton indétermination, à tes manques des plus flagrants aux plus obscurs. Ce n'est plus l'histoire qui te retient mais le cercle dans lequel elle t'inscrit.

À force de se méfier elle pense à retourner chez sa Faiseuse d'Anges, elle se dit qu'elle est assez grande pour le faire toute seule. Elle ne sait pas pourquoi elle se dit ça.
Elle ne veut pas qu'on la traite de fille à papa.
Elle a eu la plus belle enfance du Monde. Elle le jure. La plus belle enfance du Monde.
La preuve c'est qu'elle ne s'en souvient plus.
Depuis, elle ne peut plus réaliser des choses concrètes. Elle est comme matériellement dans un non-lieu.
Elle ne peut pas retourner chez sa Faiseuse d'Anges non plus. Sa Faiseuse d'anges pourrait assécher les marécages où elle s'embourbe. La priver de ce matériau si riche d'où elle tire sa force vitale.

Sa faiseuse d'anges voudrait qu'elle puisse tout faire, tout prendre en compte, le concret, l'abstrait, soigner son corps, soigner son âme. Une question d'équilibre. La vie saine.
Ça la déprime.
D'ailleurs le boulot l'attend.

De toute façon ça lui paraissait de plus en plus ridicule d'aller voir un thérapeute juste pour réfréner ses ardeurs trois doigts englués sur les touches d'un clavier.
À force tu écris en anormal, en saccadé, en accidentel, tu écris ta vision inégale des choses, tu ne réfléchis pas, tu fabules.
Est-ce insurmontable?
As-tu rencontré le diable ? demande la lettre d'Ettie.
Baudelaire dit que la suprême habilité du diable, quelle que soit sa nature, c'est d'obtenir au bout du compte qu'on nie son existence.
Ne tente pas le diable.
Sûr, j'aimerais bien que ça finisse un jour, le doute, l'inexpiable. J'aimerais téléphoner à Ettie pour savoir si elle va bien et j'aimerais bien que Mathilde me téléphone pour me demander de sortir avec elle ce soir, ou demain soir, mais vite, avant d'oublier que j'existe, avant que le diable ne m'emporte.

Qu'est ce que l'insurmontable si j'écris de mieux en mieux, de plus en plus construit, continu, clair, sensé. Si pour finir tu perçois en toi une respiration plus ample et déliée à mesure que s'estompe la menace.

Pour finir j'ai téléphoné à ma Faiseuse d'Anges. Il le fallait. Il fallait qu'on m'enlève toutes ces diableries de la tête. A force tu te crois toujours obligé d'inventer des cohérences entre ce que tu imagines et la réalité, toujours là avec ta logique de quatre sous.

Elle m'a demandé comment c'était. J'ai dit j'ai essayé.

J'attendais ça du temps qui passe, d'essayer d'écrire des bouts de romans, des pans de lettres, des lambeaux d'histoires à l'emporte-pièce, de l'écriture au quotidien.

J'essaie d'y croire. Que je le fais bien.

Mais tout ce que je fais bien m'échappe.

J'ai fait du ménage, des rangements.

J'ai allumé l'ordinateur en milieu d'après-midi.

De cette vie que j'ai toujours peur de gâcher.

Toujours peur de gâcher la vie.

J'écris désordonné parce que la vie d'elle-même se prête à une désorganisation incessante de sentiments contradictoires ou seulement contrariés. Si j'essaie de structurer le texte les émotions qui en découlent deviennent des puissances occultes capables de me figer sur place. Et pourtant si je ne construis rien, si aucun mouvement ne s'élabore de cette pagaille, comment pourrais-tu t'y retrouver? Comment pourrais-je moi-même m'y retrouver ? Je souffre quand tu ne t'y retrouves pas.

C'est ainsi d'un arbitraire à l'autre, elle n'est jamais sûre de rien, mais tant qu'il y aura matière à fabuler tu peux rendre toute chose réparable. C'est exactement ce qu'elle se dit ce matin là. C'est la seule intuition qu'elle peut encore suivre les yeux fermés et sur laquelle elle compte pour que la chose lui apparaisse enfin sous son vrai jour ou du moins le seul jour avec lequel elle puisse se lever le matin, respirer, voir venir sans en faire une maladie.

Parfois elle a l'impression qu'elle devrait guérir de quelque chose d'encore plus sournois que tout ce qu'on peut imaginer.

Première partie – L'écoulement de l'énergie psychique

Quelque chose qui échappe à sa volonté ou bien sur lequel sa volonté n'a aucune prise. Ça se passe à l'intérieur de l'intérieur, au fond du fond, comme si elle était sur le rebord d'un cinquième étage et que ce n'était pas le vide qui lui donnait le vertige, ni l'immensité du ciel vers laquelle elle se tourne mais plutôt une sorte de vision de l'irrémédiable.

Un jour, Hélène raconte qu'elle s'est levée un matin ou plutôt elle marchait dans la rue ce matin-là quand soudain lui est venue la pensée qu'elle pouvait ne rien faire d'exceptionnel dans sa vie. Hélène s'est sentie d'un seul coup soulagée de n'avoir rien à faire d'exceptionnel dans sa vie... tellement soulagée !

Et bien sûr tu ne sais pas pourquoi cela même est inenvisageable pour toi.

Comment faire autrement ? Comment être original et sensé ? Ponge dit quelque chose comme ça, comme quoi il ne faut pas avoir peur de perdre son originalité en recherchant ses origines. Mais elle a toujours eu peur de perdre ses origines de par son originalité.

Sa mère lui répétait sans cesse : « Ne te fais pas toujours remarquer, arrête de faire ton intéressante.» Seigneur est-ce qu'elle le faisait exprès?

Chez eux la radio déversait inlassablement ses fluctuations boursières, la température du ciel et l'impossible cohabitation des bons et des méchants sur terre.

Ma mère, elle, voulait que je sois comme tout le monde, comme tous les gens normaux. Le prix qu'il faut payer pour faire les choses comme tout le monde te semble insurmontable, en fait ce qui te serait insurmontable c'est d'être comme tout le monde, normal. Alors là, tu serais cuit, mon vieux.

Ensuite je suis allée boire un café dans un troquet question de calmer ma colère. Mais ma colère est tout au plus une balle perdue que je rattrape et renvoie inlassablement sur un mur aveugle. Je vis pieds et poings liés entre ma colère et les retombées de ma colère. J'écris coincée entre les deux. Mais entre chaque compulsion systématique de la balle contre le mur je peux imaginer faire en sorte qu'il n'y ait rien d'irréversible.

Si seule l'idée du miracle peut maintenir une réparabilité totale comme j'en rêve parfois au moment d'agir sur un coup de tête, espérant ainsi miraculeusement régler tous mes dilemmes, les retombées de ma colère deviennent lorsque j'écris les gardiennes de ma vie. Si je n'écris pas elles me lapident sur place.

Ainsi flairant l'inspiration, je me sens à sa mesure, je me sens là prête à m'envoler avec elle, mais seule l'inspiration s'envole.

Mon talent me fait soudain l'effet d'un oiseau sur une branche, sans plus, un moineau, parfois dans mes grands jours un merle. C'est juste une impression, l'impression de n'être jamais à la hauteur de ses aspirations, ce qui te donne invariablement le sentiment d'un non-lieu. D'ailleurs tu ne sais toujours pas quel effet ça fait à la longue. Je veux dire ce que ça fait à la longue d'être ainsi lié à soi, coupé du Monde, coincé quelque part dans ce qui n'a ni commencement et ni fin.

Bien sûr à force Jean aussi avait fini par se méfier.

Il avait eu sans doute raison d'ailleurs de se méfier. Elle était une mangeuse d'espace. Au début, au Fares, elle prenait sa débroussailleuse. Une vraie folie de débroussailleuse, elle avait juré, ni ronces ni genêts à moins de 500 m des maisons. Ensuite il y eut toutes ces forêts attenantes et partout où un arbre avait été abattu, grossièrement élagué, elle ramassait le bois pour en faire des fagots. Des heures et des heures durant à s'arracher la peau des mains, avec des bleus plein les cuisses à force d'y rompre la résistance du plus petit bois au bois moyen et encore plus gros que ça. Il se moquait un peu d'elle. Elle perdait son temps. Ce serait plus simple d'y mettre le feu.

Elle songeait à tous les feux de cheminée des hivers à venir, elle voulait sa provision, son sous-bois propre. C'était la seule façon lui semblait-il de dépasser sa propre méfiance, sa colère vis-à-vis de sa propre méfiance, la seule façon de gagner sa vie sauve.

C'est comme la fois d'après aux ateliers d'écriture, mon tour venu j'ai lu mes poèmes. Le Monde est toujours en train de me censurer. J'ai lu et après... plus rien le silence... et puis c'était le tour d'un autre.

Première partie – L'écoulement de l'énergie psychique

Jean lui dit qu'écrire est un sacerdoce et qu'elle ne peut pas se le permettre avec ses enfants, son travail et... lui aussi peut-être pense-t-il tout bas.
Jean a peur d'être trop gentil avec elle.
Ecrire pourtant n'est qu'une nécessité vitale parmi d'autres. Bien sûr qu'elle m'affaiblit, me tourmente, m'esseule, mais comment par ailleurs surmonter sa peine et son humiliation d'être parfois ce que l'on est... à ce point d'impuissance.
Peut-être un jour, écrirais-je seulement parce que c'est beau d'écrire.

Ettie aurait aimé parler de sexe avec moi. Ettie écrivait que la prochaine fois qu'on se verrait elle me poserait des questions.
Quelque fois avec Lisa on parle de sexe. Lisa est une chaude. Elle ne laisse jamais les choses se détériorer graduellement par excès de pudeur.
Dans l'encyclopédie au mot « pudeur » il est écrit disposition à éprouver de la gêne devant ce qui peut blesser la décence, devant l'évocation de choses très personnelles en particulier l'évocation de choses sexuelles.
Mais justement voilà qu'elle pique sa crise de 14h30.
Enfant, ses crises tournaient autour de Midi. Mais depuis on a pris du retard sur le soleil. Tout à coup elle ne supportait plus les moqueries de ses frères. Elle se mettait à pleurer. En général à ce moment là son père criait « à table » très fort pour couvrir le bruit de la radio qui lui, couvrait ses gémissements. Une fois à table son père apercevant ses larmes disait « Arrêtez un peu de l'inquiéter cette petite », et ses frères de s'esclaffer « c'est rien que sa crise de midi quarante cinq ». Sa mère apportait l'entrée en souriant de leur plaisanterie et le monde semblait rire avec eux.
Elle ne crie jamais quand elle fait l'amour. Elle aime le silence. L'obscurité. Elle imagine s'y laisser prendre en cachette, par surprise du début à la fin depuis la naissance du désir jusqu'au désir qui renaît. Elle imagine jouir du désir lent, du

désir impérieux, du plaisir contenu silencieux incisif et bref... comment vivre si tu n'imagines pas ce qui est.

Le désir de l'homme me fascine.
Je hais tout ce qui mène à la fatalité du désir.
La fatalité du plaisir.
Puisses-tu n'y avoir jamais cédé.
Non, non ça n'a pas d'importance, c'est une chose sans importance qui ne te constitue en rien. C'est seulement un lien d'incompréhension entre ce qui est et ce qui, effacé de ma mémoire, ressurgit pour disparaître aussitôt ; comme si les témoins de cette apparition étaient eux-mêmes quelques fantômes de second ordre, inexistants.
Aimer est une histoire de rencontre entre deux êtres.
Il ne faudra pas oublier d'écrire cela à Ettie, que je ne sais rien.

C'est dimanche. Le bleu du ciel est parfait, pas une ride, un bleu doux, délavé dans lequel un morceau de lune se désagrège lentement. Le ciel est ce que je préfère vu de mon rebord de fenêtre du cinquième étage, aux premières loges. À cet endroit tu as toujours l'impression saisissante de te tenir sur le seuil de quelque chose d'imminent, tu as l'impression, oui juste une impression que l'immensité du ciel franchit ton espace intérieur.
Il est dit que tout commence par la sensation.
Mais ceci n'est plus une sensation mais un fait notoire. Elle avoue ne pas pouvoir départager les choses. Son impossibilité de prendre parti, de décider, de s'engager lui donne l'air des lâches.
Le diable paraît-il prend mille figures dans une vie jusque dans une enfance pourtant si protégée.
Elle ne se sent pas chez elle. Elle n'ose pas téléphoner à Mathilde craignant de l'ennuyer et lorsqu'elle fait l'effort d'appeler, Mathilde n'est pas là et elle se garde bien de laisser un message.
Elle se sent de trop même sur son rebord de fenêtre du cinquième étage.

Même là devant cet écran, je me sens soudain devenir d'un égotisme sans limite au point de ne plus me reconnaître et je vois le monde me fuir comme ça l'air de rien, mais je le vois bien cet air de souligner que je le fuis aussi.

J'en ai assez, dit-elle, fais taire la voix. Et elle fait du ménage, met une lessive en route, un poulet dans le four, prépare des croquettes de fèves. À force la voix se tait.

Comme si écrire allait créer une si profonde révélation que la chose n'aurait plus besoin d'être exposée pour exister ou bien n'avoir jamais existé, qu'elle serait là autant dans l'effleurement de l'image que dans la pénétration du sens.

Mais les choses parfois sont hors de tout propos, écrire n'avance pas tellement la chose est secrète par défaut.

On peint son portrait sur une toile blanche et puis on le saccage.

On ne monte pas au jardin, le moment n'est jamais assez propice, la flemme gagne du terrain. On fait des efforts, on soutient le père, on seconde la mère. Et puis on monte voir son frère, sa belle-sœur, ses neveux. On se refuse de tenter l'impossible. On se tourmente, se raisonne. On n'espère pas du tout devenir un ange de patience, on ne prétend pas franchir des sommets, mais juste on se met en attente, à l'ombre, on se réserve en silence.

La vie semble soudain se résumer à cette sorte d'immense réservoir dont tu attends que le trop plein déborde pour que l'inspiration enfin jaillisse.

Elle attend toujours que de cette inspiration émergera une adéquation parfaite entre elle et le monde.

Et puis un lendemain on se remet à battre de l'aile. Seul le décor reflète l'étendue du marasme. On décide d'écourter son séjour. En rentrant on se rue sur l'écran, on revient à son point de départ, pris d'un acharnement redoutable on rêve à de nouveaux arrangements, de nouvelles conquêtes.

On croit d'abord, avant toute chose que l'on doit s'affranchir du désordre, du flou, se donner des impératifs. On veut de la clarté dans la construction, des limites nettes, des verbes forts, des images chocs.

On s'accorde l'inaccordable.

Chemin faisant on se déporte, se perd, se maltraite, se censure et pour colmater les fuites, on ravale son trop-plein.

Tu sais pourtant que tout est là dans l'image au plus près du sens.

Elle ne sait pas à quoi correspond cette vie à laquelle elle aspire et celle qu'elle vit se traîne à ses pieds.

La nuit je reprends mes textes chapitre après chapitre, entre l'ici et l'ailleurs, entre l'Immédiat et le Possible, tu dessines des parallèles qui se croisent, s'effacent et deviennent ce fil invisible et mystérieux que je poursuis aveuglément. Je ne veux pas qu'on m'enferme dans cette chose-là et en même temps je vis un enfermement qui te maintient non plus dans l'horreur immédiate mais à travers l'image de l'horreur.

Quel est ce monde qui t'échappe ? Elle n'est pas folle, elle paie ses factures comme tous les sains d'esprit, aucune saute d'humeur irrémédiable, son dédoublement n'est qu'une ruse.

C'est comme la dernière fois, je rentre du boulot, une journée interminable, une journée de conflit interminable, je me dis que c'est la vie et puis je me dis que ça ne peut pas être la vie. Tu égraines le temps, minute par minute, de quart d'heure en demi-heure en heures en douze heures tu épluches ton temps. Et puis je rentre, le trajet lui aussi est interminable, tous ces cons qui font ça pour la balade avant d'aller se coucher et moi qui rentre du boulot. Quand donc trouveras-tu l'inspiration pour passer de l'autre côté ?

Le poisson reste tapi au fond de sa grotte d'eau.

À chaque fois c'est une bataille, j'imagine tous les regards dont je suis l'otage et je m'écœure.

Maintenant les jours ont passé.

Les jours et les mois et les années ont passé sans qu'aucun mot n'affleure à la surface de mes pensées.

Béance.

Elle se lève aux aurores. Elle va et vient d'un client à l'autre. Elle pique, elle panse, elle lave des membres, des ventres, des sexes, des pieds des dos des fesses, des visages. Elle va d'une adresse à l'autre, elle sonne aux portes, les pousse, les entrouvre, les ferme, les rouvre et les referme pour les ré ouvrir ensuite. Elle se roule une clope, embraye, débraye, freine, allume sa clope, se gare, se pousse d'une rue à l'autre, se tasse et se redresse. Elle presse l'allure ou bien ralentit ses gestes sans jamais oublier de sourire. Elle a le sourire facile autant en profiter.

Il était son vrai premier amoureux. Dans son journal elle plaide la folie. Seigneur peut-on tomber enceinte juste en s'embrassant comme ça, si fort que la langue me cuit comme si elle brûlait vive ?
C'était un fou dingue de vie sauvage, un émotionnel reconverti, un érudit de première, un imbécile heureux, un qu'elle porte dans son cœur comme une purification ou bien une sorte de rédemption.
Ça lui serre bien encore un peu le ventre mais c'est juste un effet de nostalgie, l'image incroyable qui te tombe dessus la première fois que ça t'arrive et qui lui rappelle soudain ce que ça fait d'être la pire des imbéciles heureuses.

Comment fait-on chez toi avec la mort ? demande Ettie.

Imagine que ce soit la même chose, que tu te regardes en fermant les yeux, ou bien en clignant de la tête, c'est la même chose. Du début à la fin tu t'acharnes pour trouver une issue à cette embrouille.
Tu restes planqué entre deux eaux, paralysé par des sentiments contrariés sans pouvoir lâcher le morceau ni le texte sortir de sa bulle comme si soudain dans une envolée de notes la vie se perdait en réflexions inutiles.
La mort... on l'avale. Je ne sais pas. Ne pas y penser. Continuer. Ne pas s'éterniser. Je ne sais pas. J'ai très peur de mourir, grande petite fille, petite grande fille qui a très peur de mourir.

Le vent souffle. Dors disait ma mère. Je me cachais pour dormir. Je faisais la morte.

N'ai-je rien d'autre à t'offrir dis-tu que ces sortes de compensations, des histoires de compromis plus ou moins féroces, des mises en scènes de dernière heure, incidemment recomposées ?

J'écris le quotidien merveilleux, effrayant, rassurant, volatil.
J'écris et je me sens à nouveau habitée par une force étrange, impitoyable.
Je m'affole.
Quand je me relirai, après, je mourrai de chagrin et d'impuissance. Mais ce ne sera qu'après.
Et je voudrais me guérir?
De quoi ?
De devenir vivante lorsque j'écris, heurtée de plein fouet par une réalité inavouable qu'enfin je peux toucher, sentir, respirer sans jamais la nommer autrement que par le sens imagé des choses.
Je suis pourtant persuadée que tout est vide de sens.
C'est ce que je voulais écrire depuis le début.
J'écris. Je sais d'avance de quoi j'ai l'air, « c'est nul d'écrire ainsi, c'est seulement une de ses crises ».
Mais d'où tirer du sens sinon d'un acte insensé, de ce quelque chose d'inouï, encore plus qu'inouï, quelque chose d'inimaginable.

Encore plus tard je suis revenue chez moi, et après avoir cuisiné, rangé, passé l'aspirateur je me suis installée sur mon rebord de fenêtre. Il était près de cinq heures. En même temps que le ciel, le soleil obliquait droit devant, dardait de ses derniers rayons la cime des arbres, l'ombre avait envahi les rues et l'air sentait la douceur d'un printemps en automne.
Inimaginable est cette vision de ton existence échouée ainsi, sans parti pris, sans faire d'histoire, dans l'ignorance totale de toi-même.

Première partie – L'écoulement de l'énergie psychique

Mais d'où tu es, imagine seulement, imagine même si tu imagines le contraire de ce que tu penses.

Tu peux… saisir l'instant crucial où tu perçois de la chose non plus son écho érigé en fraude par une infirmité croissante mais ce presque rien. Ce presque tout… tu peux reprendre ta vie là où tu l'avais un instant interrompue.

Froggy, Toulouse, mars 2005

Un monde où tout paraît irréel

Bien sûr ces personnes ne sont pas dénuées de sentiments ni d'émotions et leurs sensations leur permettent une adhésion au monde qui peut s'avérer performante. Cependant il leur manque ce lien essentiel à leur histoire et à leur patrimoine psychique. Dans leur monde tout peut paraître instable, fragile voire irréel. Les témoignages foisonnent qui font part de cette étrangeté d'appartenir à un monde irréel, de flotter... Comme si le monde s'était construit, pour eux, dans une coque de noix entourée par les flots d'un océan aux flots noirs.

Que se passe-t-il si un exilé, forgé à l'imitation, veut exprimer quelque chose de profond qui lui est spécifique ? Il recourt à tous les schémas de son passé, à sa langue maternelle, aux rites de son enfance, il retourne à son passé pour trouver une libre voie d'expression de sa sensibilité mais aussi pour y retrouver l'authenticité de ses affects et émotions. C'est pourquoi le réflexe communautaire est parfois si puissant chez ceux qui sont exilés. La communauté entretient « les saveurs du pays ». Elle demeure le gîte le plus approprié pour accueillir la souffrance. Si la nation d'accueil se fait indifférente, le réflexe communautaire s'accentue au lieu de se diluer…

Dans des cas de violences impliquant les parents ce recours n'existe pas. Pire ! Chaque fois que l'individu, par réflexe, recourt au puits de son histoire, il retrouve ce puissant sentiment de terreur et de trahison qui le tenait durant sa soumission aux violences de l'autre.

La conscience bute sur le mur de la souffrance mais aussi sur le grand vide généré par la trahison des parents. D'où, en retour, un tout aussi puissant sentiment que tout est vain. L'Ego est chaque fois confirmé, en quelque sorte, dans son statut flottant, instable voire éphémère doublé d'une très forte sensation de solitude.

N'oublions pas que père et mère constituent des supports de

représentations autour desquels la vie du futur adulte se constitue. Que l'un ou l'autre des ses parents ou les deux viennent à défaillir et c'est l'ensemble de l'édifice des représentations qui s'écroule. L'être confronté à ce drame doit affronter une catastrophe psychique.

Des enfants abandonnés parviendront à trouver des représentations de substitution dans leur entourage proche voire auprès de parents adoptifs car rien dans leur vie ne s'oppose à cela. L'abandon par les parents biologiques deviendra un point focal vers lequel la conscience se tournera quand celle-ci sera assez solide pour fouiller dans les entrailles de la mémoire, trouver les angoisses de l'attente, de la faim de tendresse, vivre l'absence des odeurs du corps d'une mère à jamais disparue…

La conscience de l'être présent sera suffisante car il y aura eu une autre chaleur, d'autres attentions, plus calmes et porteuses d'avenir.

Mais pour l'enfant violenté il existe un piège terrible. Il devient l'esclave de son prédateur qui le prive du même coup de la faculté de créer des liens ailleurs donc de se forger des représentations substitutives. L'enfant vit une prison et un esclavage dont il ne saisit pas le sens. Il est trahi par sa parenté et par son destin.

J'ai observé ce fait chez les parents de François et Alex. Chaque fois que ces enfants réussissaient à trouver un mieux être ailleurs, soit auprès d'un autre adulte, à l'hôpital, etc. le père se mobilisait pour briser ce lien.

C'est cette sauvagerie de l'enfermement, plus que le chantage, qui fabrique un terrible univers de silence. Le chantage intervient de surcroît, si ce n'est les coups ! Nous comprendrons donc que l'enfant dont on aurait repéré qu'il est l'objet de viols répétés qu'il a rapidement besoin d'être isolé du milieu criminogène.

Mais ils présentent également des signes manifestes d'une grande fragilité.

Sortir du silence, permettre l'expression libre des émotions ravalées représente une seconde urgence.

À l'occasion d'une psychothérapie, que convient-il de faire ?

Renforcer le Moi ? Créer des abréactions pour « exorciser » la blessure comme le font certaines psychothérapies humanistes ?

Renforcer le Moi, ce serait comme réparer les étages d'une gigantesque tour qui reposerait sur des piliers instables. Colosse au pied d'argile, la menace serait encore plus grande.

On peut néanmoins évoquer des personnalités qui se sont créé de véritables blindages grâce à un talent particulier qui a été surexploité. Un travail sur soi représente, pour ces personnes, un très grand danger si on ne procède pas avec moult précautions. En effet, la perte de cet outil de valorisation que représente ce talent, amènerait un vide terrible, difficile à surmonter.

Provoquer des abréactions, ce serait courir le risque de déclencher un gigantesque embrasement de la psyché.

Notons en passant qu'une psychanalyse n'est pas possible car toute cure repose sur un Moi fort ! C'est un postulat de départ pour toute cure. Il reste donc la psychothérapie comme premier recours et je ne rentrerai pas ici dans les détails sur la distinction de l'une et l'autre. J'ai remarqué que la meilleure façon d'aider ces personnes consistait en un premier temps à leur permettre de retrouver confiance en leurs instincts afin qu'elles trouvent en elles la capacité de réagir aux sollicitations extérieures avec un maximum de sérénité. C'est à partir du rétablissement de l'alliance entre le Moi et les instincts que celui-ci peut enfin sortir de sa crispation initiale et consentir à faire les deuils nécessaires à l'édification de nouvelles attitudes.

Un rêve me fait penser à cet itinéraire intérieur : une femme rêve qu'elle se trouve dans une voiture qu'elle contrôle mal. L'habitacle est presque vide, froid. Notre personne est sur un pont très haut dont l'architecture est très élégante mais fragile, perchée au-dessus de l'océan. Tant bien que mal, elle parvient à un monticule où elle récupère un autre véhicule, neuf celui-là, de couleur blanche. Il se trouve du monde avec elle. L'ambiance est plus agréable, elle est au volant et n'a aucun mal à prendre la conduite en main. Cependant elle est effrayée à l'idée de devoir rebrousser chemin. En fait, elle se dirige sur un chemin non balisé, très caillouteux.

Plusieurs idées importantes émergent de ce rêve et qui

peuvent nous servir de modèle. Tout d'abord, le caractère froid et vide de l'habitacle du véhicule initial laisse penser à ce monde où les émotions originales sont comme gelées. En fait, le rêve évoque le vide, l'absence de décorum. Malgré une apparence esthétique – la beauté du pont – la vie se réduit à la mécanique, à un assemblage de matériaux. L'image du pont enjambant un bras d'océan illustre fort opportunément le caractère lointain de la vision du monde, qui s'associe aux aspects froids et mécaniques de la vie. Le Moi, dans cet ensemble, ne contrôle rien. Perché au dessus des flots de l'Inconscient, il ne peut qu'être saisi par la panique.

On peut penser que cette personne s'est construit un monde artificiel fondé sur la raison et la pensée, selon les préceptes de notre monde. Cet univers peut être « beau » mais il est aussi source de vertige car il ne peut créer un enracinement qui se serve de toutes les vertus de l'être.

Arrivé au sol, le paysage rupestre contraste avec le côté plutôt « moderne », dépouillé, de la première partie. Le Moi retrouve contact avec une forme de nature en lui. Mais cela n'est pas incompatible avec les aspects techniques de la modernité. Notre personne conduit une voiture au contact de nouveaux éléments humains qui représentent autant de nouvelles adaptations ou attitudes dans la vie. Le Moi maîtrise cette fois la conduite. Il n'échappera cependant pas au chemin caillouteux qui représente souvent l'itinéraire de la vie, l'acquisition des expériences de l'existence. Si le Moi reprend maintenant le contrôle de la conduite, en contact direct avec la nature alentour, il ne peut esquiver la nécessité de se frotter aux éléments avec ce que cela représente de difficultés.

La fin du rêve ne dit pas dans quelle direction le Moi se dirige. Peut-être s'agit-il de revenir au point où le Moi a été gravement lésé ? D'autres rêves viendront peut-être pour donner cette information ? Peut-être le Moi peut-il se passer de ce genre d'information ? Trop savoir peut nuire !

Précisions sur les buts d'une psychothérapie

À la question souvent posée : « Qu'est-ce qui permet alors de juger de la ' bonne santé psychique ', pour ceux, notamment qui auraient suivi une cure psychanalytique ? »

On peut répondre : Il existe quelques critères basiques de la « bonne santé psychique » : le corps d'abord, manger, dormir, etc. pas en automate mais en savourant. Par suite la possibilité d'être relié à ses émotions et aux instincts en pouvant les accueillir avec nos facultés conscientes, pas de manière animale, viscérale. Là aussi, goûter aux choses est important… La mise en jeu complète de toutes les sensations signe un ancrage dans le réel. Celui-ci n'est pas conforme à ce que le modèle social présente comme tel mais un espace autre dont la psyché du sujet a besoin pour s'épanouir. La ' bonne santé psychique ', c'est aussi la capacité du sujet à tisser des liens avec l'extérieur, à s'insérer dans le tissu social, à sa façon et à sa mesure. L'observation montre aussi que l'entretien d'une simple curiosité à l'égard du monde suffit à entretenir une grande diversité d'expériences, génératrice d'une multitude d'occasions et autant de moyens de fortifier le Moi, source d'un certain bonheur.

Ça c'est la base ; après, réparer la blessure est une autre affaire. Je me suis situé dans une perspective de cautérisation des dommages de la violence ET de la réparation des blessures qui leur sont inhérentes. J'ai tenté de donner une perspective dynamique, avec des étapes.

Certains courants de psychologues font une distinction entre psychothérapie et psychanalyse. L'intégration du transfert et du contre-transfert qui distinguerait une cure psychanalytique d'une psychothérapie. La cure psychothérapique n'intègre pas cette dimension. D'autre part, c'est ce que j'ai dit plus haut, pour entamer une cure psychanalytique il faut un Moi fort, qui puisse maîtriser les assauts d'une énergie enfouie quand le travail sur soi aura commencé. Un Moi fort n'est pas forcément celui qui s'est bien normalisé. En cela le concept de résilience peut s'avérer fort trompeur et illusoire[29], tout comme d'ailleurs, le sont les outils présentés par les courants comportementalistes. La notion de norme sociale et d'adaptation à celle-ci n'interviennent pas comme critère d'appréciation de la force du Moi. Il s'agit plutôt de savoir si le Moi possède, dans la réalité physique objective, des points d'accroche qui lui permettront de résister aux assauts de l'énergie inconsciente. Si nous envisageons les choses sous l'angle du dynamisme de la psyché, une psychothérapie a pour but de donner à la Conscience une plus grande plasticité et la capacité d'inventer de nouvelles attitudes pour faire face aux situations difficiles.

Si un traumatisme est très ancien et qu'il a gravement lésé les capacités d'émergence du Moi – ce qu'une anamnèse bien conduite peut révéler très vite – c'est une psychothérapie qui est d'abord recommandée. Il faut d'abord une médiation – assurée par un psychothérapeute – pour permettre une plus grande souplesse de la conscience. Un travail sur soi qui s'enracinerait dans la profondeur de la mémoire et qui toucherait donc aux bases de l'édifice psychique peut s'amorcer à partir de ce préalable.

Le but de ce travail étant toujours d'entrer en contact avec l'inconscient, cela signifie qu'il faut, d'une façon ou d'une autre, lui laisser la possibilité de s'exprimer. Quelqu'un qui ne serait pas convaincu que l'inconscient a sa vie propre n'a aucune raison d'essayer cette méthode. On a presque toujours à surmonter une crispation du conscient pour permettre aux phantasmes – qui sont toujours plus ou moins présents dans l'inconscient – de monter à la conscience.

Se laisser pénétrer par les images intérieures permet à l'Ego d'accéder aux forces vives et souvent brutales de l'Inconscient. Ce mouvement de pénétration et d'écoute, fixé dans la mémoire et « l'écriture » facilite l'alliance avec ses forces qui trouvent alors une voie d'écoulement qui posera les bases de nouvelles adaptations au monde, plus justes et plus épanouissantes. C'est cette alliance qui permet de décrisper la relation entre Conscient et Inconscient.

---

[29] – Voir le chapitre consacré à la présentation de ce principe et à sa critique.

Malgré leurs divergences, Jung et Freud s'accordent cependant pour penser que l'épanouissement de l'individu est menacé par le développement de la civilisation. Si bien que l'épanouissement de l'être passe forcément par un état de tension entre les exigences de la civilisation et les pressions de l'Inconscient qui cherche à s'exprimer. « Les images venues de l'inconscient placent un homme devant une grande responsabilité. Ne pas les comprendre ou fuir la responsabilité éthique le prive de sa totalité et impose un caractère péniblement fragmentaire à sa vie. »[30]

Le Moi est placé sur le fil du rasoir, à devoir constamment choisir la voie la plus juste pour ne léser ni son authenticité intérieure ni les exigences de son environnement.

Ce retournement de l'être est porteur d'un élargissement, d'une élévation et d'un enrichissement du champ de conscience. C'est ainsi que se mettent en place de nouvelles adaptations au monde avec de nouvelles valeurs morales et éthiques, lesquelles peuvent être associées aux anciennes, dans la mesure où ces dernières n'étaient pas de pures fictions. Ce chemin n'est pas sans danger. Jung signale que l'une des premières conditions de cette déconstruction-transformation repose sur l'existence d'un Ego puissant et souple. C'est sur cette condition que l'alliance peut s'établir. L'Ego a pour première tâche de permettre de nouvelles adaptations dans le sens de ce qui est bon pour lui et de ce qu'il s'est assigné pour but. Il doit y mettre le maximum de discernement.

L'équilibre repose sur une libre acceptation par l'Ego de ces forces sauvages qui se mettent au service du libre épanouissement de la vie. Faut-il encore que ce but soit en alliance avec les potentialités de l'être. Jung évoque souvent cela sous cette forme : « s'adapter à soi-même ».

Le psychothérapeute peut durant un temps plus ou moins long assurer ce rôle de médiation et de dialogue entre ces deux rives de la psyché. Un tel rôle n'est jamais ni définitif ni total. C'est une autre illusion de croire qu'une psychanalyse peut tout

---

[30] – *Ma vie, souvenirs, rêves et pensées*, op. cit. p. 224.

régler pour la vie entière.

Nos sociétés sont en constante mutation depuis environ un siècle. Les valeurs qu'une génération voudrait transmettre à la suivante n'ont guère de chance d'être adaptées. Les conditions dans lesquelles l'Homme moderne se trouve placé lui imposent le recours fréquent à une telle médiation. Il n'est à la portée de personne de faire en une fois – quelque que soit la durée – le tour de notre psyché. Il est d'abord question de « s'adapter à soi-même », or c'est la vie qui guide.

Travail sur soi et voie de re-création

Tentative noir et blanc de description d'un vivant

> *Ce jour se déroule sur fond pâle de drap de lit, je reste immobile, je ne chasse même pas les heures lascives, je suis sur la photographie de ce jour avant même de l'avoir vécu.*
>
> *Quelle est cette étrange force qui tisse les fils de ma mémoire ?*
>
> *Un jour est rempli moitié de plein, moitié de vide, instantané, cliché de notre propre impuissance.*
>
> *Les jours de survivance défilent comme un paysage derrière la vitre d'un train, pressés d'en finir de ce voyage lourd de rêves morts gisants sur les bords de la voie.*
>
> *Las de la moindre tentative de départ, je refuse un temps certain le décollage de mes pieds.*
>
> *Je me rapproche de mes livres, jusqu'à sentir l'immobilité de la page. Je glisse enfin sur mon sommeil pour rejoindre le monde des vivants.*
>
> *Je voudrais apprivoiser ma mort, afin de jouer ma vie.*
>
> *Brouillard sur les eaux plates du jour*
> *Je godille lentement mon corps lourd*
> *À demi noyé, à fleur des vagues*
> *J'avance sans bruit au cœur du silence*

*Où l'ennui coule en fleuve d'argent
De mes veines ouvertes aux vents.*

Je cultive encore quelques fragments d'une terre bouleversée

*Un manège qui tourne sur des flonflons
Moi vieil enfant à califourchon
Toujours sur les mêmes raisons
À user mes fonds de pantalon*

*J'écluse les jours puis les semaines amères, je suis cloué au sol par un marteau invisible
L'activité se ralentit le temps s'accélère j'accouche d'un tourbillon d'ennui qui me centrifuge
Sur les vitres du néant avec mon squelette en dedans
Juste un petit souffle chaud continue à battre sans bruit
Il soulève la poussière des siècles sur les étagères vides
Il décalamine les tuyaux des rêves usés.
Puis je reprends la barre et je siffle les heures.
EN AVANT TOUTE !*

*Obsessions plurielles
Enfants pris par tous les bouts de ma mémoire, saturent mes images de la vie, ressuscitent mes peurs
je reste immobile face à ma préhistoire.
Dans cet espace là, je me fige à retourner le même ciment.
La pensée de la mort à force de trop la regarder de l'intérieur m'envahit comme la mauvaise herbe et les jours s'alourdissent comme de la boue jusqu'à peser des siècles.
Essayons d'écrire sur ces images simplement :
Chaque jour me revient le souvenir de mon père qui abusait de moi. J'avais au début environ 6 ou 7 ans, tout est flou, je me rappelle mes désobéissances, le cachot où m'enfermait ma mère, et surtout les derrières de portes où m'attendait mon père ; le goût de la vie a parfois un goût de sperme et d'incompréhension vertigineuse. Je voudrais prendre un peu de distance mais*

aujourd'hui il me semble m'y replonger de moi même, malgré moi. Comme si je cherchais une rupture à vivre.

Je me cherche des raisons, des raisons de quoi ?

Je baigne dans une culpabilité fossilisée qui nourrit ma mélancolie. C'est peut-être le vide actuel qui réveille les vieilles blessures.

Comme une prison du souvenir sans avenir.

J'avais peur de mon père, de me faire surprendre, c'est pour ça que j'aimais vivre dehors, le fait même d'écrire est violent, il faut trouver une distance afin de vider les images et les mots de leur toxicité. Écrire sur l'enfance violemment, tendrement, bêtement, etc., écrire une histoire courte puis les variations.

L'horreur de la guerre est liée avec l'autorisation mentale que se donne un individu pour imposer ses violences internes (sous formes psychiques ou physiques) à un enfant.

Quand le droit international donne le droit de tuer à chaque soldat, tout dans la vie civile par la suite se retrouve en dessous de cette limite. De là, la cicatrisation des blessures de guerre peut prendre des formes perverses autorisées.

L'enfant se retrouve seul face aux blessures mentales du monde ; son incompréhension est immense devant la militarisation des sentiments, devant le chaos de la sexualité.

Je suis né d'une blessure de guerre, et ma convalescence durera jusqu'à ma mort.

Il est prié avec force mais en silence de ne pas remuer la merde des adultes avec ses questions au bout des yeux, comme un gigantesque coup de pied au cul.

Je ne suis plus cet enfant, mais c'est lui qui m'a enfanté ; et comme un fils à son père, je lui dit merde.

Mon plus grand dégoût reste et restera le pouvoir et ses casernes de la pensée.

Heureusement pour le monde, il reste les papillons.

Suite en si # et do b

Sur un air de clarinette, s'effacent les traînées de l'histoire, mon cœur est plein de rats qui courent se noyer à la fontaine profonde, et la durée de cette minute me sourit en murmurant l'éternité de cet instant.

Mon enfant m'a glissé trois notes légères dans la tête qui siffleront toujours

Je tourne mes peurs 7 fois dans mon ventre avant de les coucher de force sur la page blanche, sorte de virginité bon marché où tente de s'écrire ma propre mémoire blessée.

Je ne sais quoi faire d'un sentiment incertain mais tenace envers mes vieux comme on dit ;

Mes pensées partent à la pêche tous les matins puis s'emmêlent dans les fils d'une violence cachée.

J'ai envie d'écrire violent pour vivre mes guerres internes et affronter ma peur en combat singulier.

Ce combat avec mon père à l'âge de huit ans m'a laissé le goût de la défaite.

J'ai joué au guerrier par la suite jusqu'à l'âge de 15 ans. Malgré ma solitude et ma rage face au d'égout que m'inspirait les attaques surprises de mon père, je faisais front comme je pouvais.

Je me souviens avoir eu la force de dire non à mon père vers 11 où 12 ans grâce peut-être à la conscience que je prenais de mon corps face à mes premiers émois amoureux. C'était la nièce de Mme T. une très jolie slave de 13 ans, Macha.

Je grandissais et la violence se tournait avec force du côté de ma mère, dans un élan libérateur.

Ses claques n'étaient plus efficaces et je la traitais de tous les noms ; de putain, de merde, de tout, avec la plus extrême violence.

Je fus coupé net dans cette entreprise somme toute réparatrice par la rupture définitive de ce père adoptif et du reste de la famille.

L'acte du viol de son fils dans un premier temps puis de la mère de sa femme ensuite dans le secret des familles reste l'action d'un homme faible et pervers emporté par la peur de sa vie faisant subir sa propre honte à plus faible que lui.

Première partie – Un monde où tout paraît irréel

J'ai le sentiment de porter encore une part de cette honte qui remonte sans doute au delà de ce père pour se perdre dans la fosse des générations malades.

Quel peut être le germe de tout ce magma, où les résurgences troubles des familles enterrées marquent au fer rouge le destin de leurs enfants, selon des lois inconnues ?

Quelle monnaie de singe trébuche sur la balance du temps ?

Il y a dans le vide des jours qui coulent, un fleuve qui cicatrise les blessures, tout en charriant dans le courant les vieux troncs que nous sommes, jusqu'à la mort.

Aujourd'hui le 1er mai 1999, je pense que je me suis trompé :

J'ai trop souvent agi en cherchant des gens pour faire un nouveau projet.

Alors que c'est en voulant faire un projet que l'on trouve les gens.

3 juin 2000

Peinture ? Culture ?

C'est dans les peintres, leurs écrits, leurs pensées, que j'ai trouvé le plus d'engagement, le plus de sincérité, le plus de force.

L'art m'est plus familier à travers eux ; un chemin, une tentative humaine d'éclairer la route.

J'ai toujours pensé que j'étais inculte, que je ne méritais pas ce milieu.

Je n'aurais jamais eu le courage, la pensée même de me présenter à une école d'art, les Beaux Arts ou le conservatoire.

Rajouter un maux à un mot, n'est-ce pas jouer dans le cercle de l'écriture, à la parade des jours.

Être vivant, c'est désirer : je suis vivant !

Vivre c'est aller à la rencontre de son désir : je ne suis pas vivrant !

Il y a un refus terrible et lointain, un non au bonheur, qui se cultive dans mes friches obscures, qui est vieux et qui me fait chier.

Je me sens en plein psychodrame, on pourrait l'appeler le drame du pompiste :

Avoir encore un moteur, mais plus d'essence, plus de sens.

Écrire encore un peu :
Je n'ai plus de thème, comme Pierrot n'a plus de feu ; écrire sur la douleur profonde est bien un puits où l'on se noie.
Rolland, mai 98

Fonction transcendante et autorégulation de la psyché

Jung définit la Fonction transcendante comme un mécanisme d'autorégulation de la psyché humaine et ce processus est purement psychologique. Il agit sur le Conscient mais il peut aussi être déterminé en qualité et en pression par la propre attitude du Conscient. Cet équilibrage est absolument nécessaire et vital. Or, dit Jung, chez l'Homme civilisé cette autorégulation ne va pas de soi car le Conscient a tendance à devenir trop « dirigé » du fait des contraintes de la collectivité et des adaptations nécessaires à la survie collective. Si bien qu'il s'ensuit une série de « navettes » de l'Inconscient au Conscient qui, à trop devenir unilatéral et exclusif, provoque un grave déséquilibre qui augmente alors la pression de l'Inconscient. Cette pression peut alors prendre des allures dévastatrices, par l'apparition dans le champ conscient d'instincts mal contrôlés.

Par sa fonction d'adaptation le Conscient est amené à rejeter tous les éléments venus de l'Inconscient qui sont incompatibles avec cette fonction. Or l'Inconscient comme source des contenus ancestraux, récents – parenté – et antiques – l'héritage de l'Humanité, cherche à faire parvenir à la conscience ses propres éléments.

Pour Jung, le caractère « défini et dirigé » du Conscient est un bien précieux car c'est lui qui a présidé à l'évolution de l'Humanité. Il est « même indispensable que cette fonction soit aussi stable et aussi bien définie que possible en chaque individu puisque la vie l'exige. » Par une sorte de mécanisme inévitable cette fonction finit par rétrécir le champ d'investigation et d'exploration du Conscient. C'est ce qui finit par provoquer une unilatéralité au bénéfice de la seule adaptation.

Cette unilatéralité apparaît « comme un avantage et un inconvénient ». Avantage car elle facilite toute forme d'adaptation et de performance mais inconvénient car survient alors une réaction équivalente de l'Inconscient. Si l'unilatéralité est trop importante, l'énergie de l'inconscient fait irruption dans le champ de la réalité physique objective en y provoquant des fractures événementielles, des symptômes et des dysfonctionnements plus ou moins graves. Plus l'effet perturbateur induit une réaction consciente de négligence ou d'ignorance et plus la contre-réaction suivante se fera puissante et dévastatrice.

Le cercle infernal de ce que d'aucuns appellent névrose est enclenché. Cependant il s'agit ici de bien plus qu'un accès névrotique. Il est plutôt question d'une attitude générale que la guérison psychanalytique peut fort bien ne pas réduire ni repérer. Sur ce point, d'ailleurs Jung insiste pour dire que la guérison psychanalytique est « une erreur des profanes qui date des débuts de la psychanalyse. Le traitement psychanalytique est une nouvelle manière d'ajuster l'attitude psychologique qui s'opère avec l'aide de l'analyste. Cette attitude nouvellement acquise, plus adaptée aux conditions externes et internes, peut durer longtemps. Mais il est rare qu'une seule 'guérison' soit acquise. » Jung ajoute plus loin : « Il n'y a pas d'attitudes individuelles qui soient valables inconditionnellement et pour longtemps. » Si la chose était déjà vraie en 1916, qu'en est-il actuellement où même les sociologues évoquent une instabilité constante du champ social ? Comment un individu pourrait-il se contenter d'une attitude uniforme tout au long de sa vie ? C'est pourtant une illusion largement propagée dans une société qui fait de la stabilité un critère objectif de la qualité de vie.

L'Homme moderne est donc condamné à faire face à des adaptations nouvelles sa vie durant. Ce qui revient aussi à dire que ce dernier devra tôt ou tard acquérir une capacité à faire face aux changements qui ne soit pas trop sinueuse et aléatoire.

Pour Jung, la Fonction transcendante réalisera ce pont entre les données de la conscience – trop figée – et les contenus de l'Inconscient, seuls susceptibles d'assurer, par intégration au réel, une nouvelle adaptation. De plus, selon lui, le transfert, loin de réaliser une projection de dépendance infantile à l'égard du thérapeute, constitue la projection sur celui-ci de cette fonction vitale.

On voit combien la fonction du thérapeute se rapproche de celle de l'antique chaman, médiateur entre le monde des esprits et celui des humains. On sait aussi que le médecin chinois avait pour mission de « lever la tête au Ciel » et « d'abaisser le regard vers la Terre », ce afin de discerner les grands mouvements de la nature et les transformations qu'opérait leur venue sur la Terre. Cette fonction médiane du thérapeute, peu de psychologues l'ont discernée.[31]

Ainsi Jung aborde peu à peu la façon dont on peut rencontrer les contenus de l'Inconscient, rêves, fantasmes, etc. de manière constructive et non en les réduisant à une grille interprétative. Cette approche dynamique peut amener la réduction de l'état de stagnation antérieure. Certes, dit-il, « au début la Fonction transcendante est artificielle » car elle est supportée par les connaissances du thérapeute. Mais cette artificialité se résorbe rapidement dès que les mécanismes d'autorégulation se remettent en place. Faut-il tout de même que la personne ne soit pas trop engoncée dans sa volonté de maîtrise du réel. Dans ce cas, les rêves ne suffisent pas, le thérapeute doit intervenir pour aller à la pêche aux contenus de l'Inconscient. Voilà un thérapeute devenu actif et c'est en est fini de la sacro-sainte neutralité !

Jung se pose la question du choix des matériaux à utiliser pour obtenir de l'Inconscient des informations que la personne pourrait entendre d'abord, intégrer ensuite. Il recense alors tous les matériaux sur lesquels Freud avait déjà opéré et que Jung élimine l'un après l'autre. N'oublions pas que Jung nous situe dans un cas de figure spécifique où le Conscient est devenu trop figé pour accepter quelque contenu qui dérangerait son adaptation présente. C'est là une situation de raideur psychologique que nous rencontrons de plus en plus souvent !

Jung insiste sur la nécessité d'accès aux contenus de l'Inconscient mais il définit une sorte de seuil à partir duquel il convient d'intervenir. Il admet que certaines personnes puissent ne pas avoir besoin d'une telle opération psychologique artificielle ni éprouver le besoin de contrôler les contenus de l'inconscient. Par contre si la charge des produits de l'Inconscient est trop élevée

---

[31] – C'est pour cette raison que j'ai choisi le terme d'Imagothérapie pour cette modeste contribution à la technique d'Imagination Active. *Thérapie* est à prendre au sens antique du terme, à savoir *médiation*.

il en résulte un état de souffrance fort préjudiciable, précisément, à la fonction du Conscient, la production de comportements adaptés... Ce qui ne manque pas de se produire quand les nécessités de cette adaptation, imposées par le social, s'écartent trop des nécessités humaines essentielles et originelles, telle qu'une certaine harmonie entre la sphère instinctuelle, émotive et la sphère rationnelle et matérielle. L'influence régulatrice de l'Inconscient est alors supprimée et elle peut s'inverser en une pression négative.

C'est précisément le plus souvent le cas pour ces personnes qui ont subi de violents traumatismes durant l'enfance. La pression sociale qui impose de manière abstraite une adaptation la plus opérationnelle possible plonge l'individu dans un état de « somnambulisme infantile » où il perd sa dignité sans trop s'en rendre compte car rien de palpable ne le lui indique. L'individu retrouve alors dans le champ social des conditions identiques à celles qu'il a subies plus tôt dans sa vie.

Cette perspective réductive n'est pas inéluctable mais elle demeure une menace.

Dans ce cas Jung propose l'usage de ce qu'il nomme l'Imagination active.

« On commence par prendre l'état mental du patient comme l'objet à approfondir, ce qui se fait comme suit : il doit se préoccuper intensément de son humeur, en éloignant son sens critique, s'y absorber complètement et noter sur un papier la description de son humeur et de tous les fantasmes qui en surgissent. Il doit laisser le champ absolument libre à ces fantasmes. On obtient ainsi une expression plus ou moins complète de l'humeur qui reproduit le contenu de la dépression – par exemple – de façon aussi globale et fidèle que possible. Comme la dépression n'est pas le fruit du conscient, mais représente une intervention non souhaitée de la part de l'inconscient, l'expression de l'humeur qu'on produit ainsi rend compte de l'ensemble des tendances de l'inconscient qui sont contenues dans la dépression. »

Voilà une première base de travail. Plus loin, Jung élargit ses outils d'investigation : « il y a une autre méthode qui consiste moins à travailler sur l'humeur qu'à l'exprimer. Ceux qui ont un don quelconque pour le dessin ou la peinture peuvent donner expression à leur humeur dans le tableau. »

Enfin Jung aborde la situation difficile dans laquelle rien de bien concret ne peut s'exprimer hors un vague sentiment ou une angoisse diffuse, un dégoût généralisé... il faut alors créer de toute pièce le premier fil qui permettra de franchir le seuil des contenus de l'Inconscient. « Il faut exclure l'attention critique » et faire en sorte d'abaisser le seuil de vigilance de la conscience...

Cette situation où rien de bien concret ne surgit, quand la crispation de la Conscience est à un maximum, se retrouve souvent chez ces personnes dont nous parlons ici. Parfois rien ne surgit que des larmes, « des fleuves de larmes » selon un témoignage entendu. Comme si une part de la psyché se comportait de manière autonome, sans lien apparent avec la réalité physique extérieure.

On voit que chez Jung la limite entre une psychothérapie et un travail sur soi en profondeur n'est plus aussi nette qu'elle l'est pour la psychanalyse de tendance freudienne. Le point de vue, ici, est dynamique, souple et tout repose sur la dialectique du Moi et de l'Inconscient. Ce qui demeure commun c'est la nécessité d'un Moi fort pour affronter un travail sur soi en profondeur.

Confiance

Quand le Moi s'est reconstitué sur ses valeurs profondes – ce que Jung appelle son propre mythe, la personne parvient à établir une relation plus harmonieuse à la réalité physique objective et à une meilleure appréciation de ses potentialités.

La disparition de l'Ego de substitution ne va pas sans quelques bouleversements dans la vie de la personne, lesquels peuvent induire une forme de fragilité mais si la personne parvient à rétablir sa confiance en son propre instinct, elle peut traverser ces turbulences qui résultent en fait de l'abolition de l'ancien Ego.

Rétablir sa confiance en l'instinct ! Voilà qui peut sembler très littéraire comme formule. Hé bien, c'est en créant un Ego de substitution que la personne se coupe de ses propres instincts et on ne peut pas créer d'instincts de substitution. Ce sont précisément ces affects, demeurés à l'abri du prédateur, qui permettent à la conscience de découvrir des lieux de sa psyché qui auraient échappé à son emprise et qu'il existe des lieux où son instinct, cette chose si singulière qui permet l'action juste au moment opportun, est demeuré à l'abri de la terreur et de l'appréhension.

Ce processus n'est pas si exceptionnel que cela. On connaît, en effet, des adolescents qui se créent une future vie d'adulte sur la seule base d'un talent particulier qui échappe à l'autorité des parents : un intellect très puissant, un talent sportif, etc. Toute l'énergie de la psyché sera ainsi investie dans cette voie, parfois de façon inflative.

Il s'agit ici, de façon prudente et progressive, de créer le même type de processus mais dans une vision de rétablissement des équilibres de la psyché. Et ces personnes ont souvent besoin de se construire seules comme pour mieux sentir les contours de ce nouveau monde qu'elles recréent pas à pas !

Première partie – La psychanalyse face à l'inceste

La psychanalyse face à l'inceste

Une intervenante du forum du village Psycho-Ressources[32], Claudia, pose les choses ainsi : « Et pourtant le psy lui aussi maintient la question derrière volets et portes closes... là, il laisse la société 'manger ses enfants' (oui je sais, j'y reviens...) se cantonnant à son rôle de l'ombre, d'observer et de laisser ce 'monde à l'envers' lacérer de ses griffes tout ce qui passe à sa portée...

Alors quid de cette psy qui sait si bien remettre le monde de l'individu 'à l'endroit' (l'expression me plait beaucoup – Lucie Cool) mais se défait royalement de sa connaissance et de ses revendications dès lors qu'il s'agit de les appliquer à d'autres systèmes ? »

Une première réponse

Question tant débattue par les psychanalystes, en ce moment, de l'impossibilité de passer au collectif dès lors que l'analyse ne s'opère qu'au plan de l'individu. La psychanalyse est-elle porteuse d'une vision sociale, historique, politique ?

Ce faisant, il faut arrêter d'être hypocrites ! La Psychologie – comme discipline générale de connaissance de la psyché humaine – n'existe pas ! Quand on pense « psy », on pense psychanalyse, c'est-à-dire Freud en quasi exclusivité et ce, dans l'espace francophone, français en particulier.

Or des courants qui ont tenté de penser la relation de l'individu au collectif, il en existe ! Mais il n'y a pas eu de congrès mondial de la psychanalyse – toutes tendances confondues –

---

[32] – Ce forum <http://village.psycho-ressources.com/> est maintenant clos mais les archives sont disponibles.

depuis le congrès de Moscou dans les années 70.

Comment une discipline peut-elle évoluer s'il n'existe pas de communication entre les chercheurs, des ponts entre les écoles et les disciplines ? Quand la principale force mise au service de la communication avec les autres est celle de la délation, de la dénonciation et du dénigrement. Chacun le déplore, sans que cela ne cesse.

Il n'y a que des colloques de tendances ou d'écoles. Parce que chaque école se pense au centre et ne supporte pas l'idée d'une nécessité de dépassement des concepts, d'une refonte des vocabulaires, d'une remise à plat, etc.

Autant dire que la psychanalyse est dans une impasse « endogamique », incestueuse elle-même, s'engrossant de ses propres fruits. Elle ne peut pas penser l'inceste car elle est inconsciente qu'elle est elle-même dans l'inceste !

D'autre part, si les « psys » – en tant qu'individus cette fois –, ne se sont pas sentis obligés de bousculer les dogmes, c'est que, sur le fond, ils ne perçoivent pas la nécessité de s'interroger sur ces problèmes de société. Le psychologue, le psychanalyste sont, au plan collectif, dans la même position que le parent passif, non acteur de l'inceste, mais complice tout de même. Ceci ne les empêche cependant pas de dire d'énormes sottises à ces propos.

Ils ont laissé le champ libre aux sociologues, qui, pour certains, sont sortis de leur sociométrie et de leurs chiffres anonymes pour se transformer en bâtards de la psyché humaine, mi-cliniciens, mi-mesureurs des aléas de nos sociétés. Il y a aussi des philosophes et des historiens pour occuper cette place laissée vacante. En France, ce sont eux qui publient, qui occupent les micros et les caméras dès qu'il s'agit d'un fait de société. Ce sont aussi des pédagogues qui tentent de créer des passerelles entre individu et société.

Ce faisant, comme il n'existe pas d'outil, c'est la tour de Babel, chacun y va dans tous les sens à coup de petites théories. Si nous attendons des réponses de la psychologie et de la psychanalyse, nous devrons attendre un âge canonique.

Une autre réponse

La psychanalyse s'est voulue connaissance des mécanismes de la psyché humaine, mais son histoire faite de passions, de volonté de pouvoir et d'anathèmes l'a très vite mise à l'écart des méthodes scientifiques. Freud lui-même pensait que cette discipline demeurerait provisoire, un palier avant que la science ne triomphe des mystères de l'âme.

Les critiques assassines adressées par Mikkel Borch-Jacobsen sont très dures mais justifiées.

Mikkel Borch-Jacobsen, au travers de l'histoire de la psychiatrie, met en avant les failles des théories psychanalytiques et les abus des pratiques des thérapeutes, des psychanalystes. Il démontre la folie manipulatrice des spécialistes de la psychologie.

Ces abus sont inhérents à des pratiques qui occultent complètement la réalité des patients qui sont souvent utilisés comme « matériel expérimental », et ce sans aucun protocole.

Mikkel Borch-Jacobsen démontre la subjectivité des diagnostics réalisés par les thérapeutes, ces diagnostics étant souvent orientés en fonction des théories à la mode et de la filiation intellectuelle ; du projet de recherche du thérapeute ; des traitements existants ou en cours d'expérimentation ; de la relation entre les traitements proposés et le *lobbying* ; parfois du transfert de la propre histoire du thérapeute sur le patient.[33]

Au sujet de Freud

Mikkel Borch-Jacobsen a réalisé un gros travail de recherche biographique sur Freud à partir des archives auxquelles il a eu accès. Certaines restent curieusement protégées du regard des historiens qui remettent en question les qualités scientifiques du travail de Freud.

---

[33] – Phénomène bien connu des anthropologues et c'est pour cette raison que je rapporte d'abord ma propre histoire. Afin que le lecteur critique puisse se mettre à distance !

D'une part Freud a eu une nette tendance à construire des théories à partir de ses propres problèmes : référence à Mitchell qui nous apprend que la théorie œdipienne est le produit du refoulement par Freud de sa propre hystérie.

Il en ressort aussi que Freud (et ses disciples) basait les études de cas sur ses théories, et non la théorie sur les études de cas. En fait les hypothèses de Freud précédaient le matériel clinique dont elles étaient censées rendre compte. Mikkel Borch-Jacobsen, comme d'autres historiens, fait également ressortir que Freud « lisait ses propres pensées dans celles d'autrui ». Et qu'il a littéralement imposé à ses patients des constructions arbitraires à la façon d'un puzzle à partir d'un matériel fragmentaire et douteux. Un bon nombre de ses patients a répondu à ses suggestions en reproduisant toutes les scènes que celui-ci attendait d'eux. L'étrange élasticité statistique des études de cas de Freud pose également question car il ne les interprétait pas toujours de la même façon.

La question est posée : Freud était-il un menteur ? Freud avait tendance à halluciner ses théories, à rêver la réalité clinique. Il manipulait les confessions de ses patients et communiquait largement sur des guérisons qui étaient, en fait, souvent imaginaires. Il interprétait ses résultats (ou non résultats) dans ce sens et en persuadait ses patients. Il a notamment été habile pour maquiller des échecs thérapeutiques en progrès scientifiques.

« Je l'ai pensé, donc cela doit être vrai » Freud, cité par Jung dans les correspondances.

Il serait temps cependant de quitter ces querelles antiques pour écouter ce qui se passe autour de nous, au risque de porter atteinte au corps des théories. Pourquoi pas, si la réalité est autre que ce que la théorie prévoyait !

Le complexe d'Œdipe et l'Inconscient personnel

Freud parle de l'Œdipe pour la première fois en 1898, après la mort de son père en 1897. Jung n'établit la théorie des complexes en psychologie qu'en 1904. Parmi ceux-là, Freud n'en reconnut que deux : Le complexe d'Œdipe et le complexe de castration.

Selon Freud, le complexe d'Œdipe fixe la libido au parent de sexe opposé et déclenche une hostilité marquée envers le parent du même sexe, considéré comme un rival.

« Le complexe d'Œdipe, selon Raymond de Becker, est un phénomène des sociétés patriarcales fortement structurées dont Freud était un représentant typique. Mais les travaux d'anthropologie culturelle ont permis de relativiser une description élevée par certains comme un dogme.

Si, en effet, on peut le constater dans la société judéo-chrétienne très patriarcale, il n'existe pas dans les sociétés matriarcales et polyandriques.

Il commence à s'atténuer dans la civilisation occidentale depuis que s'y dissolvent les structures patriarcales au profit d'une liberté croissante des individus constituant le groupe familial.

Freud situe le complexe d'Œdipe entre 2 et 5 ans, mais Ernest Jones et Mélanie Klein ont, sur ce point des vues différentes de celles du père de la psychanalyse. Après la période de latence qui connaîtrait son déclin, il renaîtrait à la puberté. » [34]

Selon Daniel Lagache, les freudiens distinguent un « Œdipe positif » et un « Œdipe négatif » :

« Chez le garçon, le complexe d'Œdipe positif consiste dans le fait que, s'intensifiant son amour pour sa mère (basé sur son identification au père) et sa haine du père (basée sur les privilèges du père qui lui sont refusés) ; l'angoisse de castration l'amène à renoncer à la possession exclusive de la mère. On parle de complexe d'Œdipe négatif lorsque c'est la mère qui est ressentie comme gênante pour l'amour du père.

Chez la fille, l'évolution vers le père, plus complexe, est préparée par les déceptions de la relation avec la mère, principalement l'absence de pénis : l'envie du pénis est remplacée par le désir d'avoir un enfant du père. » [35]

---

[34] – *Bilan de la Psychologie des profondeurs*, éd. Planète, 1968, p. 113.
[35] – *La psychanalyse*, col. Que sais-je ? PUF, p. 31.

Dans les deux cas – garçon, fille – le complexe d'Œdipe « négatif » risque de conduire à l'homosexualité, l'identification au parent du même sexe amenant le sujet à rechercher, chez l'homme, la virilité en s'unissant à un autre homme et, chez la femme, la féminité en s'unissant à une autre femme.

Le complexe d'Œdipe n'est pas nécessairement pathologique, il constitue une étape normale dans la croissance de l'enfant au contact du sexe opposé. Il n'est générateur de troubles pathologiques qu'en cas de non résolution et peut alors engendrer des impressions de castration et des sentiments de culpabilité accompagnés de mécanismes d'auto-punition reliés inconsciemment à la relation incestueuse.

Cent ans avant Freud, Diderot affirmait déjà : « Si le petit sauvage était abandonné à lui-même, qu'il conservât toute son imbécillité et qu'il réunit au peu de raison de l'enfant au berceau la violence de l'homme de trente ans, il tordrait le cou à son père et coucherait avec sa mère. »[36] Voilà beaucoup de conditions qui mettent cependant en exergue « la violence de l'homme de trente ans ». J'ai déjà dit combien, à propos de l'Œdipe, les fantasmes de l'adulte semblaient primer sur la réalité psychologique de l'enfant. D'autant plus que le Complexe d'Œdipe ne se présente pas toujours de manière aussi catégorique que Freud l'a présenté. Pour Charles Baudouin, « l'amour du jeune enfant est singulièrement entier et jaloux et la situation complète pourrait se résumer par les formules suivantes :

Dans le moment que l'enfant – garçon ou fille – aime son père, il tend à voir dans la mère une rivale : dans le moment où il aime sa mère, il tend à voir dans son père un rival.

L'amour pour la mère avec hostilité au père est plus fréquent chez le garçon ; l'amour pour le père avec hostilité à la mère est plus fréquent chez la fille. »[37]

Voilà qui nous rapproche de la réalité sans pour autant énoncer la violence du fantasme du meurtre du parent…

Selon les positions de la psychanalyse, il ne serait pas

---

[36] – *Le neveu de Rameau*, 1762. À cette époque, l'Europe découvre d'autres cultures, notamment africaine.
[37] – *L'âme enfantine et la psychologie*, Ed. Delachaux-Niestlé, 1930, p. 49.

possible de remédier à un problème hérité des parents car nous ne pouvons influer sur la formation de l'Inconscient de nos parents. Cela soulève des problèmes d'ordre moral et philosophique. Nous serions dans une chaîne de causes auxquelles nous ne pouvons rien et qui nous « lie » dans une malédiction insensée. C'est une position très fataliste. Se pose aussi la question de la conscience. Où sont la conscience et sa relation à l'autonomie et à la liberté ?

On comprend mal comment un Bouddhiste pourrait aspirer à rompre son lien à la « chaîne des causes ». Ne connaîtraient-il pas l'Œdipe sous ces latitudes ?

« La conception moderne d'une simple relation causale et linéaire ne correspond pas à une juste évaluation des faits, mais relève d'une superstition caractéristique de notre civilisation. »[38]

Troisième réponse

Elle se rapporte à la maîtrise d'une cure psychanalytique. Par sa méthode même, l'écoute flottante, les associations libres, l'interprétation dans le cadre des topiques freudiennes, l'approche de l'inceste est impossible. Le silence même du psychanalyste se rapporte au mutisme du milieu générateur d'inceste. L'interprétation se rapporte à l'interprétation du manipulateur/prédateur. Il faudrait donc beaucoup de doigté au psychanalyste pour aider son client victime d'inceste à se libérer.

Enfin la topique freudienne elle-même pose un problème d'ordre éthique. Pour Freud, le Moi est maître en sa maison, et la cure consiste à rendre conscients les contenus de l'Inconscient afin de mieux les contrôler et vivre avec. Or, cette figuration procède d'un pessimisme fondamental. L'Homme ne serait que ça : une petite lumière sur une gigantesque poubelle ! Pour les victimes d'inceste il s'agirait d'une décharge publique... compte tenu que le tabou de l'inceste est fondateur de la civilisation.

---

[38] – *La femme dans les contes de fées*, Marie Louise Von Franz, Albin Michel, col. Espaces libres, Paris 1993, p. 174.

Que ferait cette personne d'une telle charge ? J'ai observé, en effet, que de nombreux sujets dans ce cas s'épuisaient à porter le monde. Les modèles culturelles ont aussi un impact.

La vision pessimiste de la théorie freudienne a souvent été critiquée et c'est là un problème de représentation du monde qui est soulevé[39]. Quand on est confronté aux aléas immédiats de nos souffrances psychiques, nous ne nous intéressons pas à ces problèmes d'ordre philosophique. Qu'importe que Freud ait obscurci la vision que nous avions de l'architecture psychique en la situant à un niveau pulsionnel, presque matérialiste ! Mais quand il s'agit de réparer des dommages qui trouvent leur racine au plus profond de la fondation de notre être, il nous faut tout de même nous demander où nous allons. Si la cure consiste uniquement à mieux vivre nos souffrances et nos angoisses, c'est justement quelque chose que nous savons faire bien avant d'apprendre à lire... Dirait le chœur des enfants violés.

L'innocent, rescapé de l'inceste n'en finirait pas avec sa honte, ses remords, sa rage et sa culpabilité. Il lui faudrait vivre avec ! Ce n'est pas le projet que j'assigne à un travail sur soi.

---

[39] – Dans *Inanalyse, le déclin de la psychanalyse en Occident*, Éd. Lierre & Coudrier, Paris 1989, j'ai soulevé ce problème.

Quatrième réponse – une alternative ?

En dehors de la psychanalyse, d'autres thérapeutes ont tenté d'aborder l'aspect préoccupant de la prise en charge et du suivi des victimes de violences subies durant l'enfance. C'est à ce point que nous pouvons introduire un concept très en vogue actuellement, celui de résilience. C'est, probablement, à la fois une illusion moderne, avatar probable d'une figure mythique contemporaine et une véritable tentative pour aborder des réponses aux souffrances de l'enfant victime et du futur adulte.

La résilience se place sur l'un des points obscurs de la psychanalyse et cela paraît justifier le crédit qui lui est accordé. Mais si l'on décrypte la finalité que ses prosélytes lui prêtent, on découvre l'impact d'un mythe de notre temps : celui de l'efficacité, de la bonne santé morale et physique. Le tout présenté dans un discours globaliste tout à fait séduisant.

La Résilience, une illusion ?

Définitions et présentation

Les défenseurs de la résilience nous disent ceci :
Le mot « résilience » vient du latin *rescindere*, c'est-à-dire l'action d'annuler ou de résilier une convention, un acte. Emprunté au terme *resilire*, il signifie aussi « ressauter » ou « sauter en arrière », « se retirer ». Le mot « résilier » a pris dans le vocabulaire juridique le sens de « renoncer, se dédire ». Selon B. Cyrulnick, « résilier un engagement signifie aussi ne plus être prisonnier d'un passé, se dégager. La résilience n'a rien à voir avec une prétendue invulnérabilité ou une qualité supérieure de certains mais avec la capacité de reprendre une vie humaine malgré la

blessure, sans se fixer sur cette blessure. »

La résilience appartient au vocabulaire technique du traitement des métaux, elle désigne à l'origine, une qualité des matériaux qui tient à la fois de l'élasticité et de la fragilité, et qui se manifeste par leur capacité à retrouver leur état initial à la suite d'un choc ou d'une pression continue.

Dans le domaine de l'écologie, la résilience souligne, d'une part la capacité de récupération ou de régénération d'un organisme ou d'une population, et d'autre part, l'aptitude d'un écosystème à se remettre plus ou moins rapidement d'une catastrophe – inondation, sécheresse, etc. Les écosystèmes développent plusieurs mécanismes d'autorégulation et parviennent à surpasser les effets des désordres en rétablissant simplement et de manière progressive le stade initial de leur homéostasie écologique. Les écosystèmes subissent également de nombreux changements adaptatifs de nature créative qui transcendent les simples corrections apportées aux dommages subis.

Les anthropologues évoquent la possibilité pour certaines ethnies, sociétés, langues ou systèmes de croyances de conserver des traces de leur patrimoine malgré les vicissitudes du colonialisme et les pressions des groupes dominants.

Dans les domaines de la psychologie, de la victimologie et de la criminologie, le terme s'est imposé dans le traitement des situations à risque et en particulier celui des enfants vulnérables dont on cherche à solidifier les aptitudes à rétablir un équilibre émotionnel lorsqu'ils subissent des moments de stress ou des abus importants, par une meilleure compréhension du ressort psychologique.

En psychologie clinique, la résilience devient un concept plus complexe. La résilience est « l'aptitude des individus et des systèmes (les familles, les groupes et les collectivités) à vaincre l'adversité ou une situation de risque. Cette aptitude évolue avec le temps ; elle est renforcée par les facteurs de protection chez l'individu ou dans le système et le milieu; elle contribue au maintien d'une bonne santé ou à l'amélioration de celle-ci. » [Mangham et al., 1995][40]

En psychologie clinique, la résilience est la capacité à vivre, à réussir, à se développer en dépit de l'adversité. D'un point de vue psychique, il s'agit de la possibilité pour un individu de développer des mécanismes de résistance et de survie malgré les vicissitudes de l'existence, des circonstances difficiles, des malheurs, un choc traumatique ou un environnement défavorable, voire hostile. Sorte d'endurance face au stress post-traumatique, la résilience offre au sujet un sentiment de compétence, une ouverture différente sur lui-même et d'autres perspectives qu'un stress continu ou répétitif. Ce mécanisme psychologique restaure ainsi une certaine confiance en soi impliquant plus de sécurité intérieure et apporte de nouvelles possibilités d'épanouissement malgré les difficultés rencontrées, les traumatismes subis ou les risques d'abréactions désagréables.

Il est intéressant de noter que ce terme désigne la capacité intrinsèque des systèmes vivants à retrouver un état d'équilibre, soit leur état initial, soit un nouvel équilibre, qui leur permette de fonctionner après un désastre ou en présence d'un pression persistante. Dans la médecine traditionnelle chinoise on connaissait déjà un processus identique…

De manière plus transcendantale et convergente, la résilience est présentée comme « un processus diachronique et synchronique », c'est-à-dire « l'articulation des forces biologiques développementales avec le contexte social, pour créer une représentation de soi qui permet l'historisation du sujet ».[41]

À partir de son expérience traumatisante, le sujet résilient parvient à maintenir et dynamiser son économie psychique afin d'en conserver l'efficacité représentative. Ce processus est d'autant plus complexe qu'il dépend des données objectives du traumatisme réel – guerre, génocide, torture, viol, attentat, etc. – et des données subjectives du trauma psychique – effet d'après-coup, décompensation réactionnelle, effet et état de stress post-

---

[40] – Cité par Yves-Hiram Haesevœts « La résilience, un concept métaphorique contemporain », sur le site de *Psychorelief*, <http://www.psy.be /articles.php?article=75>
[41] – Cyrulnik B. (1991). *La naissance du sens*. Hachette littérature, 1991, *Le vilain petit canard*, Odile Jacob, 2001 et *Parler d'amour au bord du gouffre*, Odile Jacob, 2004.

traumatique, etc.[42]

Quelle que soit la nature du traumatisme, la résilience mobilise l'ensemble des processus psychiques et exige une dépense d'énergie considérable. Dans le traumatisme, dès lors qu'il existe une atteinte corporelle, une rupture entre somatique et psychique (état de sidération post-traumatique où la victime est absente de la scène), une effraction de la sensorialité (la stupeur, l'anesthésie de certaines zones agressées), en relation avec la qualité des processus d'attachement primaires (de type maternel), la résilience dépend aussi de la représentation du corps et sa construction. Ainsi, dans les cas d'agression sexuelle, l'identité sexuelle et les mouvements identificatoires sont gravement altérés et les processus originaires d'émergence de la psyché et d'inscription au corps endommagés.

Enfants victims de maltraitance et résilience

Les enfants ne sont pas épargnés par la dictature de la vie et la férocité de certains adultes. Comment s'en sortent-ils et suivant quels mécanismes ? Et comment fonctionne cette capacité psychique qui permet aux enfants, écorchés vifs de la vie, victimes de violence, de cruauté mentale et d'agressions sexuelles, de rebondir, d'évoluer et de donner un sens à leur existence ? Mais surmonter ses blessures traumatiques ne suffit pas, encore faut-il se réconcilier avec ses émotions et son corps, avoir un bagage affectif suffisant et bénéficier d'un soutien bienveillant et empathique.

Selon Cyrulnik, dans certaines situations de maltraitance, des enfants développent des stratégies de survie significatives ou au prorata de l'intensité du traumatisme qu'ils ont subi. Malgré cette charge traumatique, ces enfants semblent tenir le coup et montrent ensuite des signes encourageants de guérison et d'adaptation souvent surprenants. Cette perspective offre aux

---

[42] – Brissiaud P. Y., Surmonter ses blessures, De la maltraitance à la résilience, Retz, Paris, 2002.

cliniciens et aux thérapeutes de nouvelles ouvertures en termes de diagnostic, de pronostic et de prise en charge.

Le rôle principal des professionnels qui soutiennent les enfants dans une démarche de soins, est de les aider à chercher du sens et à élaborer une signification à la fois parlante et libératrice de leur propre histoire. Le passage du traumatisme à la mise en place du processus résilient se façonne à partir des différents appuis que l'enfant aura réussi à tisser autour de lui, et surtout de sa capacité à se faire accepter et comprendre.

Parce qu'elle perturbe son potentiel et son énergie intrapsychique, et épuise ses ressources psychologiques, la maltraitance met l'enfant à rude épreuve. Ces situations de violence – psychique, physique ou sexuelle – peuvent avoir un effet sidérant sur les pulsions de vie de l'enfant. Afin de survivre, la victime mobilise des mécanismes de défense qui encombrent l'expression de sa personnalité ou enrayent son développement. Cette utilisation de moyens défensifs exige une dépense d'énergie psychique aux dépens d'autres fonctions psychologiques, telles que la verbalisation, la mentalisation, l'imagination, l'inventivité, la sublimation et la symbolisation, éléments de défense du moi fondamentaux à la structuration de la pensée, et prémices des processus mentaux de résilience.

Par ailleurs, les répétitions traumatiques, angoisses, inhibitions et cauchemars se retrouvent chez des sujets très névrosés qui ont été maltraités au cours de leur enfance. C'est également parce qu'il est dénué de sens, que le trauma engendre tout un cortège de symptômes – somatisations, perte de l'estime de soi, troubles relationnels, manque de confiance, marginalisation sociale, idéations suicidaires, passages à l'actes, autodestruction, addiction, dépression, etc. Ajoutons que le tourment psychique dure tant que le sujet ne parvient pas à reconnaître et à faire reconnaître sa souffrance. Dans ces contextes, tant le langage – comme expression de l'authenticité de la personne – que les émotions ont été verrouillés par l'effet du traumatisme. Or, la résilience peut être un moment d'élaboration permettant au sujet de libérer un discours sur son histoire et/ou de tenter de déverrouiller cette double fermeture. Sous l'effet de la résilience, le traumatisme peut ainsi devenir un moteur. Toutefois, la résilience ne suffit pas toujours ou n'apparaît pas de manière aussi spontanée. Les facteurs favorisant le processus résilient peuvent être enrayés ou inhibés. Cette capacité est souvent enfouie, voire empêchée par l'état de stress post-traumatique, les divers symptômes associés et les réactions du corps social.

En éveillant le psychisme, une thérapie peut tenter de faire émerger un processus résilient. L'objectif du travail thérapeutique est de transformer le traumatisme en moteur, en pulsion de vie : exploiter, éduquer, ou soigner le traumatisme, le conduire « hors de », pour mieux le travailler. C'est le trauma qui sécrète de l'inconscient, qui donne un sens profond à nos désirs et à nos vérités, mais également à nos angoisses. La psychothérapie est un travail verbal qui essaie d'apprivoiser les émotions que le trauma soulève. La bienveillance de l'écoute et l'empathie libèrent le sujet de sa « commotion psychique ». La parole circule et prend alors le pas sur le trauma.

Dans la plupart des cas, l'enfant traumatisé n'a plus accès au secret de son être, principalement parce que la situation de maltraitance a fracturé son identité et altéré sa personnalité. Cependant, le vécu corporel, même s'il est associé à un véritable massacre, peut s'intégrer à son histoire à condition de la reconstruire. Bien que le corps n'oublie pas, c'est-à-dire là où le trauma réel s'est inscrit, parler peut aider à représenter le trauma. Le travail sur soi permet donc de reconstituer les liaisons conscient / inconscient, le temps que le trauma regagne sa place et que le jeune patient retrouve le goût de désirer vivre une seconde naissance, celle de la résilience.

En victimologie clinique, la recherche démontre que ceux qui s'en sortent le mieux parmi les enfants traumatisés, sont ceux qui ont réussi à tisser autour d'eux des réseaux de solidarité et à se lier affectivement, ceux qui sont parvenus à effectuer des démarches efficaces, à orienter leurs demandes et à trouver les bons interlocuteurs pour se faire aider. Ces liens soutenants (les « tuteurs de développement ») ont un effet structurant sur l'individu. La résistance psychique intérieure est donc également une question de force relationnelle, de capacités d'attachement et de confiance en soi.

Résilience et thérapie

« Il me semble que, lorsqu'on a été blessé dans sa vie, on est contraint de mettre en place, de tricoter un processus de résilience jusqu'à sa mort. La blessure est enfouie, maîtrisée, transformée, mais elle ne guérit jamais complètement.»[43]

Loin d'être une cicatrisation miraculeuse ou magique, cette capacité de résilience n'est pas une vaccination contre la victimisation ou une anesthésie de la souffrance. Elle paraît cependant offrir un immense espoir à ceux qui veulent s'en sortir et à ceux qui soutiennent les premiers. Les victimes de drames humains, et il en existe une pléthore, doivent continuer le chemin qu'elles se sont tracé et espérer.

Les développements psychologiques d'adaptation des sujets résilients incluent tout à la fois l'humour, l'imagination, la créativité, l'investissement affectif, l'idéalisme, l'engagement, l'altruisme, l'éthique relationnelle, la spiritualité, etc. Par ces différents mécanismes psychiques, il est ainsi possible de s'échapper, de transcender ou de sublimer ses propres blessures. Toutefois, ces processus mentaux ne traitent pas en profondeur toutes les blessures existentielles et peuvent même engendrer d'autres types de souffrances, comme la marginalisation, l'isolement, le sentiment d'étrangeté, etc. La résilience fonctionne à certaines conditions – individuelles, familiales, environnementales. Il faut donc entrer dans le vif d'une blessure traumatique, la cicatriser par les mots et le sens pour lui échapper. Il faut encore se réconcilier avec l'humain et envisager l'autre – thérapeute, confident, partenaire, etc. – comme soutien privilégié, guide ou passeur.

Lorsqu'un sujet est blessé gravement par l'existence, il est donc contraint de tisser un processus psychique de résilience jusqu'à sa mort. Parce que le traumatisme est gravé dans la mémoire individuelle, l'oubli ne peut l'emporter sur la guérison.

---

[43] – Cyrulnik, 2003.

Enfouie dans les tréfonds de l'inconscient, maîtrisée, transformée ou sublimée, la blessure reste toujours vivace et ne guérit jamais. La résilience est cependant à l'œuvre dans la vie de tous les êtres humains, voire dans tout ce qui appartient au domaine du vivant.

Nous l'aurons compris, les lignes ci-dessus qui se sont construites grâce à la documentation souvent dithyrambiques sur la résilience[44] nous laissent croire que le miracle existe. Il est alors d'autant plus gênant de passer à la critique de ces éloges. N'est-il pas question, le plus souvent, d'enfants en danger ? On a la vague sensation de briser un arbre de Noël, la veille de la fête… ou d'être un mistigri pisse-froid.

Ancienneté de la résilience

C'est un concept largement connu depuis l'antiquité, notamment en médecine traditionnelle chinoise. Les Chinois connaissaient la capacité des systèmes vivants à se régénérer après une blessure grave. Nous dirions même qu'il s'agit d'un des postulats fondamentaux de cette médecine. Les circuits énergétiques se reconstituent très rapidement après une lésion afin de re-créer rapidement la charpente énergétique de l'entité humaine. Cependant, cette médecine nous apprend aussi que la reconstitution ne se fait pas sans dommage. Le vide béant créé par la blessure, appelle une énergie fournie par l'ensemble, celle-ci provient d'autres circuits. Cela crée un déséquilibre, une sorte de marque calleuse sur l'arbre de vie. Un vide se crée, le plein pourvoit au remplacement de l'énergie perdue, mais la réserve est la même dès la conception. Le concept d'entropie – la masse d'énergie disponible dans un système vivant est une dès l'origine – existe aussi au plan humain. Si les tenants de la résilience – qui s'appuient aussi sur un modèle issu de la physique des matériaux – allaient jusqu'au bout de leur modèle, physique

---

[44] – Je n'ai cité en référence que les articles les plus importants. Pour plus de détails, lire la présentation du concept faite sur ce site par Claudia Samson.

notamment, ils modéreraient leur enthousiasme. À moins de changer de système de représentation du monde ! Tout est possible. Nous aurions affaire alors à une sorte de mutation de l'espèce humaine. Pourquoi pas ?

La médecine traditionnelle chinoise ne raisonne pas en termes de pathologie mais de déséquilibre ou de rupture de synchronisation entre l'être humain et le milieu naturel, ce qui nous rapproche de ce que Jung dit de la Fonction transcendante.

Beaucoup de médecines dites ethniques évoquent également cette perte de communication ou d'alliance avec la Nature ou avec le « génie tutélaire de l'individu ». Ces rappels nous montrent combien l'être humain demeure soucieux de la qualité de cette alliance entre Nature – la nature en nous – et Conscience. Nous sommes bien loin de ce que la résilience décrit, elle qui se cantonne à une sorte de brillance extérieure et purement adaptative. La conscience collective confond volontiers la nature avec l'image qu'elle se forge de celle-ci, une sorte de jardin domestiqué.

Résilience et Inconscient

La résilience est, certes, un concept qui paraît dépasser les anciens clivages d'école. Comme beaucoup d'autres qui meublent la volonté des théoriciens de la psychologie de sortir des dogmes archaïques, il demeure dans une perspective descriptive – ce qui n'est pas si mal – sans rien dire du pourquoi ? On décrit les facteurs qui favorisent la résilience, on les a étudiés de l'extérieur mais on ne sait rien des composants intrinsèques qui la permettent. Si ceux qui s'en sortent le mieux sont ceux qui peuvent et savent s'inscrire dans un réseau affectif soutenant, pourquoi ceux qui demeurent introvertis seraient-ils exclus de la résilience ? Il s'agit bien de systèmes vivants, non ? Et la Nature ne se trompe pas !

La résilience décrit partiellement les effets de la Fonction transcendante, dont Jung[45] parle, chez les extravertis – plutôt ceux de type sensation. Ce qui revient à dire que la résilience concerne une partie – 25% à peu près – des personnes victimes de graves traumatismes.

Accordons néanmoins à Boris Cyrulnik et à ses maîtres qu'ils reconnaissent que les facteurs favorisant le processus résilient puissent être bloqués ou inhibés. Cette capacité est souvent enfouie, voire empêchée par l'état de stress post-traumatique, les divers symptômes associés et les réactions du corps social.

La résilience ne nous présente pas de véritable voie thérapeutique, elle ne suffit pas pour « guérir » – et, pour la circonstance, il faudrait redéfinir ce mot. À travers cette notion on comprend que l'on peut dépasser certains moments dramatiques de l'existence ou tout ce qui peut altérer gravement le cours normal de l'évolution d'un individu. On soupçonne, en élargissant la portée de ce concept, qu'il existe en l'être humain une formidable potentialité, non de guérison mais de retrouvailles avec les sources de la vie. Mais on ne connaît pas le prix à payer… Cyrulnik s'exprime comme un entraîneur sportif et il ignore les effets en profondeur d'un traumatisme. Comme un coach avant le match, il semble exhorter sa troupe… On verra après !

Jung nous mettait en garde, il y a bien longtemps, sur les effets d'un travail sur soi qui ne reposerait pas sur des bases solides. « Le développement de la personnalité qui sort de ses dispositions germinatives pour arriver à sa conscience totale est charisme en même temps que malédiction. La première conséquence en est la conscience d'un inévitable isolement de l'individu qui se sépare du troupeau indistinct et inconscient. C'est la solitude ; il n'est point pour cela de désignation plus consolante. Même l'adaptation la plus réussie n'en délivre pas, ni l'ajustement sans la moindre friction, au milieu, nulle famille, nulle société et nulle situation. Le développement de la personnalité est un bonheur tel qu'on ne peut le payer que très cher. »[46]

Certes, on peut acquérir la capacité de transcender les effets

---

[45] – Depuis 1916.
[46] – Jung, *L'âme et la vie*, Éd. Buchet Chastel, p. 403.

de blessures cuisantes et terribles mais la question reste posée de la complexité des réseaux réparateurs. En effet, il ne faut pas négliger les facteurs de contamination psychique : si l'effet d'un traumatisme puissant bloque l'écoulement de l'énergie psychique, la stase ainsi provoquée peut fort bien passer inaperçue mais cela ne l'empêche ni d'exister, ni d'agir en sourdine. Bien souvent, par un mécanisme bien connu de transmission psychique, il peut se faire qu'un membre du groupe, auquel appartient la personne « résiliente », « éponge » les effets de ce traumatisme. Et la famille est un groupe très restreint.

La résilience, telle qu'elle est conçue en psychologie par Cyrulnik, pose un problème d'éthique et une question : « qu'est-ce que la bonne santé psychique ? »

Je n'ai pas trouvé beaucoup de textes sur la résilience qui évoquent l'existence de l'Inconscient et bien moins encore l'existence possible d'une dynamique de communication entre l'Inconscient et le Conscient.

Une critique de la notion de résilience nous met, par ailleurs, en garde sur certains effets pervers.

« Il y a donc lieu de craindre que le discours optimiste sur la résilience et le succès qu'il rencontre dans les médias ne soient qu'un nouvel avatar de la tendance à justifier les parents, tendance universellement acquise sous leurs coups (cf. le syndrome de Stockholm). Une nouvelle manière, après bien d'autres, de dire, sans vérifier de près la rigueur du raisonnement : « Mais non ! Les gifles et les fessées, ce n'est pas si terrible ! La plupart des gens s'en sortent très bien ! D'ailleurs, la transmission intergénérationnelle, ça n'existe pas ; c'est un mythe ! Et puis, les épreuves de la vie, ça rend les gens plus forts ! » Écoutons. Cyrulnik : « Le traumatisé est biologiquement mieux préparé au stress comme un champion entraîné à répondre aux épreuves. »[47] « Le blessé a acquis désormais une manière de sentir le monde et d'y répondre. Meurtri lors de son enfance, il acquiert, comme un champion, un mode de réaction. ».[48]

---

[47] – *Un Merveilleux malheur*, p. 179.
[48] – *La résilience, une notion réconfortante*, pas de date d'édition, Olivier Maurel fait référence au titre suivant : *Un merveilleux malheur*, Odile Jacob, 1999. Sur le site

C'est pour cette raison que nous pouvons nous étonner de voir combien d'associations de défense des droits de l'enfant, entre autres, réservent une place royale à ce concept directement issu des milieux américains du management et appliqué à la psychologie. Cette cécité est étonnante.

Une dépendance pour une autre

Partant d'un constat fait sur certains individus particuliers, la résilience apparaît d'abord comme un état. L'analyse du milieu et de l'histoire des sujets spontanément « résilients » permet à Cyrulnik d'en déduire qu'il suffit de créer, en quelque sorte, ces conditions pour que l'effet du traumatisme s'estompe ou disparaisse chez les autres, en général. La généralisation est hâtive. Il ne s'agit que de comportementalisme.

Re-conditionné, l'individu peut fort bien déverrouiller son discours et aborder sa souffrance, mais ce sera sur du vide si l'énergie endiguée ne s'écoule toujours pas. Cela peut s'avérer « efficace » durant quelques années de vie mais l'individu se trouvera fatalement fragilisé et inquiété par la menace d'une rupture de cette dorure. Il sera à la merci de la moindre fracture dans sa vie : divorce, maladie, déménagement, licenciement, etc. Ce qui ne manquera pas de le placer dans une dépendance à l'égard de son thérapeute ou des circuits de soutien. On troque une dépendance funeste pour une autre bienveillante mais l'authenticité de l'être ne peut émerger. L'individu épuisera ses forces à colmater les moindres brèches, à moins qu'il ne délègue cette tâche à des proches qui, à leur tour dépendent de lui. Le cycle de la transmission réactionnelle au traumatisme peut ainsi se perpétuer durant deux ou trois générations. Ces faits ne sont pas rares en psychologie clinique. À travers les circuits d'aide, de conseil et de soutien, on crée ainsi des rites et des dogmes qui prennent un caractère mystique en protégeant les individus « résilients » des expériences intérieures qui pourraient être fatales.

<http://www.alicemiller.com>.

Il ne faut cependant pas oublier que les dogmes n'ont qu'un caractère provisoire et qu'ils sont faits pour être transgressés quand le moment est venu de changer pour des attitudes conscientes.

Ce que développent les défenseurs de la résilience ne peut être que provisoire, c'est un premier pas qui permet au Moi – de certains individus, rappelons le – de se consolider, de reprendre confiance. Mais, l'individu, plus tard, doit être averti des dangers qu'il court s'il ne décide pas, à un moment ou à un autre, quand les angoisses reviennent, d'amorcer un travail sur soi, en profondeur.

La question de la parole

Si le concept de résilience semble se démarquer nettement de la théorie psychanalytique, en ce qui concerne la parole, nous retombons dans un mythe caractéristique de celle-ci. Si la psychothérapie est un travail verbal qui essaie d'apprivoiser les émotions que le trauma soulève, elle ne l'est que pour certaines personnes et encore. Nous vivons dans un bain de paroles et d'images. Nos conceptions, issues du rationalisme scientifique, sont bien souvent d'une pauvreté puérile : « un problème ? une solution ! » Et nous ne comprenons pas pourquoi cela ne marche pas toujours. Que la parole circule afin de transformer le traumatisme en moteur de la vie psychique relève de l'utopie. Ce ne peut être qu'un vernis provisoire, dangereux de surcroît car il masque la gigantesque excavation créée par le trauma. Il est étrange que Cyrulnik qui, pourtant, évoque souvent la réconciliation du corps et de la psyché, tombe si facilement dans ce dogme de la psychanalyse, plutôt lacanienne.

Parler son trouble, dire ses souffrances ne devient libérateur que quand se produit un besoin intérieur de synchronisation entre le dedans – l'Inconscient – et le dehors – la Conscience. Cela, seuls les rêves et les images intérieures peuvent nous le dire.

« La bienveillance de l'écoute et l'empathie » ne suffisent pas, même si elles sont essentielles. Il faut dire, à la décharge des propagandistes de la résilience, qu'il est étrange d'avoir à rappeler ces conditions essentielles à l'accueil de toute personne : « bienveillance de l'écoute et empathie ». C'est un signe que la psychologie a perdu un élément essentiel à son exercice clinique. Carl Rogers est mort ! Là réside un réel problème qui dépasse le cadre de cet ouvrage !

La résilience soulève également le problème de l'adaptation à un monde abstrait qui écrase l'être et le dépouille de toute dignité.

« Il semble aujourd'hui politiquement correct d'évoquer le concept de résilience et d'abuser de cette terminologie à tout propos. En insistant sur le fait que tout être humain est capable de résilience et qu'il ne nécessite pas forcément de traitement spécifique, certains choix politiques ont tendance à banaliser la souffrance des victimes. D'autres, comme les entraîneurs sportifs ou les dirigeants d'entreprise, s'interrogent sur la dialectique de l'épreuve pour permettre à l'être humain de se surpasser et de rester performant. Une existence sans souffrance serait-elle aussi dénuée de sens ? Suivant l'angle d'interprétation métaphorique, la résilience s'interpose comme un nouveau signe de puissance dans un monde où les plus faibles sont exclus. Une fois niées, les souffrances des plus vulnérables ne préoccupent plus les décideurs qui intègrent de manière univoque la rentabilité et la performance des plus forts au service du grand capital. »[49]

Ces propos de Yves-Hiram Haesevœts sont intéressants car ils pointent précisément un problème auquel nos victimes sont souvent confrontées, celui d'une domination par la société en substitution à celle subie dans l'enfance. Et je trouve étrange que cette critique, qui tombe sous le sens, tant la résilience nous est présentée sous l'angle de la performance associée à l'hédonisme environnant, ait échappé aux associations de défense des victimes de pédocriminalité.

Le théorème de la résilience, tel qu'il est exposé par ses

---

[49] – « La résilience, un concept métaphorique et contemporain », Yves-Hiram Haesevœts, in site Internet de *Psychorelief*, publié avec l'autorisation de Kluwer éditeur.

défenseurs est incohérent, superficiel et surtout opportuniste. Il relève fort bien d'une théorie du management, sur le mode américain : performance, efficacité, positivation... Il ne peut en aucun cas restituer à l'être humain blessé cette mobilité de la curiosité qui le pousserait vers la vie en inventant chaque fois de nouvelles formes d'évolution. Il peut s'avérer opérationnel dans un contexte stable, dans une société sécurisée mais ce n'est pas un concept psychologique opérant pour des enfants qui vont connaître de multiples changements durant leur vie, des exilés, des rescapés de conflits militaires, pour des personnes qui devront, outre leur trauma, développer de gros efforts pour vivre dans un milieu qu'ils ne connaissent pas ou bien auquel ils ne peuvent s'abandonner en toute confiance.

L'imaginaire, les fantasmes d'inceste

La question est souvent posée concernant les fantasmes[50]. Il s'agit de savoir si ces derniers révèlent une tendance cachée ou non. Il y a de l'inquiétude dans ces questions car nous ne nous sommes pas débarrassés d'un vieux passé qui fait de toute production de l'imaginaire un objet suspect. De plus la psychanalyse a souvent assigné aux fantasmes un rôle d'expression d'un désir inavoué, caché ou bien honteux. Il est certain qu'un fantasme rend compte d'un contenu inconscient qui demande à être accueilli par la conscience. Mais le véritable problème réside bien plus dans l'interprétation ou au sens que nous donnons à ce fantasme. Bien souvent notre réflexe consiste à réduire chaque élément du contenu d'un fantasme à des objets de la réalité – contenu d'un film, d'une conversation, une rencontre inopinée, etc.

Hier, précisément, mes voisins ont été cambriolés, durant la journée. Or j'étais présent chez moi. Aujourd'hui, il me vient à la conscience une vague rêverie dans laquelle je me bats contre

---

[50] – Sous l'influence de la langue allemande on verra souvent le mot sous cette forme : phantasme.

de dangereux voyous. Tel peut apparaître un fantasme sous la forme la plus classique que Bachelard a souvent évoquée.

Les interprétations peuvent être multiples et elles vont varier selon l'école à laquelle nous appartenons. Interprétation à résonance sexuelle ou bien tentative de la conscience de régler des conflits par la force, etc. Il y a un premier inconvénient à réduire ainsi un contenu psychique intriguant à une dimension unique. Passons là-dessus car ce n'est pas le plus important pour notre propos. De telles interprétations ont, au moins, le mérite de renvoyer les contenus du fantasme à d'autres éléments de la psyché qui ne nous paraissaient pas forcément liés entre eux. On crée, en quelque sorte, une activation psychique. Les contenus du fantasme nous servent à réveiller d'autres contenus endormis.

Par contre, si nous nous laissons emporter par cette fougue qui tend à rabattre les contenus inconscients – par fantasme ou rêves interposés – à des éléments de la vie de veille, là réside un problème. Si l'inconscient nous parle, il le fait grâce à des éléments qui nous sont familiers. Nous ne sommes pas assez vigilants pour comprendre autrement les choses de l'Inconscient ! Justement le cambriolage a éveillé chez moi une vieille crainte que je croyais assoupie. D'ailleurs, j'ai été étonné quand un interlocuteur m'a dit : « On n'est plus en sécurité, même dans la journée… » Je l'ai regardé, comprenant ce qu'il me disait mais mon esprit était ailleurs…

Je sais, intuitivement, que ce fantasme n'a rien à voir avec le cambriolage et ses conséquences pour le voisinage. Mais, afin d'éviter de creuser du côté de cette vieille crainte, je peux fort bien, soudain mis en garde, décider de créer, avec d'autres, un comité de vigilance. Et nous irons croquer du voyou…

Ce faisant, j'aurais réduit à la réalité physique un contenu qui demandait sûrement à demeurer dans une réalité psychique. Ma conscience, emportée par l'émotion qui réside derrière ce monde que je n'ai pas voulu explorer se sert de cette énergie pour créer une diversion, qui marchera un temps.

Plus fort, cette émotion, vaguement perçue, mais que j'ai détournée de son but premier par ma volonté forcenée de jouer au justicier, peut être si puissante qu'elle parviendra à

« contaminer » d'autres de mes semblables, les persuadant de me suivre dans mon entreprise.

Que s'est-il passé ?

Un contenu inconscient inconnu a pris une forme familière pour se frayer un passage à ma conscience. Sans me soucier de ce que cela pouvait vouloir dire dans ma vie présente, j'ai immédiatement rabattu, détourné, perverti l'énergie qui se trouvait derrière ce contenu pour le mettre au service d'une volonté de réduire, de force, des éléments gênants de ma vie domestique. J'ai fait coller la réalité psychique à la réalité physique. Ce faisant, me croyant juste, je suis en pleine illusion. Je crois pouvoir contrôler la situation en me donnant de maigres éléments de pouvoir mais, au-dedans de moi, cette vérité qui se trouvait derrière le fantasme demeure ignorée. Et elle cherchera à se présenter, à nouveau, à ma conscience. Si je persiste dans mon aveuglement conscient, j'irai, à nouveau, à la chasse au voyou car je ne peux comprendre que cette crainte – celle qui était à l'origine de mon premier fantasme – existe dans Mon Monde !

Dans cette parabole, qu'est-ce qui pose plus problème, mon fantasme ou la manière directe dont j'en ai réduit le contenu à un aspect particulier de ma vie ?

C'est bien mon attitude qui est en question ! Mais cela aurait-il été possible dans d'autres contextes socioculturels ? Rien n'est moins sûr. Nos types de cultures facilitent ce genre d'amalgame entre les contenus mystérieux de l'Inconscient et la réalité physique objective. Nous privilégions les aspects matériels, concrets de la vie. Nous demandons des explications pour tout ce qui présente un côté mystérieux, non domestiqué, incontrôlable. Or cette tendance existe déjà chez l'individu : réduire toute forme d'événement incontrôlé à une dimension qui nous soit familière. Telle est l'inclination première du Conscient : croître en dominant les flots issus de l'Inconscient. Si le contexte ne permet pas de découvrir d'autre voie – ce qui est le cas de nos cultures à tendance dominatrice, ethnocentrique et colonisatrice – il renforce cette dialectique en la figeant. Cautionnant du même coup ces manières de déplacer ou de pervertir – le mot est juste – les énergies de l'Inconscient.

Cependant, le fantasme, à l'origine, n'est ni suspect ni positif, ni dangereux ni bienfaisant. Il est !

Il y a deux catégories de fantasmes. Dans la première on range les fantaisies récurrentes et obsédantes qui meublent l'enfance et dont on parle souvent durant l'adolescence alors que l'adulte tend à les négliger car il les considère plutôt gênantes.

Ces fantasmes ne sont pas tant dénués d'intérêt qu'on le dit. En effet, ils traduisent la présence d'une information qui cherche à passer de l'inconscient vers la conscience. D'où l'attention que l'on accorde habituellement aux fantasmes d'ordre sexuel et dont la portée n'est pas toujours « génitale ». Leur intérêt ne réside pas toujours dans le contenu mais dans l'émotion qui les accompagne, colère, nostalgie, tristesse, etc.

Ces éléments ont besoin de devenir conscients et il vaut mieux éviter de les négliger.

Si on décide de leur accorder un quelconque intérêt on peut se livrer à un exercice simple : en même temps que ces fantasmes défilent, les écrire ou bien les dessiner sans chercher à analyser ni à interpréter. Certains danseurs s'en servent pour créer de nouveaux enchaînements. En parler permet aussi d'acquérir une distance suffisante pour commencer à prendre conscience de ce qui est derrière le voile. Très souvent, il s'agit de contenus très volatiles que notre fantaisie consciente réduit en bâtissant des historiettes. Ce sont ces historiettes que nous avons tendance à mésestimer, à juste titre. Le message est derrière.

D'autres fantasmes appartiennent à la catégorie des messages qui nous viennent à l'état brut de l'inconscient. Ils peuvent être induits par nos perceptions ou par l'intuition ou bien naissent-ils sans relation causale avec des événements extérieurs. Ils semblent n'avoir aucun sens. Eux aussi méritent d'être éclairés par la conscience et mémorisés. Et pour y travailler il vaut mieux les traiter comme des rêves.

Enfin, savoir que nous avons l'habitude de n'accorder d'importance qu'aux messages d'ordre visuel, mais nos cinq sens peuvent être concernés : une mélodie qui trotte dans la tête, des dessins que l'on fait quand on patiente au téléphone ou que l'on s'ennuie, les fameuses envies des femmes enceintes, etc., autant de moyens pour les images intérieures de se frayer une voie vers l'extérieur.

Les fantasmes montrent une baisse du niveau de conscience et quand ils sont obsédants ils peuvent submerger la conscience et inhiber notre relation au réel en nous plongeant dans une rêverie stérile.

Enfin, on ne peut pas traiter les fantasmes de la même manière pour un homme et pour une femme.

Voilà pour situer un premier cadre, général, à propos des fantasmes.

Une autre question est posée de savoir si les fantasmes pourraient être inducteurs de passage à l'acte. Dans le cas des prédateurs, il doit en effet s'agir de cela. On trouve sur Internet, sur certains sites, des fantasmes qui s'expriment crûment. La pédocriminalité en résulte, l'inceste en fait partie, il y en bien d'autres… Le mécanisme qui fait qu'un jour un individu franchit le pas est complexe et il résulte d'une interaction entre des paramètres personnels et culturels. Le fantasme correspond à une réalité psychique qui cherche à se frayer une voie à travers les barrages de la conscience. Cette finalité est d'autant plus puissante que le barrage lui-même est imposant. Il s'impose alors à l'individu de prendre en compte cette réalité intérieure, faisant en sorte de distinguer le sujet – la personne qui supporte les imagos – et les contenus personnels. Le passage à l'acte indique que la conscience ne veut rien céder. Elle refuse d'évoluer par des changements d'attitude qui résulteraient d'un lâcher-prise, si bien que ce sont des moyens illicites qui seront choisis. Derrière cette question du passage à l'acte se pose une question fondamentale : celle de l'éthique.

Volonté de contrôle et domination de la conscience

Passer à l'acte est une transgression violente, un crime, qui révèle chez ces personnes un grave problème de limite et, surtout, une confusion entre la réalité psychique et la réalité physique. Ces personnes cherchent à mettre en œuvre dans la réalité quelque chose qui, j'ai essayé de le signifier plus haut, relève du psychique pur et doit s'intégrer à la réalité physique sous forme de nouvelles valeurs ou attitudes. Cette transgression repose sur la convergence de facteurs personnels et collectifs. Si la société globale ferme les yeux sur ces crimes, voire s'en rend plus ou moins directement complice, il devient plus facile pour le prédateur d'exercer son pouvoir.

Et il est bien question d'exercer un pouvoir ! D'une manière générale, chaque fois que nous tentons de mettre en œuvre dans la réalité un contenu psychique à l'état brut, cela traduit chez nous une volonté de pouvoir et de contrôle. En bref, nous voulons dominer ce contenu inconscient qui cherche, en fait, à posséder notre conscience en la poussant à réaliser de nouvelles formes de vie et d'adaptation. Nous exprimons ainsi une volonté de ne pas bouger ! Établir une confusion entre la réalité physique et la réalité psychique c'est donc s'opposer à l'irruption de facteurs de changement. C'est aussi chercher à contrôler le réel afin que rien n'y fasse irruption qui dérange l'ordre ainsi construit.

La volonté de contrôle et de domination de ce qui dérange est un des grands marqueurs distinctifs de nos sociétés. C'est bien à cet endroit que la personnalité du prédateur et les valeurs dominantes se rejoignent.

Si nos grands slogans prônent la sécurité et la stabilité, sous le manteau, la peur domine. Et cette peur pointe précisément tout ce qui pourrait surgir qui nuise à l'ordre et à la pérennité. Or, l'enfant est naturellement porteur de changement. Dans la mesure où il représente les forces vives en mouvement, dominer ces forces, c'est stopper toute velléité de re-création et de renouvellement des valeurs psychiques.

Dans le conte *Peau d'âne*[51], C. Perrault nous laisse pressentir comment cette volonté de contrôle s'exerce, en relation avec un besoin intérieur de pérenniser un bonheur créé de toute pièce

---

[51] – Sur Internet on pourra trouver d'excellentes versions du texte complet.

par la main de l'Homme. Le royaume, au début du conte, apparaît plein de joies et de richesses. Tout est bien en ordre, l'image donnée est bien celle d'un bonheur béat autant que total. Or, cet état figé, inhumain presque, provient d'une source surprenante, un âne producteur d'or. Aux sources de cet ordre immense, un instinct – représenté par l'âne – qui surprend et menace.

La mort de la reine survient et déclenche une cascade de déséquilibres et le désarroi. Cela aboutit à la volonté du Roi d'épouser sa fille car il est incapable de réaliser le vœu de son épouse décédée autrement. Retrouver l'ordre ancien, lutter contre le mouvement de la vie, voilà le dessein du roi qui pourrait représenter les valeurs du conscient collectif d'une époque donnée. La mort de la reine représentant la disparition du principe féminin pourvoyeur de sentiment et de générosité. Sans lui l'ego se fige dans une attitude rigide.

Charles Perrault nous donne lui-même une première indication de la situation :
« Il est des gens de qui l'esprit guindé,
Sous un front jamais déridé,
Ne souffre, n'approuve et n'estime
Que le pompeux et le sublime. »

Les valeurs collectives auxquelles renvoie le conte sont figées. La conscience collective n'évolue plus, noyée dans une abondance due à un âne magique. Dans ce contexte « guindé », les valeurs portées par le sentiment meurent mais cherchent tout de même à se prolonger. La condition de la reine mère impose au roi de valoriser un sentiment au moins aussi puissant qu'avant. Le roi, dans sa vanité ne trouve rien de mieux que de jeter son dévolu sur sa fille pour obéir au serment fait à son épouse mourante. Les valeurs collectives stériles cherchent à se prolonger par le simple exercice du pouvoir et du contrôle sur toutes choses. Tout au long de la mise à l'épreuve, le roi, devenu prince dès lors – ce qui n'est plus la même chose – sait user de son pouvoir et des infinies richesses de son royaume. La conscience, puissante et subtile vient à bout de ses épreuves par le seul artifice de son pouvoir. Mais l'instrument de sa richesse, l'âne, ne traversera pas l'épreuve. Le voilà lui-même immolé sur l'autel d'un désir irrépressible de contrôle.

Par un curieux artifice, dont seuls les contes et les rêves sont porteurs, voilà la peau de cet âne transformé en instrument de dissimulation pour notre princesse qui fuit l'horreur d'un inceste consommé…

Dans cette première partie,[52] il nous importe surtout de signaler que les valeurs du sentiment, représentées par la reine et sa fille, sur laquelle le roi a fixé son choix, sont perdues. Seule demeure une volonté féroce de soumettre le temps, la lune et le soleil au contrôle de cette puissance arrogante. Cependant, tant que le sentiment – princesse – reste présent à la cour, il persiste encore dans cette culture – royaume – une grande capacité d'invention représentée par ses artisans ingénieux qui fabriquent des objets extraordinaires. Mais ces capacités d'invention ne servent que la puissante volonté régressive du roi. Si bien qu'il arrive un seuil à partir duquel, au lieu d'une union monstrueuse, c'est une rupture qui survient. Le sentiment – princesse – s'exile, emportant avec lui les seuls biens que la Conscience collective a bien voulu lui donner. Et le royaume sombre dans l'affliction et la pauvreté.

Les valeurs compensatrices de la conscience, faute de se voir prises en compte, s'exilent, passent à l'inconscient, asséchant un peu plus la conscience, la privant de toute capacité à changer d'attitude.

À tout vouloir contrôler sans se laisser inspirer par les éléments du sentiment, une culture se propulse dans une sorte de frénésie créatrice qui la conduit à une plus grande stérilité et à l'engloutissement par les flots noirs de la mélancolie. Une culture semble mue par un dessein de mutation et de transformation, si cet horizon est délaissé, la culture s'effondre. Dans le conte, les valeurs créatrices – les cadeaux extraordinaires et l'âne lui-même, l'ensemble conduit par le féminin – se sont déplacées vers un autre royaume. Au lieu de changer d'attitude, de

---

[52] – Dans le second volume, nous explorerons plus complètement ces aspects de la psyché collective.

transformer les systèmes de valeur, cette culture arrogante se saborde et meurt.

Y a-t-il une leçon à tirer ? Très probable !

« C'est ainsi que je suis née. Triste », nous dit Yaesh... Le royaume s'afflige de la disparition de ses richesses et de la princesse. La princesse est triste de son exil. Mais elle seule a su conserver les derniers lambeaux de l'antique royaume. Ils trouveront preneur ailleurs. Là où une nouvelle régulation entre conscience artisane et inconscient créateur pourront à nouveau vivre en synergie dans un projet que seuls les Hommes pourront construire.

Dans les cas de pédocriminalité et d'inceste en particulier, le prédateur cherche à bloquer toute forme de vie. Il est agent d'une tendance qui est pire que la mort, producteur de néant ! Il enrobe sa victime dans ce néant. Qui plus est, il la tient en esclavage. Tout cela aura des conséquences très graves sur la capacité de la victime d'y voir clair ensuite, de distinguer ce qui est réel de ce qui ne l'est pas. Très souvent, on compare, à tort, ces personnes à des personnalités paranoïdes. La personnalité paranoïde vit dans un univers de constante projection et dépend donc des objets extérieurs. La victime d'inceste baigne dans un climat de crainte et d'appréhension qui est antérieur à toute forme de contact avec l'extérieur. Elle a l'impression que cela va la surprendre à tout moment. C'est la représentation du monde qui est altérée. La psyché est marquée d'une manière puissante et réellement douloureuse !

Toujours à propos de fantasmes, on pose souvent des questions qui tournent autour de ces préoccupations :

« La petite fille ressent très naturellement une certaine attirance pour son papa, mais aussi pour sa maman (Si j'ai bien compris le complexe d'Œdipe ?).[53] Sa maman lui a bien (bien ??) fait comprendre : " Touche pas à cet homme-là, c'est le mien ! "

Cette petite fille est devenue adulte, son père meurt. Elle peut alors avouer quelque chose : elle a toujours CRU que son père et

---

[53] – Le message de Dolto est bien passé, près de 40 ans après, nous y sommes encore. Cf. Note de bas de page, p. 94. Ainsi naissent les mythes !

elle avaient eu une relation incestueuse, et pourtant, elle a aussi TOUJOURS SU que ça n'était pas le cas. Mais il lui a fallu le DIRE pour s'en convaincre !

Qu'est-ce que c'est que ce genre de fantasme ? De croire quelque chose, de savoir le contraire, d'être forcée de le dire pour " s'exorciser " ? »[54]

Il s'agit là probablement de la percée d'une scène intérieure qui doit être entendue comme un rêve. Nous sommes dans un drame triangulaire qui raconte une très longue histoire pour cette personne. Et cela n'a rien à voir avec l'inceste ni un risque latent de passage à l'acte...

Cependant cette préoccupation évoque l'attirance de la petite fille pour son papa... S'agit-il d'un élan sexué ?

À l'âge où cela peut se produire, la sexualité génitale n'existe pas chez l'enfant. La qualité de la libido, à ce moment, ne peut pas être entendue à l'image de ce que l'adulte y met lui-même. C'est une forme de « parentocentrisme » que les psychologues de l'ère Dolto ont soigneusement propagé. Si nous voulons comprendre quelque chose d'humain, il nous faut faire l'effort de l'accomplir du dedans de l'autre en tentant de l'appréhender avec les valeurs de l'autre, pas les nôtres. L'ethnologue l'a plus vite compris que le psychologue.

Une autre question posée par la même personne fait suite à la « fantaisie » précédente : « Peut-on imaginer que le papa ait éprouvé des sentiments très ambigus a l'égard de cette petite fille, pour qu'elle ait gardé si longtemps cette croyance si forte ? »

Dans ce cas, en effet, la petite fille peut fort bien avoir gardé la trace confuse des sentiments du papa, par contamination psychique. Cela veut aussi dire que ces sentiments suspects on persisté dans le temps... La petite fille peut aussi avoir été contaminée par le débat intérieur du papa. Oui, cela peut laisser des traces.

---

[54] – Forum Psycho-Ressources, déjà cité.

Si tel était le cas, on pourrait en effet penser que l'on approche d'un sentiment suspect qui pourrait évoluer vers un passage à l'acte. Principe de précaution très en vogue, je conseillerai à un papa qui aurait ce genre de sentiment suspect d'aller faire un petit tour chez un psychologue. Juste le temps qu'il comprenne que sa petite fille n'est pas un objet sur lequel il peut s'autoriser à projeter l'image de sa petite anima sans se poser la question du sens de cela. Nous ne sommes plus au temps des Romains !

La projection que le papa fait sur sa petite fille d'une figure d'anima tournée vers la vie est chose fréquente. Dans la triangulation Père-Mère-Enfant, tous les cas de figures de projection sont possibles, mais le tabou de l'inceste est si bien ancré dans la civilisation que cela n'aboutit à une transgression que dans des circonstances et avec des personnes particulières. La plupart du temps, la relation privilégiée père-fille se transforme en jeu de tendresse, de préférences, de privilèges donnés à cette fille – dont la mère peut fort bien être jalouse. Paradoxalement, cela peut s'avérer fort bénéfique pour la petite fille qui, devenue grande, se sera créé une forte personnalité grâce à ce contact positif avec son père. Pourquoi ? Parce que ce dernier lui aura aussi légué une représentation masculine forte et, incidemment, les fruits du respect d'un tabou fondateur. Rien de tout cela ne sera passé par les mots. Seuls les sentiments, les émotions, des jeux de séduction fort subtils auront joué un rôle.

Une justification par les mythes

D'aucuns se serviraient des mythes anciens ou d'antiques légendes locales pour « expliquer », voire justifier la transgression du tabou de l'inceste. Le mythe rapporte toutes formes de violences et il est tentant d'en réduire le contenu, de manière anthropomorphique, sans voir que nous avons affaire à des représentations. Et celles-ci peuvent se transformer en icône mais la culture qui produit un mythe ne s'y trompe pas. Il y a les humains, il y a les dieux. Or, c'est dans l'intégration de cette frontière entre dieux et humains que naît la civilisation. Ce qui est permis aux dieux ne l'est pas forcément aux humains.

Le tabou de l'inceste est le seul qui soit universel. La grande foule des anthropologues s'accorde à le dire. De plus, nous n'avons pas pu nous défaire de ce classicisme désuet, issu, probablement du siècle des Lumières qui nous pousse à faire preuve d'érudition en allant chercher dans l'Antiquité Grecque les fondements de ce que nous vivons. S'il ne s'agit que de faire preuve d'érudition c'est une habitude sans grand danger. S'agissant d'expliquer des comportements contemporains, la conséquence peut être moins banale. Si les mythes rapportent des représentations du temps et du lieu où ils se sont créés puis fixés, nous comprenons mal comment ces mêmes mythes pourraient nous apporter quelques éclaircissements sur ce que nous vivons et pourquoi nous le vivons de telle ou telle manière. Il serait bien plus intéressant alors de chercher à discerner quels sont les mythes de notre temps et quelles sont les formes de représentations qui guident ou encadrent les comportements sociaux contemporains. Or, il est extrêmement difficile de parvenir à une telle clairvoyance car les figures qui sont mises en jeu dans les mythes touchent nos propres points aveugles, ces endroits où les prétentions d'une morale ou d'une culture se trouvent prises en défaut. Les chercheurs qui se livreraient à de tels décryptages rencontreraient beaucoup de difficultés dans la reconnaissance de leurs travaux car ils mettraient à la disposition de nos consciences les points que nous aurions préférés ne pas devoir assumer.

Par contre, de manière tout à fait souple et ludique, les artistes sont capables de mettre en œuvre et de représenter nos mythes modernes. Cela ne veut pas dire qu'ils soient entendus ou pris pour des visionnaires, mais ils sont capables de laisser parler en eux ce flot d'images qu'ailleurs on ignore.

L'artiste et l'enfant se rejoignent à ce point où le mouvement de la vie – appelons aussi cela : la volonté de l'Inconscient – cherche à créer de nouvelles valeurs et de nouvelles attitudes

Première partie – Quatrième réponse et une alternative

conscientes.

Malgré la difficulté, grâce à la permanence de certaines images que nos sociétés véhiculent depuis des siècles, il est possible d'approcher quelques images mythiques contemporaines. J'y reviendrai plus loin à partir de l'image du robot.

Le tabou de l'inceste qui découle d'une règle consciente semble paradoxalement découler d'un instinct fondamental qui chercherait à sauvegarder la vivacité de la nature. Cette alliance est paradoxale car, habituellement, l'Homme cherche à s'extraire de l'état de Nature pour accéder à un monde qu'il maîtrise. Le tabou de l'inceste semble exister aussi chez certains animaux[55], devoir en rappeler la nécessité par des règles et des rites semblerait dire que, chez l'Homme, l'instinct du tabou perdrait de sa force...

Sans avoir à rechercher bien loin dans l'Antiquité les moyens de comprendre les mécanismes psychiques, individuels et collectifs, nous pouvons tenter de découvrir comment d'autres sociétés, d'autres groupes ethniques abordent et orchestrent les règles qui régissent ce tabou et sa transgression. L'ethnologie et l'anthropologie nous donnent des réponses parfois très intéressantes. La violence des sanctions imposées nous laisse penser combien ce tabou est fondamental.

Un exemple de prohibition d'inceste et les sanctions qui accompagnent sa transgression

« En cogérant l'éducation des enfants, l'autorité, les Na ont exclu la relation père/fils ou père/fille, laquelle est assurée par leur oncle maternel. Mais la société a institué un système de règles rigoureuses et strictes, voire très sévères concernant l'inceste. Le rapport sexuel est banni, honni même entre frère et sœur. Il n'est admis et libre qu'entre celle-ci et ses différents partenaires étrangers au groupe familial. Car tous les individus issus d'un même ancêtre féminin se reconnaissent comme

---

[55] – Nous devons à Cyrulnik de nous l'avoir rappelé...

consanguins. En ce sens, quel que soit le lieu où ils pourraient habiter dans l'espace, la relation sexuelle est absolument interdite entre eux. Pour montrer à quel point ce genre de relation est dangereux pour les particuliers et le groupe lui-même, ils se fondent sur des conceptions qui sont en partie justes. En effet, ils " estiment que les enfants nés de l'inceste seront anormaux. Ils ne pourront pas grandir et vont mourir très jeunes. L'inceste peut aussi susciter la mort des animaux domestiques de la lignée des incestueux ".[56]

Pour éviter toute relation sexuelle incestueuse, les rapports d'évitement sont de rigueur : en présence des consanguins des deux sexes, il est interdit d'avoir des relations sexuelles et de faire allusion à toute vie affective et sentimentale. En dehors de la maisonnée, les consanguins des deux sexes ne peuvent se baigner en même temps, ni danser à proximité. Pour s'éviter, ils recherchent la compagnie de groupes différents. Comme les mots obscènes et grossiers ont finalement une connotation sexuelle, on les interdit dans les conversations de la vie quotidienne en famille. Toutefois, quand malgré ces précautions, les règles de la prohibition de l'inceste sont enfreintes, les sanctions sont terribles pour les auteurs. Elles sont de trois sortes, selon Cai Hua[57] : d'abord on leur donne un panier plein d'herbes et une corde à manger ; ensuite, on les attache ensemble avec des cordes faites à partir d'une peau de bœuf, avant de les déposer dans une fosse creusée à cet effet, l'homme au-dessus de la femme. On commande alors à chaque famille d'apporter une hotte de bois pour les brûler publiquement. Enfin, on peut les enfermer dans une grotte où on les laisse mourir de faim et de soif. Hormis ces cas de figure, l'activité sexuelle est absolument libre. »[58]

L'anthropologue Pierre Bamony qui a étudié différentes

---

[56] – Hua Cai (2000), *Une société sans père ni mari – Les Na de Chine*, PUF, Coll. « Ethnologies », Paris, p. 101.
[57] – Voir note précédente.
[58] – Pierre Bamony, « L'hédonisme au féminin » in *Hommes et faits*, <http://www.hommes-et-faits.com/ anthropsy/ PB_Hedonismme_Res.htm>

formes de polyandrie, évoque ici les mœurs poly-androgyniques de la société Na en Chine. Nous ne sommes pas dans le contexte rigide d'une société bloquée mais, bien au contraire, il est de bon ton pour la femme d'avoir plusieurs partenaires. Ceci pour marquer que le tabou de l'inceste n'est pas associé à d'autres ni à une morale puritaine, ce qui traduirait l'empreinte rigide d'une société. Relevons cependant l'extrême sévérité de la punition infligée à ceux qui transgressent ce tabou. Signe qu'il s'agit d'une valeur fondatrice de cette société, un dogme inscrit dans sa cosmogonie. Sa transgression menace donc la société entière.

Dans les mythes, on évoquera le mariage du Pharaon ou celui de l'Inca, mariés chacun à leur « sœur ». Là aussi les anthropologues s'accordent pour dire qu'il ne s'agissait nullement de leur sœur biologique mais d'une femme préalablement choisie qui devenait « la sœur spirituelle » du dieu vivant, par son mariage. Dans le tantrisme on trouvera un clivage identique car la *tantrika* est, soit considérée comme la sœur spirituelle de l'adepte, soit comme son épouse mystique. Voilà pour quelques apparentes exceptions que l'on rencontre dans les mythes ou dans l'histoire.

Que disent les mythes ? On y trouve toutes les sauvageries, toutes les déviances, toutes les monstruosités et les ruses. Cela indique-t-il pour autant quelque chose de la réalité des sociétés qui se trouvait dans l'orbe de ces mythes ?

Les mythes ne sont pas des documents historiques, ils laissent voir la représentation du monde d'un peuple et sa genèse – sa cosmogonie. Dans les mythes, l'Imaginaire d'une ethnie se débride car il rapporte d'abord le jeu des grandes forces de la Nature et de la Vie : tempêtes, cycles des saisons, cycles des migrations, etc. Marie Louise Von Franz, dans son gigantesque travail de recherche sur les mythes et les contes, nous indique bien que les mythes traduisent un état de la psyché collective du moment. Le mythe est fait d'un tel nombre de matériaux qui l'enrichissent par strates successives au cours de l'Histoire qu'il est impossible d'en tirer parti au plan de la psychologie de l'individu. Les anthropologues ont montré que, loin d'être universels, les mythes se rapportent à un contexte local nettement circonscrit à un lieu, un groupe ethnique, etc. Ils rapportent les éléments d'une culture à un moment donné de l'histoire de l'ethnie concernée. Qu'il s'y trouve des figures universelles ne fait pas de doute mais on ne peut prendre une partie pour justifier une hypothétique globalisation. C'est ce que fit Freud avec le fameux complexe d'Œdipe, donné comme archétype d'un pseudo inceste, en s'en tenant à une partie infime du mythe et oubliant ce qui était avant et après la partie consacrée à la consommation de l'inceste par le fils. Ce qu'aucun linguiste ne pourrait se permettre actuellement sans être la risée de ses collègues. En fait, Œdipe fut conduit par son destin vers l'accomplissement d'un acte dont il se repentit plus tard. Cela, le dogme freudien n'en dit mot.

En supposant que les personnages des mythes auraient à voir avec les humains, nous commettons une forme d'anthropocentrisme qui n'est pas de bon aloi. L'univers des mythes nous plonge dans la démesure des grandes forces de la Nature ! Et s'il y est question de la relation de ces forces avec les humains, il s'agira de héros, eux-mêmes frappés de démesure, tant dans les sentiments que dans les caractéristiques physiques. D'après les historiens et les anthropologues, il apparaît que peu de héros mythiques correspondent à des personnages historiques. Il peut s'agir de groupes humains, de peuplades singulières, parfois, tout de même, d'un personnage singulier. C'est le cas semble-t-il pour certains personnages bibliques. (Découvertes archéologiques et historiques récentes)

Enfin, pour expliquer/justifier l'inceste, il est parfois fait référence aux civilisations de la Déesse mère, au culte rendu à la Nature et à la Terre, cultes souvent orgiaques, parfois cruels. Nous avons tous vu ces figurines parfois abstraites représentant une femme aux courbes exagérées… Ces déesses sont rarement représentées accompagnées ; parfois un personnage masculin est figuré à leur côté, souvent bien plus petit. Les anthropologues ne savent pas de quel personnage il s'agit ! Nous n'avons pas d'explication valable à leur propos. Cependant, on sait que dans les sociétés en question, l'interdit de l'inceste existait déjà.

Là où les spécialistes demeurent prudents, nous devrions

attendre avant de conclure de manière hâtive. Ainsi toute interprétation ou autre détournement de ce modeste apport des anthropologues et des historiens des religions ne serait que pure spéculation, fantasme susceptible d'alimenter des rumeurs et autres croyances !

Parlant des mythes, nous pourrions également évoquer les contes de fées. Ces récits sont plus facilement transposables à la psychologie individuelle car ils contiennent une charge émotive qui les rapproche de l'humain. Les mythes sont des univers beaucoup trop froids et stylisés.

On pourra se reporter aux excellents travaux de Marie Louise Von Franz concernant l'interprétation psychologique des contes de fées. À ma connaissance, il n'existe pas de conte qui rapporte des faits d'inceste et qui tisse sa signification autour de cette transgression.

On pourra cependant évoquer à nouveau le célèbre récit de Charles Perrault : *Peau d'âne*. Dans ce conte, Le Roi, devenu veuf veut épouser sa fille qui, pour éviter cette abomination et gagner du temps, le soumet à différentes épreuves dont la dernière se retourne partiellement contre elle car elle doit s'exiler revêtue d'une peau d'âne et devenir une souillon en attendant qu'un Prince vienne la délivrer de ce fardeau...

Tout au plus trouve-t-on des mythes de création qui évoquent l'inceste. Or les mythes renseignent surtout sur les valeurs locales d'une société à un moment donné. De même, les contes de fées nous rapportent-ils la dynamique des grands enjeux des cultures locales. D'où l'intérêt que l'anthropologue – au contraire du linguiste qui cherche plutôt l'origine, le point zéro d'un conte – doit porter aux différentes versions d'un mythe, d'une légende ou d'un conte, car chacune raconte le moment donné d'une ethnie.

Les mythes modernes

Dans toutes les sociétés, les représentations communes et stables se constellent en des mythes. Ces derniers révèlent, plus qu'ils ne donnent à l'entendement, les vérités du moment. Leur contenu, donné d'emblée, crée une réalité incontournable, qui s'érige en dogme. Que ces mythes soient difficiles à repérer ne fait aucun doute car il s'agit tout simplement de productions qui figurent la manière dont cette société gère et fait évoluer ses propres valeurs. Par conséquent, il est aussi difficile pour une société de reconnaître ses propres mythes que pour un individu d'analyser ses propres rêves. Il est pourtant un mythe qui nous intéresse ici, celui de la Science victorieuse de l'obscurantisme et de l'Imaginaire, Imaginaire vu comme pourvoyeur du désordre.

La Science encadre encore tous les mythes de nos cultures ! Mais sommes-nous certains que la Science offre des représentations du monde qui soient génératrices de symboles porteurs ?

La Science et le Mythe

Entre la science et le mythe, il y a toujours eu des malentendus. Comme chemin du clair savoir, la science tend à ignorer ce qui est mythique – muet. Or, les recherches archéologiques et historiques ont souvent donné consistance, au moins partiellement, à ce que rapportent mythes et légendes. Dès lors la science peut coloniser le mythe, lui faisant subir les triturations expérimentales qui lui semblent opportunes. Le mythe ne serait, de ce point de vue, que libération partielle de ce que l'Imaginaire aurait perçu. Il suffirait donc de filtrer les contenus mythiques de leur contamination imaginaire pour en extraire une vérité.

Il n'est évidemment pas question que le mythe, comme modèle d'expression de l'imaginaire, devienne autonome, qu'il prétende avoir une vie propre. Il est encore plus aberrant d'affirmer que le mythe pourrait représenter le mouvement d'une culture à travers l'Histoire et en différents territoires...

Les thèses contemporaines qui critiquent les productions de l'imaginaire, dont le mythe, sont parfaitement présentées par Henri Atlan dans son essai épistémologique : *Intercritique de la*

Science et du Mythe.[59] Atlan dénonce fort à propos les différentes impostures qui auraient la prétention de se présenter comme des recours modernes. Son repérage des différents courants de pensée est précis, exhaustif – autant que la chose soit possible actuellement – et sa démonstration fait preuve d'une netteté rare pour une œuvre d'épistémologie. En outre, le prestige de l'auteur apporte un surcroît de sagesse à un travail très vaste. Pourtant, si l'auteur intègre parfaitement le discours psychanalytique freudien, il se livre à une critique fort habile des thèses jungiennes et des travaux des continuateurs de Jung, notamment ceux de Pierre Solié. C'est, semble-t-il, le meilleur ouvrage de critique de l'œuvre de Jung qui ait été écrit jusque-là et qui apporte au freudisme une caution scientifique que nous avions cru perdue. La thèse d'Henri Atlan est claire, quoique séduisante et partielle malgré les garanties du contraire. Intercritique de la Science et du Mythe ? Il eût mieux valu annoncer qu'il s'agissait du fondement du Mythe selon l'auteur, ou le recours suprême de la Science pour vaincre l'obscurantisme, comme Freud l'avait voulu. Il expose des vues tout à fait partisanes et réductrices sur le mythe, n'en récupérant que ce qui paraît accessible au regard de la science. Le reste, rejeté dans les oubliettes de la fabulation ou de la mystification, est classé comme spéculation. Il est clair que l'imaginaire de société doit être assujetti à la science. Néanmoins, ses thèses restent un support de réflexion et une exhortation à la prudence. Ses rappels des textes bibliques servent parfois de support à la glose et donnent une vague impression d'œcuménisme. Mais cela fait partie des modes de la littérature scientifique. Ainsi, (p. 351-352), « la vérité poussera de terre » et, si nous suivons bien, la paix aussi. C'est là un rappel heureux, l'homme devant accepter que sa recherche de vérité passe par l'exploration du sol avec ce que la métaphore peut laisser peser comme sens. La vérité ne tombe pas du ciel mais se découvre et se dévoile progressivement au regard de celui qui veut bien la chercher. L'auteur s'appliquera tout au long de ces pages à nous composer une sorte de poème mystique dédié à la Vérité, mais,

---

[59] – Éd. du Seuil, 1986.

en même temps, il cherche par tous les moyens à atténuer la partie poétique de son propos comme s'il sentait bien le pouvoir de séduction et de fascination de la nudité de la Sophia. La tête peut-elle rester froide ? Le regard qui se porte sur la Sagesse éternelle la laisse inchangée, immuable et fixe comme la vierge surgie du sol, s'élève vers le ciel dans son assomption divine. Et Atlan finit, à son insu, par aller à l'encontre de sa propre démonstration : il révèle un emportement mystique alors qu'il propose de passer toute forme de système au crible de la science. Atlan met une forme de science en critique, essayant de réconcilier les valeurs fondamentales issues de la Torah avec la psychanalyse. L'œuvre reste au plan de la logique formelle, la poésie étant contenue dans des arrière-plans que le discours ignore. Car dans la poésie s'exprime parfois l'emphase religieuse et le fait religieux est psychologique or si le religieux veut embrasser l'universel, le psychologique se veut et se croit souvent au-delà du religieux. Au prix bien souvent de pures spéculations vides de sens, sans autre intérêt qu'au plan de la logique (quand cela réussit à soutenir la rigueur d'un raisonnement logique). Henri Atlan analyse ainsi un certain nombre de systèmes réputés cohérents. Au terme de tous ces détours surgit la Science, toujours la même. On arrive alors à croire que Tout est explicable et on atteint le but inverse qu'on s'était fixé. À vouloir vitaliser la psychologie en la hissant hors des dogmatismes d'école et des échafaudages intellectuels, on finit par prétendre expliquer jusqu'au mystère de l'être. Tout s'explique, chacun y met de sa science, même les astrophysiciens ; alors le mystérieux frappe là où notre raison est viciée, là où réside l'ombre de nos prévoyances, de nos sécurités et de nos certitudes. Ce n'est pas tant l'explication sur toute chose qui peut gêner, c'est bien plutôt de laisser croire à la disparition de toute forme de mystère qui constitue une imposture. Les scientifiques ne veulent absolument pas se rendre compte qu'une telle visée est précisément celle de toute religion : répondre aux grands mystères de l'être. Le XXe siècle offre un spectacle « charmant » si l'on compare les théories scientifiques et les dogmes religieux. Tous les discours cohabitent, des plus archaïques aux plus avancés. Le sauvage, primitif et rude sous son habit de citoyen, côtoie les germes du futur, dispersés chez quelques individus qui, très souvent, ignorent eux-mêmes qu'ils en sont porteurs. Comment concilier tous ces discours puisqu'ils se nient les uns les autres et que cette négation garantit la sécurité de chacun ? Science et religion sont à présent aussi étrangères l'une à l'autre qu'un iceberg le serait à un champ d'oliviers. Mais cette « chose » mystérieuse qui sait si bien exploiter les techniques de l'Homo Sapiens n'a de cesse d'englober et de rationaliser tous les mystères, fondant chaque jour de nouvelles générations de dogmes et de certitudes qui durent le temps des roses sans en avoir ni les charmes ni les parfums. La Vérité, comme une maîtresse offensée, semble se détourner de son ancien amant que l'angoisse alors étreint. L'Homme blanc a perdu sa religion et sa science fait pâle figure devant l'univers.

À travers ces discours nous décelons les termes d'une lutte qui se joue en sourdine à différents niveaux de nos sociétés. L'Homme blanc, héros mythique des conquêtes de la civilisation, voudrait contrôler le monde et la Nature autour de lui par tous les moyens que la science et l'Histoire lui offrent. Et cela ne peut se produire qu'à la condition de contrôler, de dominer et d'assimiler les valeurs de changement et de transformation portées par l'irruption de l'Imaginaire. Or, ces valeurs sont souvent représentées par le féminin et par l'enfant. Ariane d'un côté et le *puer aeternus* de l'autre.

Nous ne tolérons le changement que dans le contrôle, quand la science et, par suite, sa servante la technologie nous le permettent avec le maximum de certitude.

De nouveau, nous constatons que le prédateur pédocriminel paraît s'inscrire dans un système de représentations de la société dont il serait, en quelque sorte le héros.

De là à expliquer le silence qui s'impose face à ses actes, il y a place à une hypothèse plausible.

Cosmogonies modernes

La Science nous propose des systèmes cosmogoniques extrêmement élaborés, il existe même une discipline consacrée à ce sujet : la cosmologie. Mais la question que nous pouvons nous poser est de savoir quelle relation faire entre les trous noirs, les quasars et nos vies quotidiennes. Que des mythes se construisent, cela ne fait aucun doute mais donnent-ils au monde un ensemble de symboles qui puissent ouvrir la voie à une expression commune et à des changements d'attitude dans la civilisation ? Difficile ! Nos enfants persistent à dessiner la terre, le ciel, le soleil – ou la lune –, papa, maman, la maison... Plus tard, ils s'éprennent de grandes sagas qui mettent en scène des robots très évolués, à moins que ce ne soient des androïdes au regard d'acier pratiquant avec toute la puissance de leurs muscles en nickel les arts de combat les plus variés.

Un peu plus loin, les biologistes et les médecins, relayés le plus souvent par des journalistes diligents, nous rapportent les grandes légendes de l'attaque du corps par des virus, des ravages de l'âge, comment naissent, vivent et meurent les cellules et comment se préserver de tous les agents qui érodent la « bonne santé ». Ces mythes-là intéressent plutôt les parents. Ce qui vaut à nos enfants, décidément incrédules et désespérément profanes, de devoir supporter un assaut de recommandations protectrices et d'obéir à des dispositions qui les préservent de toutes les formes d'agressions possibles, tout au moins celles que le savoir du moment invente. Elle varient souvent, d'un expert à l'autre...

Pendant que le monde s'agite autour d'eux, ces marmots impénitents demeurent scotchés devant leurs consoles de jeu, ou bien devant la télévision à hurler de joie quand leur équipe favorite vient de marquer un but.

Que se passe-t-il donc dans ce monde qui devrait pourtant obéir au principe d'ordre ? La Science nous le dit. Après le grand chaos du Big Bang, l'univers s'est mis en ordre de marche et l'horloge devrait pouvoir débiter son tic-tac merveilleux durant quelques milliards d'années encore.

Petits, ils restent attachés à des représentations archaïques, adolescents, à des images de robots irréels, adultes ils se figent, cyniques ou désabusés dans des attitudes de citoyens passifs qui font le cauchemar des démocrates... Tout cela veut-il dire quelque chose sur nos civilisations et nos cultures ?

Certains s'étonnent déjà : « Et l'âme dans tout ça ? » D'autres plus rabat-joie : « Et la barbarie ? »

Inutile de se demander pourquoi les enfants ignorent tout ce remue-ménage. Ha ! La question de l'âme est supposée avoir été réglée au début du XXe siècle : nos marmots seraient des pervers polymorphes ! Retour à la perversité en ce monde. Il aurait, ce monde-là, une sérieuse tendance à nous engluer. De là à prétendre que nous revenons à des mythes de la Terre Mère...

Deuxième partie

Je nageais là depuis longtemps. J'y étais bien. Je ne cherchais nullement à bouger. Le besoin ne s'en faisait pas sentir, simplement. Être là faisait sens, était le sens. Rien ne venait troubler ma quiétude.
...

Mythe de création et genèse de l'être

Naissance

Je nageais là depuis longtemps. J'y étais bien. Je ne cherchais nullement à bouger. Le besoin ne s'en faisait pas sentir simplement. Être là faisait sens, était le sens. Rien ne venait troubler ma quiétude.
Pourtant.
Pourtant...
Il y avait ce choix.
Le choix intime, pesant de venir à la vie. Se faire chair et redevenir particule infirme, esseulée et pesante de l'univers.
L'évidence que je ne faisais pas partie de ce monde. Pas encore.
J'étais d'ailleurs
J'étais ailleurs.
Dans ces limbes composées de milliers d'épaisseurs et de plans, j'étais bien et je ne voulais pas en sortir. Je ne voulais pas venir. Je suis un être farouche, effarouché. Rien ne m'est imposé, rien ne doit être imposé. C'est ainsi.
Le temps est une question qui ne se pose pas. Il n'y en a pas là d'où je viens. Là d'où je viens tout est un tout et tout est morcelé, lié. Ainsi lorsque le temps est venu d'aller à la vie le temps est donné, nécessaire à l'accomplissement de toute chose.
Je pense que je connaissais le sens, le but qui m'avait conduit là mais je l'avais très vite oublié. Naître c'est cela. Le travail de l'oubli d'abord.

Deuxième partie – Mythe de création et genèse de l'être

Lorsque la matière se modèle elle investit l'espace en sorte que puisse se bâtir ce qui doit être accompli. Rien n'est laissé au hasard.

Pour que la vie qui arrive ne soit pas prise au dépourvu on la lui présente d'abord, on laisse le temps du choix puis on travaille à l'oubli. Il faut un effort intense pour aller se faire chair. S'engouffrer dans ce tunnel n'est pas chose aisée. C'est un long rituel qui exige beaucoup de patience. On y glisse simplement. Puis on entre dans la chair.

L'oubli prend son début dans cette fin.

Des connexions s'établissent une à une et patiemment l'oubli fait son œuvre. Ne reste que l'indispensable savoir nécessaire à affirmer notre intention d'aller jusqu'au bout de notre tâche. Celle ci en somme est très simple : vivre. Découvrir le don de la vie dans son immensité et transmettre ce don autour de nous. Pas dans ce qui se fait chair mais dans ce qui se fait être. Certains font un passage à la vie, d'autres de nombreux, d'autres encore pas du tout : les tâches qui leurs sont réservées sont autres.

Je n'avais pas envie de venir. J'ai tout de même fait ce choix parce que je comprenais bien la nécessité de ce passage. Quand j'ai vu tout ce qui m'attendait et que l'oubli a commencé il s'est accompagné d'une intense tristesse. C'est elle qui m'a préservé de l'oubli. Je ne dois pas oublier d'où je viens. C'est comme ça que s'accomplit mon passage dans le monde, je suis là pour le signifier. Le rappeler. La route est déjà tracée. Depuis des siècles. Le temps des hommes n'est qu'infime partie du tout. J'ai dit tristesse...immense comme une traînée évanescente, comme les étoiles qui brillent et cachent le voile noir qui masque le tout.

C'est ainsi que je suis née. Triste. Mais il est promis de la joie à tout homme en la vie.

Yaesh, Novembre 2004

Jusque-là, je me suis situé sur le mode de descriptions comportementalistes. Cela peut s'avérer commode quand il s'agit de s'orienter pour mieux connaître l'autre mais la limite est très vite atteinte car nous ne faisons qu'effleurer la surface des choses, comme un cliché photographique. Il manque l'âme, l'émotion, le sentiment et toute la subtilité des mécanismes psychiques individuels. Comment rendre compte de ces phénomènes souvent ignorés par une psychologie soucieuse d'abord de rationalité ?

Si nous abandonnons les représentations de la psyché humaine que nous a léguées S. Freud pour nous pencher plutôt sur celles de C. G. Jung nous pourrons esquisser une vision dynamique des conséquences sur la psyché humaine d'un traumatisme comme l'est le crime d'inceste.

La construction du moi, naissance du monde moderne

Traditionnellement, le Moi émerge de l'Inconscient, se forgeant une place au soleil du monde. Ce mouvement est figuré dans les contes et dans les rêves par la lutte contre une figure dévorante – animale, tigre, lion, loup, etc., humaine, sorcière, monstre hybride…

Vu d'une autre manière, c'est aussi une récapitulation du combat de la civilisation contre les fléaux de la nature. Et c'est le héros qui aura échappé aux assauts de l'Ogresse – Grande Mère – qui pourra alors avoir ses faveurs – aspect favorable et généreux de la Nature. Dans les contes on aperçoit souvent ce moment paradoxal où le héros, refusant d'entrer dans le jeu de l'Ogresse, se voit récompensé par elle. La figuration dans les contes dépend du terrain culturel et historique où ils prennent naissance et se transmettent.

Dans l'imaginaire de l'enfant moderne, le robot a remplacé le loup ou la sorcière. La substitution s'est faite avec simplicité, sans crier gare… Celle-ci s'insère logiquement dans les moments d'évolution de nos sociétés technologiques auxquelles l'enfant s'adapte naturellement.

Vers trois ans, l'enfant voit croître en lui une pointe de conscience qui le distingue du monde extérieur, lui permettant une entrée progressive dans celui-ci. Le Moi se forge une plus large surface d'exploration dans une lutte angoissante contre le monstre avaleur qui menace la toute jeune conscience émergeant vers la lumière des Humains. C'est l'époque qui pourra durer longtemps, des cauchemars et des grandes terreurs nocturnes. C'est sur la base de cette figuration que s'illustre le processus de naissance au monde concret, hors des flots sombres de l'inconscient. Durant cette période, la jeune conscience est menacée – parce qu'à peine née – de ré-engloutissement par les flots sombres du chaos, de la « non-vie ». Les figurations de mère « avaleuse », « engloutisseuse », « mauvaise » ou « castratrice » sont destinées à représenter ce mouvement de la « vie en soi ».

La mère réelle ou un substitut incarné ne sont nullement en cause. En dehors de pathologies gravissimes, rares sont les mères qui pourraient atteindre ce niveau de cruauté froide en détruisant les jeunes forces de l'enfant[60]. Par contre à travers ses imagines, ses angoisses et ses cauchemars, l'enfant perçoit le puissant mouvement de la vie en lui. Ce dernier lui est en quelque sorte « révélé » de manière puissamment sensitive et affective.

C'est à partir de cette valse d'images que se forgent les premiers éléments du Moi, adaptable et pilote de la conscience. La conscience libérée de la gangue indifférenciée du monde antérieur fabrique désormais des outils de transformation du monde.

L'enfant apprend à manipuler les robots électroniques du monde moderne et en luttant contre ces silhouettes mutantes, contre ces structures aux fonctions multiples, le jeune humain se crée les moyens de faire face à un monde dans lequel la forme extérieure des objets n'est plus stable. Les outils psychiques de transformation du monde se perfectionnent.

Mais le monstre est là, de forme massive, dentée, la gueule engloutisseuse, menaçant, fascinant, il guette de sa présence éternelle...

Quand le monde environnant était celui de la nature sauvage, que la terre à cultiver était encore habitée de bêtes fauves,

---

[60] – Complice de l'inceste qui se commet si près d'elle, c'est ce qu'elle deviendra...

les images d'émergence de la conscience créatrice se développaient autour du thème d'un combat contre les fauves de la jungle. C'est autour de ces figurations que se développèrent les rites initiatiques d'affrontement de la forêt sacrée. Il fallait que le jeune, l'*ado-lescent* – celui qui va devenir adulte –, montre sa capacité à tirer parti de ses qualités physiques et psychiques pour faire face au monstre engloutisseur qu'était la jungle, au profit de sa communauté et pour la plus grande fierté de son petit Moi.

En d'autres temps, les humains eurent plutôt à vaincre la masse sombre d'une morale barbare. Les grandes villes étaient déjà nées, une partie de l'humanité se sentait déjà apte à maîtriser de nombreuses techniques, mais les centres urbains étaient insalubres et dangereux. Il fallut maîtriser ces masses psychiques encore proches de la violence d'antan. Les grandes morales naquirent, Taoïsme, Judaïsme, Philosophie grecque, etc.

Chaque fois le jeu des images changeait de forme, pas de structure ni de finalité.

Au Moyen Âge, un pauvre animal en voie de disparition, le loup, figura ce pouvoir terrible de la Nature sauvage et, par suite, l'inconscient qui menace la jeune pousse trop faible pour affronter le monde turpide. De nos jours, l'engloutisseur, le monstre, c'est bel et bien l'inconscient dont l'enfant se détache. C'est ainsi que nos systèmes de connaissance nomment une zone de la psyché qui demeure voilée d'un épais rideau de mystères et de dangers. L'enfant moderne des nations riches, assuré d'une longue stabilité matérielle n'a plus besoin de faire face à une nature externe, végétale ou animale, il lui faut affronter les monstres noirs de ses rêveries intérieures. Et c'est dans son environnement immédiat que l'enfant trouvera les formes capables de figurer cette danse des masses psychiques. Les grues, les gros excavateurs, les ordinateurs et les robots vont remplacer le loup sur lequel désormais, l'enfant s'apitoie plutôt.

La première coupure conscient/inconscient se produit à ce moment de la vie et c'est grâce à elle que l'enfant prend la mesure de ses jeunes forces. L'en priver, lui ôter les moyens de ce passage, en le protégeant par exemple, c'est menacer gravement son potentiel adaptatif. Laisser l'enfant faire ses propres expériences ne veut pas dire l'abandonner à lui-même face au monstre dévorant de sa nature intérieure. C'est par le jeu des images intérieures, par le truchement de représentations, hors des balises du rationnel, que l'enfant trouvera les moyens de s'aguerrir et de fortifier son jeune ego.

Les anciens nous avaient légué un patrimoine mythique et légendaire abondant dont le but était, par la répétition, le récit et la narration de montrer le chemin de la domestication du monstre/loup/inconscient. Les récits au coin du feu, les légendes du croque-mitaine, etc. permettaient à l'enfant de prendre en compte la dimension puissante et créatrice de l'inconscient/nature et cela lui permettait aussi de pressentir les issues possibles vers la réalité objective du monde environnant. C'est de là que découle cette prodigieuse victoire de la ruse sur la force car l'enfant, animé par le mythe, au lieu d'être guidé par des rationalisations qui balisent tout, apprend à faire confiance à l'intuition qu'il peut avoir de la situation et ce, sans avoir de plan préconstruit. L'enfant apprend l'inventivité grâce à l'adaptation qu'il fait du récit mythique ou légendaire face à la réalité telle qu'il la vit. La violence qui s'expose dans les mythes et les contes est une sorte de représentation des puissances en jeu dans l'inconscient. La cruauté si bien affichée dans les légendes n'est également rien de plus que l'affectation par des générations innombrables d'êtres humains de la puissance ambivalente de la Nature. La même que celle que Olivier Boissière pressentait dans les paysages asséchés de l'Arizona.

« Ces landes arides ont vu se pétrifier les Titans. Rien ici de paisible. La nature dans toute sa violence. Le ruisselet qui serpente sous les frondaisons de *cottons woods* et de *junipers* peut en un instant se muer en torrent dévastateur emportant tout sur son passage. Partout, même dans la forêt de pins *ponderosas* des hauts plateaux, la roche affleure, dénudée, visible. Mère nature en nourrice sèche, cassante, exigeante, voire meurtrière. On saisit mieux à ce spectacle la terreur sacrée des indigènes, leur soumission religieuse à la terre et à la montagne, l'attachement farouche à leur sol aussi. Quelque chose comme la tendresse et la frousse qu'inspire aux marins l'océan. »⁶¹

L'histoire de l'être humain semble rivée à la résolution de la peur, comme si seul ce sentiment pouvait signifier qu'il y ait quelque chose à vaincre, une résistance à passer et finalement une réelle conquête à opérer sur le monde. Un enfant qui ne connaîtrait pas cet assaut de la crainte et de la peur face aux puissances de la Nature⁶² serait menacé de ne pas pouvoir accéder efficacement au monde de l'adulte, par manque, à la fois, de souplesse, de force et de capacité à changer à ondoyer dans les interstices du réel. Que veut dire protéger un enfant si nous ne savons pas lui donner la possibilité d'affronter ses monstres intérieurs pour les domestiquer, mettre leur force au service de la conscience. Au lieu de cela, bien souvent parce que nous sommes inconscients de l'enjeu et que nous n'avons pas su nous-mêmes dominer cette peur, nous transmettons à nos enfants la crainte du monstre/robot, pris ici comme métaphore du monde technique dans lequel nous vivons.

Nous n'avons plus de forêt sacrée, mais nous sommes chaque jour à la lisière d'une jungle terrifiante, celle de nos images intérieures, qui défilent sans ordre. Pour peu que l'on sache l'écouter, l'enfant citadin sait où réside son monstre car son instinct demeuré intact le lui signale. Il convient seulement de lui donner les moyens de pénétrer dans sa forêt intérieure et de lui apprendre à repérer peu à peu les méandres de sa jungle intérieure. Savoir que « ça existe » et l'aider dans cette prise de conscience est un premier pas. Il aura besoin par la suite de se forger les outils nécessaires à la domestication du monstre engloutisseur.

Si une confusion trop importante intervient, si un choc dramatique se produit, les manifestations de l'instinct – souvent

---

⁶¹ – « L'Arizona de John Wayne », Olivier Boissière, *Le Monde* du samedi 18 Novembre 1989. De tels témoignages contrastent avec ceux des hommes de sciences car ils apportent une vision directe de l'émotivité qui est derrière l'aventure de la technique, le spectacle naïf en quelque sorte.

⁶² – Qu'il soit bien noté que nous parlons de peur face aux forces de la Nature et non face à un maître ou à un héros quelconque, fondement de toutes les idéologies totalitaires. La confrontation solitaire à la Nature permet à l'enfant de s'affranchir de toute tutelle à mesure de son évolution.

confondues avec la spontanéité et la curiosité – se dévoient, et sont bloquées par le milieu environnant, provoquant, dans la Conscience une grave altération de la dynamique psychique. L'enfant, évoluant, ne sait plus ce qui est « bon » pour lui. Devenu jeune adulte, il en viendra à se méfier de ses manifestations instinctives, jusqu'à, parfois, les juger dangereuses. C'est ainsi que, peu à peu, il en viendra à se couper de tout ou partie de sa « propre nature ».

Le témoignage d'un père

« J'étais avec mon fils près d'un chantier de démolition et nous regardions évoluer les puissantes grues avec leur lourd bélier qui abattaient d'immenses murs comme s'il s'était agi de paravents. J'avais déjà repéré chez lui des rêves effrayants, lesquels étaient tous en rapport avec ses robots/jouets. Pour l'aider à pousser je lui avais parlé du loup... et autres fauves de la nuit. Rien ne fonctionnait comme mes maîtres me l'avaient annoncé. Je fus très surpris de constater qu'il n'avait pas du tout envie de s'approcher des grues. Il paraissait même franchement effrayé. Décidément ses terreurs prenaient des allures bien singulières. Il en fit une véritable obsession durant la journée qui suivit. La grue avaleuse était passée dans ses jeux et fantasmes aux côtés des robots et autres figures cuirassées. Je l'initiai donc à la domestication de la grue/robot à l'instar de ce que l'on m'avait déjà appris pour domestiquer les monstres de l'inconscient. Je tenais cette méthode de ma vie en Afrique. Selon les vieux Africains, au lieu de favoriser le refoulement des peurs dues aux images intérieures effrayantes, les adultes ont pour rôle principal de faciliter l'intégration de celles-ci en aidant l'enfant à éprouver ses premières forces en se mesurant aux monstres, avec l'appoint des forces parentales. C'est à cette fin que des jeux sont mis en place qui miment l'approche, le combat et finalement la victoire de la conscience sur le fauve titanesque que l'enfant rapporte à sa tribu comme gage de sa jeune puissance.

Je suggérai donc à mon fils de se reposer sur moi ou sa

maman pour faire face aux robots de sa nuit, aux excavatrices de son inconscient.

Ses pérégrinations lui permirent au moins de considérer les robots un peu plus comme des jouets. Il se mit à les manipuler, à en construire. Il ne les détruisit plus.

Quel impact cela eut-il sur son évolution ?

Je ne sais. Nous verrons dans vingt ans, lui et moi ! »[63].

En, fait, 20 ans après, l'enfant a grandi et il s'est spécialisé dans le dessin numérique et il contribue à la création de jeux vidéos...

À la suite de cette anecdote je décidai de me pencher sur le problème et en parlai à ceux de mes amis qui pouvaient avoir des enfants en âge de passer au stade de la conscience (3 à 4 ans). Les informations vinrent confirmer mon hypothèse de départ : Notre psyché a opéré un glissement d'équivalence de l'ancienne Nature à la Culture contemporaine. Ce sont désormais des monstres de la forêt urbaine qui menacent le petit ego au cours de sa maturation. Les figures ont changé mais les affects demeurent identiques.

Les vieilles légendes meurent, les enfants ne croient plus en la puissance terrifiante du loup, qu'il soit simplement habillé, ou revêtu des attributs du garou. La crainte des choses obscures qui gisent au fond de l'âme révèle aussi chez l'enfant la naissance d'une forme de conscience, la réplique exacte de celle qui va plus tard maîtriser les outils de la modernité, construire des robots pour améliorer la vie, mais pas seulement…

Nous comprenons l'extrême importance du rôle des parents, de leur place et de leur accompagnement dans l'accomplissement des différentes étapes vers la conscience. Faut-il encore qu'ils aient conscience des valeurs dominantes de la société qu'ils lèguent à leurs enfants. Faut-il aussi que cette même société produise des outils d'information et d'éducation qui soient à la mesure des mutations qui se réalisent.

---

[63] – Nous sommes très proches de cette échéance et l'enfant se porte bien, très à l'écoute des « bruits » de son imaginaire. Il est devenu graphiste et souhaite s'orienter vers la conception et la réalisation d'images de synthèse.

Deuxième partie – Mythe de création et genèse de l'être

Si les parents se trouvent défaillants pour une raison ou une autre, c'est toute la représentation que l'enfant se fait du monde qui sera altérée, d'où des altérations en tous les points où la psyché de l'enfant sera mise en contact avec le monde, y compris son monde intérieur – sexualité, morale, image du corps, confiance en soi, etc.

Du robot mécanique au cyber-robot

Il est une autre question soulevée par l'usage du robot moderne, celui d'Internet notamment, outil ultra sophistiqué de communication et, par suite, pour le bien, d'extension des réseaux de relation, pour le mal, instrument de propagation du crime et créateur d'addictions.

Il existe beaucoup de rêves de robot chez l'adulte, ceux-ci n'expriment pas forcément une tendance mécaniste de la psyché. Les terreurs contemporaines sont bien plus du côté de la mécanique et de l'électronique que provoquées par des aventures dans une jungle transformée en réserve africaine. En nous tournant vers des scènes de la vie quotidienne nous constatons que l'homme moderne projette sur ses outils et sur la technique les fantasmes que nos ancêtres attribuaient plutôt aux monstres de la nature environnante : fantômes, démons, elfes et autres animaux fantastiques...

Ne parle-t-on pas de virus informatique, de parasites dans les logiciels ?...

Lisons ces lignes extraites de *L'événement du jeudi* du 31 mars 1988 :

« De son côté, Chirac, qui a voulu incarner l'avenir a fini par en faire un peu trop.

Transformé par ses conseillers en image en vue superman jeune, heureux, sans souci d'argent, sans ennui de santé, il s'est en quelque sorte déshumanisé.

Décontracté, excessivement décontracté, ayant un peu vite réponse à tout, il fait quelques fois penser à un robot et à ce titre il inquiète.

Car un robot, aussi avenant soit-il n'est jamais autonome ; il existe toujours, dans l'ombre quelques hommes mystérieux qui l'ont programmé. »[64]

Ainsi s'exprime un journaliste que l'on ne peut pas soupçonner de se livrer à des interprétations psychologiques fantaisistes. Cette remarque exprime pourtant quelque chose de vrai au plan de l'imaginaire.

Face aux outils modernes, l'homme a peur, terriblement peur que le contrôle de la machine ne lui échappe. Ce n'est pas un thème de science-fiction, c'est une hypothèse largement débattue par les experts. Ses terreurs se portent désormais sur la micro-nature et sur la technologie. C'est en elle que logent les démons. Toute cette foule se trouve aussi maintenant dans le corps de l'homme et dans les atomes qui servent de base à la technique. L'être humain a désormais peur d'être pollué, infiltré par des sortes de parasites qui le détruisent et par des virus intelligents.

Le loup s'est déguisé en robot et Merlin, le magicien, pilote désormais des ordinateurs sophistiqués.

L'homme et la femme modernes sont bien plus effrayés par la complexité du monde moderne que par les dangers d'une Nature qui n'existe plus. Pendant que l'enfant, dans un réflexe simple et immédiat se prémunit seul des craintes que ses parents lui lèguent.

La véritable révolution de l'ère moderne se situe dans ce passage quasi imperceptible d'un objet réel/naturel à un objet réel/culturel.

Qu'est-ce qui agite l'Homme moderne pour qu'il soit aussi méfiant à l'égard de la technique et prêt à en brider l'utilisation. L'Éthique, nouvelle déesse purificatrice, complète remarquablement l'écologie pour ce qui est de freiner les « progrès » de la technique. L'écologie apporte la pondération, l'Éthique l'ordre moral.

---

[64] – Plusieurs années après, les acteurs ont changé mais les préoccupations, les peurs demeurent les mêmes.

Deuxième partie – Mythe de création et genèse de l'être

Cette position est fortement chargée d'ambiguïtés. D'un côté, pour la préservation de son bien-être et de sa santé, l'individu moderne demande à celle-ci d'être la plus performante possible, de l'autre il lui est impossible de supporter les conséquences de cette demande : la blessure d'une planète qui saigne et menace de mourir.

Dans un sursaut de bonne conscience il accuse la société, les cadences, l'inhumanité des villes... Le réflexe écologique vient à point, traduisant le désir de revenir à Nature naturante comme au temps du paradis, dans l'harmonie. Malgré tout, le réflexe écologique, même s'il paraît être le seul qui soit légitime face aux agressions de la technique, n'est pas totalement assumé ni clairement justifié. La conscience écologique, telle qu'elle s'étale communément, est une mauvaise conscience qui abrite des morales douteuses, fondées sur la peur. Il n'est pas sûr que l'écologie scientifique se reconnaisse tout à fait dans cela. L'Homme moderne ne se rend pas très bien compte que science et technique vont ensemble et sont les fruits de l'Humanité elle-même. Tout se passe comme si les humains ne supportaient pas d'avoir à surmonter les difficultés dues à la maîtrise des techniques. Pour l'occidental, tout devrait être facile et couler de source. Qu'une menace plane et il se sent trahi, c'est bien au travers de cette trahison que se dessine ce sentiment de déchéance et de dégoût de soi, si poignant dans les idéologies contemporaines.

L'enfant divin est abandonné ! L'Occidental s'est empêtré dans l'incompréhension de l'objet qu'il a créé et qui n'est pas le moins important dans le champ culturel car il s'agit en fait de l'ensemble des outils sur lesquels repose la société moderne. Parmi ceux-là, l'électronique semble devoir subir le sort particulier du fils honni, réitération du mythe de Caïn. L'informatique est visée par les campagnes d'épuration de la culture.

Il suffit en effet de lire n'importe quel magazine pour constater combien l'Homme nourrit à l'égard de l'outil un immense soupçon. Les humains qui habitent l'Occident sont devenus profondément méfiants à l'égard du monde qu'ils ont créé. Partout c'est le procès de l'outil qui s'annonce et l'on oublie volontiers que « derrière le robot, dans l'ombre il existe toujours quelques hommes qui l'ont programmé. » ... Ce qui veut dire que nos consciences contemporaines reproduisent le mythe du complot. Et cette opinion se répand bien plus parmi les gens autorisés que chez le vulgum pecus.

Voici par exemple l'opinion d'un savant, Pierre Thuillier, spécialiste de futurologie et qui enseigne l'histoire et la philosophie des sciences.

« Pollutions, dégradations et déséquilibre se multiplient ; les sociétés industrielles disposent de techniques tellement puissantes et exercent de telles violences sur l'environnement que les pires excès sont à redouter. La conclusion "écologique" va quasiment de soi : freiner le processus destructeur chaque fois que c'est possible. »[65]

Cette opinion est très répandue mais, de la part d'un savant cela résonne avec force. Pollution, dégradations... riment avec techniques. La société industrielle est inculpée. Ses techniques sont « violentes »...

Comme à regret le sage en arrive à dire que la solution écologique s'impose mais il sous-entend aussi qu'il ne s'agit pas de la meilleure solution : freiner le processus destructeur... La solution écologique se trouve donc du côté conservateur, c'est ce qui semble gênant, elle est frénatrice de progrès et n'est qu'un signe de défense. Sur ce point de nombreux savants s'entendent pour dire que le réflexe écologique est une sorte de geste d'autodéfense qui est le moins négatif. Il n'est pas sûr que l'écologie ne soit que cela, pourtant c'est ce qui prévaut pour l'instant.

En marge du procès de l'outil, c'est celui de la programmation – donc d'un manipulateur – qui commence. Déjà les krachs boursiers sont mis au compte de l'informatique, les pannes diverses des administrations lui sont imputables. Et beaucoup d'individus ont par rapport à l'outil informatique une attitude étonnamment animiste. L'outil est animé, on lui parle, on l'insulte, il se crée entre lui et l'humain une sorte de lien empli de mana[66]. Il n'est pas sans intérêt de constater qu'il se passa

---

[65] – *L'histoire*, n°125 - septembre 1989.
[66] – La *Mana* est ce qui anime les objets, dans les cultes animistes. Chaque objet est doté de sa mana propre.

quelque chose de semblable au moment de l'arrivée de la voiture sur le marché des ménages.

Or, concernant la voiture, nous ne sommes pas encore parvenus au point où cet outil est vraiment domestiqué, notamment dans les pays latins. Il suffit de se reporter aux campagnes contemporaines de civilité, de limitation de vitesse, de respect du code de la route, etc.

On peut, dès lors, supputer que l'outil informatique demeure dans les limbes du mythe et dans la forêt des rumeurs.

Si, depuis le milieu des années 70, l'enfant délaisse le loup au profit d'une mythologie de la robotique c'est bien parce que, du fond de ces consciences naissantes, le pressentiment des années à venir s'était imposé. Au grand dam des éducateurs et autres philosophes de la bonne conscience.

L'informatique et ses industries périphériques sont en passe de subir le même investissement affectif au grand ravissement des producteurs et créateurs de ces produits. La marge économique des produits de l'électronique est telle que tout psychologue y soupçonnerait l'existence de quelque objet précieux surinvesti par la psyché de nos contemporains. Les marges atteignent plus de dix fois le prix de revient. Seules quelques productions artistiques parviennent à ce niveau de plus-value dans une économie de marché.

Il y a du mythe qui couve sous la cendre !

L'éducateur, le loup, le robot et l'enfant

L'informatique prend peu à peu la place de la voiture, une place religieuse, une valeur de tabou, crainte d'un côté, vénérée de l'autre, presque au même titre qu'une déesse.

Mais nous savons aussi qu'il existe quelqu'un derrière la machine, qui la conçoit et la programme pour nous, et nous n'avons pas accès à ces fonctions quand nous sommes de simples utilisateurs. La maîtrise de cet outil finit par devenir mystérieuse et se constitue en lieu de projection ; l'inquiétude gagne le cœur de chacun dès qu'il s'agit de s'aventurer dans le monde, la ville, cette formidable représentation de la complexité humaine. Une grande part de la philosophie catastrophiste contemporaine prend sa source dans une telle inquiétude. De plus en plus étranger à sa création, l'humain finit par s'en couper, la rejetant à l'extérieur dans un sursaut de projection qui semble le libérer de cette emprise de l'outil et de « ceux » qui le manipulent dans les coulisses de la vie. Comme les antiques humains nous ne sommes pas loin de donner à la technique une sorte d'âme. C'est un animisme d'un genre moderne et aux conséquences encore imprévisibles.

Pour mieux saisir cette comparaison que nous faisons entre la nature telle que les anciens la percevaient et la structure sociale contemporaine, écoutons ce que dit un journaliste à propos de la terre des indiens de l'Arizona. Nous pourrions ajouter comme dernier exemple que désormais l'homme et la femme modernes connaissent face au monde urbain, complexe et truffé d'électronique, le même type d'effroi et de fascination que les indiens de l'Arizona ressentaient face à la perfidie de leur nature environnante.

Dans la fantasmatique commune, la complexité de la Culture remplace celle de la Nature. L'humain moderne projette sur la culture les craintes que les hommes préhistoriques nourrissaient à l'égard de la forêt primitive. Il en résulte que la première difficulté à vaincre pour vivre convenablement réside dans la peur que nous avons de la vie urbaine, principale composante de la société moderne. L'enfant cherche à s'en acquitter au travers de la figure des robots qu'il apprend à dominer. L'acquisition d'un savoir sur l'outil et sa domestication sont les autres composantes que l'humain doit englober avant de prétendre à une forme de conscience individuelle. La forêt sacrée est désormais au cœur des villes. Cela ne nie pas la nécessaire introversion à laquelle l'homme moderne est confronté. Derrière le robot il y a quelqu'un qui le manipule et qui en connaît donc tous les rouages. C'est la Conscience, et nul autre maître. La tâche de la modernité est bien définie.

Mais l'éducateur, souvent aveugle aux évolutions du monde – quelles soient bienfaisantes ou malfaisantes – s'échine à

Deuxième partie – Mythe de création et genèse de l'être

raconter aux jeunes enfants des histoires de loup et des histoires merveilleuses où le Bien triomphe toujours du Mal. Tout ce manège échappe à la moindre réflexion. Ce réflexe se bâtit sur des freins immédiats à des sociétés de violence et d'anonymat. Il est donc assigné aux éducateurs la mission d'enseigner des valeurs qui privilégient le merveilleux et le goût des belles lettres. Mais nul ne se soucie du contexte.

L'enfant, de retour dans sa maison familiale se rue sur sa console de jeu vidéo ou sur son ordinateur et là, il se livrera, contre des ennemis virtuels, à de dramatiques batailles, avec pour seule armée des combattants terriblement froids, aux muscles blindés et aux réflexes fulgurants. Même les guerrières arborent cet aspect glacial et inhumain, proche du robot.

Que se passe-t-il donc dans la tête de nos enfants ? Les tenants la bonne conscience consensuelle, pointant un doigt lourd de reproches, nous disent : « N'est-ce pas ainsi que des parents irresponsables induisent chez leurs enfants des comportements aberrants, voire terrifiants ? Voyez ces meurtres perpétrés par des adolescents pris de folie et qui déciment un jour leurs camarades de classe. N'ont-ils pas trouvé le modèle même de leur meurtre dans tel film ou dans tel scénario de jeu vidéo. »

Vus sous cet angle, les faits, dans leur évidence, semblent donner raison à ceux qui prônent la limitation, le contrôle ou l'interdit de ces jeux obsédants.

Si les jeux de beaucoup de nos bambins mâles tournent autour de ces jouets représentant des humanoïdes robotisés, au travers de ceux-ci, les enfants créent un rituel qui leur permet d'exorciser la peur qu'ils ont des mécaniques complexes qu'ils auront à gérer et à commander. Tout se passe comme si la psyché – enfantine, mais pas seulement – était bien plus malléable, souple et adaptable que la conscience commune, pétrie de crainte et conservatrice. Cette faculté de manier l'outil que l'enfant acquiert en dominant ses peurs le conduit alors à aborder des instruments très complexes avec une rapidité qui étonne mais qui est, au fond, toute naturelle car il ne fait que maîtriser le fruit d'une civilisation qui n'est pas forcément le monstre si volontiers dépeint. Les enfants de cinq à sept ans se servent des ordinateurs avec une intelligence qui surprend d'autant plus qu'ils ne savent pas lire, ils se guident grâce aux signes qui abondent dans la plupart des logiciels. Ces enfants, sans guide, parviennent à lire et écrire rapidement sans le recours des méthodes habituel-les. De ce point de vue la pédagogie apparaît terriblement désuète et les idéologues se réfugient dans des considérations plus ou moins moralistes qui rejettent de toute manière l'outil électronique jugé froid, impersonnel et déshumanisant... On voit mal comment un ordinateur, à moins que ce ne soit la télé, pourrait être responsable de la décadence culturelle que d'aucuns constatent en tous points. Que peut-on faire avec, pour ou contre le robot de l'imaginaire de l'enfant ? Les recours ne manqueront évidemment pas dans les manuels de psychologie. Sans que nous en prenions réellement conscience, une révolution cosmogonique s'est déjà opérée. Les idéaux de la révolution des Lumières sont devenus caducs. La science, plus qu'un instrument de savoir et de conquête de la Nature, fait peur. Mais c'est sur le terrain, dans les lieux où cet imaginaire si puissant rencontre le concret que nous aurons le plus de chance d'apprendre. Il nous reste beaucoup à inventer car l'horizon urbain, nouvelle Nature, impose une adaptation de tout le patrimoine culturel et mythique et l'assouplissement de nos mentalités. Peut-être avons-nous à redevenir face aux lieux de l'âme comme ces guetteurs anciens qui épiaient les mouvements de la Nature afin de mieux s'y glisser et pour donner à leur famille tout le confort d'une sécurité conquise de haute lutte ?

Les enfants nous disent aussi que leurs parents leur lèguent un monstre froid et robotisé. Déjà en eux, un formidable instinct de survie se met en route pour leur permettre d'affronter le monstre. Pouvons-nous anticiper et faire que la mécanique s'enrobe d'un peu de chair ?

Curiosité enfantine et morale parentale

Si l'on se penche sur la littérature enfantine, sur les

productions de jouets, on est frappé de constater l'énorme place prise par les mécaniques cuirassées. Il est loin le temps des poupées chiffons, des marionnettes et des jouets en bois. Il est vrai que ces derniers imitaient les outils du moment.

Cette constatation interfère avec une autre, celle de la prolifération des films qui mettent en jeu des héros dont la principale caractéristique est d'être doté d'attributs bien plus mécaniques qu'humains. Il en va ainsi des Mad-Max, Rangoog et autres Bioman. D'autre part, la télévision elle-même contribue par son apport à cette prolifération d'images de héros irréels, mécaniques, automates et robotisés.

Il est facile de constater que ces productions cinématographiques et télévisuelles font partie de gigantesques campagnes de publicité et dont le jouet pour enfant n'est qu'un des aspects particuliers. La campagne Bioman en fut un exemple frappant. On pourrait dire que ces campagnes ont un impact intolérable sur notre culture par l'influence insidieuse qu'elles exercent sur l'éducation de nos enfants. On pourrait évoquer alors la perte des valeurs traditionnelles de courage, d'audace, de solidarité et d'amour et enfin de probité morale qui s'effaceraient devant l'invasion des figures héroïques brutales, froides, asexuées et donc sans don d'amour. C'est ce qui semble à première vue tout au moins.

Seulement l'enfant fait son jeu et on ne l'influence pas si facilement que cela. La campagne Bioman l'a bien montré. On dirait que ce sont plutôt les producteurs et les industriels qui ont suivi l'engouement des enfants. Plus tard sont venues les productions littéraires sophistiquées contenant de merveilleuses illustrations, les collections d'images réparties dans divers produits alimentaires et autres.

De la même façon, la série télévisuelle, Les Chevaliers du Zodiaque a-t-elle été à l'origine de tout un circuit mercantile dont l'importance dépasse, il faut bien le dire, les seuls intérêts économiques de quelques-uns.

On peut bien dire que la publicité influence les enfants et qu'en diffusant une image altérée de la culture elle contribue à l'appauvrissement de notre patrimoine idéologique. Mais on peut tout de même se demander comment un bambin de trois ans peut être influencé par la publicité dès lors qu'il ne regarde pas la télévision, qu'il ne fréquente pas encore l'école, lieu de toutes les contaminations, qu'il ne sait pas lire mais s'intéresse par contre aux images et constitue par ailleurs une véritable éponge pour les affects de l'entourage. Or, sur quel jouet le bambin va-t-il jeter son dévolu ? Sur les voitures d'abord, les robots ensuite. Les enfants sont-ils tous toqués ? Ou bien les parents manifestent-ils à ce point leur démission et leurs défections pour les fondements de nos sociétés qu'ils laissent quasiment leurs enfants livrés aux images de la rue, sans souci de la portée future d'une telle apathie. Faut-il donc élever nos enfants selon les préceptes antiques, dans des lieux protégés à l'intérieur desquels la consommation des biens vulgaires serait strictement limitée ?

On aura reconnu ici certains slogans des philosophies modernes et manifestement ceux-ci traduisent le désarroi des parents. Dans ce maelström, les enfants conservent un statut privilégié qui semble contenir les assauts moralistes des parents. On l'a parfaitement vu avec la fameuse affaire des Crados qui a tant ému la gent parentale pendant que les enfants se délectaient de ces représentations grimaçantes, vulgaires et monstrueusement insolentes à l'égard de la morale bien-pensante.[67]

Seuls les adolescents auront le cruel privilège de se heurter à l'ambivalence de nos morales opportunistes et éclairées. Ils constituent en effet une véritable caste d'individus qui n'auraient pas encore le pouvoir de production mais seraient encore assez proches des richesses inventives de l'enfance pour se cabrer contre le sort d'esclaves qui leur est réservé grâce au gavage de protection dont ils sont l'objet pendant un temps très long. Comme les quartiers de haute sécurité sont, dans les prisons, de véritables pépinières à délinquants, il n'y a pas de meilleure machine à fabriquer des drogués ou des apathiques que cette manière qu'ont de nombreux parents de prolonger l'adolescence de

---

[67] – © *Libération* – Plon, 17 mars 1989, « Les Crados à l'assaut des cours de récréation », [la une 73-97]. [chap. 1]. Voir également <http://www.sssplash.fr/> et <http://storos.free.fr/biomanrpg.html>.

leurs progéniture au-delà de la trentaine sans jamais vraiment se poser la question du véritable besoin du jeune adulte. Mais, délinquants, drogués ou apathiques, ce sont de toute manière des nervis que l'on fabrique. Leur capacité d'invention s'est épuisée dans la rencontre cotonneuse des sollicitudes et des bienveillances parentales.

L'enfant, avec peut-être l'aide de quelques financiers avides – des sorciers ou des diables sûrement – peut encore se réserver une terre vierge dans laquelle son imaginaire s'engouffre à loisir. Ses parents n'y comprennent rien de toute façon et il est autorisé à naviguer dans ces contrées bizarres de l'imaginaire.

C'est bien là, en effet, que se passe peut-être une révolution. L'enfant, grâce à sa plasticité, nous montrerait le chemin d'une meilleure intégration au monde moderne. À laisser l'Imaginaire de l'enfant vagabonder sans chercher ce qui se passe, nous laissons sans domestication un instinct dont le but peut s'inverser. Si les parents ignorent, voire répriment, d'autres, moins bien intentionnés ne se privent pas d'exploiter la tendance immédiate de l'enfant à se porter sur les jouets et les outils modernes de communication.

Le Seigneur des anneaux et autres merveilles

Voilà une bien belle histoire que Tolkien nous rapporte. Mais c'est un conte pour adultes, misogyne et bâti sur la formidable suprématie du héros conquérant nageant en pleine dualité. Sus aux méchants et les bons avec moi ! Cela nous rappelle quelques vagues discours politiques qui se tiennent de plus en plus souvent avec un maquillage plus ou moins épais. Ce simulacre de merveilleux, promu avec efficacité, nous raconte-t-il vraiment quelque chose ? Il y a toujours quelque information à extraire de la manière dont l'imaginaire d'une société nous parle.

Et je ne puis m'empêcher de faire le rapprochement entre ce merveilleux là – celui de Harry Potter ou du Seigneur des anneaux – avec cette autre délivrance qui nous est promise si nous participons à la non moins merveilleuse croisade contre l'ennemi barbu.

Les caricatures sont les mêmes ! Et plutôt androgynes ou bien présentant un féminin au caractère bien mièvre.

Les enfants sont-ils « appelés » par ce simili merveilleux ? Ou bien s'agit-il plutôt d'une concession faite par les adultes aux enfants ? Des adultes qui auraient enfin compris leur enfant en leur présentant alors un merveilleux plus présentable, plus en accord avec ce qu'est vraiment le standard « Merveilleux ».

Les Crados étaient trop irrévérencieux et l'expérience m'a montré que l'Imaginaire entre toujours par effraction sous les traits hideux du personnage dont personne ne veut, un nabot, un monstre, un loup. Nous l'avons vu à l'œuvre sous la peau de l'âne...

Maintenant les robots sont domestiqués, un magazine, *Cyber Robot*, apprend à nos enfants les mille et un secrets pour créer et domestiquer un robot, l'inconnu n'entrera plus dans notre maison sous les traits du robot. Voilà un monstre trop fragile que la mécanique rationnelle a déjà avalé.

Alors s'il s'agit de pister les futurs monstres des générations à venir, ceux qui rempliront de cauchemars les nuits de nos enfants, il suffit de regarder autour de nous, écouter nos propres fantasmes d'adultes s'étalant de manière impudique dans les colonnes de l'Histoire.

Les réseaux de pédocriminels, Internet et les « Villages »

Dans les documents consacrés à la pédocriminalité, dans les procès, il est souvent question de réseaux organisés. L'image renvoyée par les informations qui nous parviennent correspond à celle que l'on connaît des réseaux mafieux : Un ensemble très hiérarchisé d'individus ou de cellules agissant selon un objectif parfaitement défini par un « état-major » qui tirerait profit du trafic de ce crime. Or, Internet – gigantesque robot représenté par une toile d'araignée – nous oblige à revoir ces images devenues désuètes. Il suffit qu'un criminel dispose d'un appareillage vidéo sophistiqué et de connexions internet pour diffuser largement des images et des annonces criminelles. Ensuite, la question du pistage peut être réglée grâce à une bonne connaissance technique. Et je connais au moins une cellule qui fonctionne ainsi. À la base, un couple sans scrupule qui multiplie des sites éphémères, des annonces, ambiguës pour le béotien, mais très claires pour les internautes avertis parcourant la toile.

Sur le terrain, il n'y a pas, à proprement parler de véritable réseau mais ce que les internautes nomment désormais « un Village », une communauté d'individus qui utilisent les atouts techniques d'un outil – Internet – à leurs fins criminelles. Et s'il existe des villages humains, accueillants et chaleureux, il en existe aussi de cruels. Sur la toile, la maison des ogres et des Baba Yaga existe !

Internet fut créé, à l'origine, par l'armée américaine – cela s'appelait Arpanet – pour interconnecter les centres sensibles et permettre, qu'en cas d'attaque d'un noyau directeur, d'autres prennent le relais sans que les communications soient coupées entre les centres de commandement.

Les prédateurs utilisent depuis longtemps cette potentialité à leur profit et c'est pourquoi il est difficile d'appréhender une « tête ». Il n'y a pas de tête. L'atout majeur d'Internet, la communication horizontale qui met en relation des individus qui ne se rencontreraient jamais dans une organisation pyramidale, se retourne contre l'ordre nécessaire à la survie d'une société.

Cela ne tient pas à l'existence d'Internet mais au retard que les sociétés – notamment européennes – ont pris dans la maîtrise de cet outil. Si les français s'équipent désormais massivement pour se connecter au réseau, il y a à peine 5 ans, ceux qui prônaient l'usage d'Internet pour accomplir des tâches courantes : encyclopédie, communication avec d'autres personnes, etc. faisaient figure d'aventuriers. La pression culturelle était importante. Les « intellectuels » – parisiens, c'est un pléonasme – s'insurgeaient avec force contre cet outil diabolique. Au résultat, nous avons perdu un temps énorme et nous dépendons, techniquement, du Nouveau Continent, qui, lui, ne s'est pas embarrassé de ces entraves désuètes.

Pendant ce temps, la toile d'araignée s'est trouvée occupée par les prédateurs qui sont bien moins conservateurs et ne s'embarrassent pas de mobiles moraux. Le robot froid et implacable précède son ennemi avec efficacité !

C'est une des remarques que font les policiers chargés de lutter contre la criminalité organisée : « Ils nous précèdent toujours d'une longueur technologique ! »

Pourtant la France disposait déjà, depuis les années 70, d'un outil puissant : le Minitel. En Europe, l'organisation de la pédocriminalité en « Village » date de ces époques. C'est au même moment que différentes sectes et groupes occultes se sont criminalisés. Comme si l'outil technique donnait plus de force à ce qui, auparavant, demeurait un vain fantasme – parce qu'il ne pouvait pas agir en toute liberté dans la communauté restreinte des villages d'antan. Il s'est trouvé des individus, froids et déterminés qui ont trouvé dans ces différents instruments, les moyens de mettre en acte des fantasmes d'horreur.

Ce n'est pas Internet qui est en cause mais la difficulté que nous avons à nous adapter aux outils de la modernité et, en les méprisant, nous permettons l'extension du mal qui gît dans nos sociétés. Internet, passivement, met en évidence un problème bien plus global, celui de l'expansion planétaire de nos plus bas instincts, rendus opérants par le simple fait d'un conservatisme obtus. Nos philosophes n'ont pas anticipé, ils se sont contentés de suivre, avec retard, l'étendue des ravages. Et, à projeter la responsabilité sur l'outil, ils en oublient la véritable raison de cette épidémie du crime. C'est la conscience que nous avons du monde, notre propre implication dans le cours de l'Histoire qui sont en cause. Par suite nos responsabilités, individuelle et collective sont en cause. C'est dire que nous demeurons encore en arrière, techniquement mais aussi culturellement. En un mot, au moment où des changements s'opèrent dans les fondements de nos cultures, nous voudrions arrêter toute forme de changement d'attitude, rendu nécessaire par ces mutations. Notre culture veut rester infantile !

Pédocriminalité et Inconscient collectif

Selon C. G. Jung, la relation entre parents et enfants est placée sous le signe d'influences réciproques, le plus souvent d'Inconscient à Inconscient. La notion de contamination psychique est familière de l'univers conceptuel de Jung. Elle repose sur son expérience de psychiatre dont les résultats se vérifient régulièrement.

Il observe en premier lieu que pour « le jeune homme, c'est le rapport qui l'unit à la mère qui exerce une influence déterminante ; pour la jeune fille, celui qui l'unit au père. En premier lieu, c'est le degré de fixation aux parents qui influence, favorise ou entrave inconsciemment le choix des époux ».[68]

Il note également que « la mère influence l'Eros du fils, tandis que le père influence le Logos de la fille et ce, parfois, jusqu'à une intensité pathologique ».[69] En introduisant la notion de double inconscient opposé au conscient – Animus, Anima – la représentation que nous pouvons avoir des liens Conscient/Inconscient devient plus dynamique.[70]

Ce n'est pas tout !

Jung poursuit : « rien n'a plus d'influence psychique plus puissante sur l'entourage de l'homme, et surtout sur les enfants, que la vie que les parents n'ont pas vécue » car « l'enfant est à tel point inséré dans l'atmosphère psychologique de ses parents que leurs difficultés psychiques non résolues peuvent exercer sur sa santé une influence considérable ».[71]

Parlant de ce nuage d'impressions et d'émotions dans lequel baigne l'enfant, Jung affirme que « les premières impressions de l'enfant accompagnent l'homme tout au long de son existence et

---

[68] – *Problème de l'âme moderne*, traduction Roland Cahen, Buchet Chastel, 1960, p. 303.
[69] – *Psychologie et éducation*, traduction Roland Cahen, Buchet Chastel, 1963, p. 214.
[70] – Marie Louise Von Franz a beaucoup insisté sur les relations du conscient avec son double opposé dans ses ouvrages. Lire notamment *La femme dans les contes de fées*, op. cit.
[71] – *Métamorphose de l'âme et ses symboles*, Traduction Yves Le Lay, Georg, 1958, p. 317.

que certaines influences éducatrices ont le pouvoir de la maintenir dans certaines limites. On ne saurait donc s'étonner de voir surgir des conflits entre la véritable personnalité et celle qui a été formée par l'éducation ou l'influence du milieu. Ce conflit est le lot de tous ceux qui sont appelés à une vie indépendante et productrice ».[72]

Loin de confiner l'individu dans ce réseau d'influence, Jung assigne une fonction précise à la thérapie : « la thérapie ne commence qu'à partir du moment où le malade se rend compte que ce ne sont pas son père et sa mère qui lui barrent la route, mais que c'est lui-même, c'est-à-dire une partie inconsciente de sa personnalité, qui prolonge et perpétue le rôle du père et de la mère ».[73]

Ce que Freud a nommé Complexe d'Œdipe et ses incidences incestueuses peuvent s'imposer à l'individu jusqu'à des conséquences pathologiques. Jung situe, dans ce cas et pour l'instant, cette contamination Conscient/Inconscient dans l'étroite zone de l'Inconscient personnel.

Ses travaux de psychiatre l'ont aussi amené à considérer qu'il existait une composante de la personnalité qui, dans l'édification de la personnalité, allait bien au-delà des limites de l'Inconscient personnel. « L'image personnelle est dotée d'une énergie extraordinaire ; elle influe sur la vie spirituelle de l'enfant à ce point qu'on est obligé de se demander s'il est permis d'attribuer à un être humain ordinaire une telle puissance magique. Il est notoire cependant qu'il la possède. Mais alors la question se pose aussitôt de savoir si cette puissance est véritablement son bien propre ».[74]

Ces considérations le conduisirent très vite à concevoir l'existence de deux images forces qui animeraient la psyché au-delà du père et de la mère biologiques. Il les a nommés **archétype paternel** et **archétype maternel**. Ce sont deux noyaux chargés d'une énergie différenciée – masculine, féminine – qui influencent les orientations spécifiques que père et mère biologiques

---

[72] – *L'âme et la vie*, traduction R. Cahen, Éd. Buchet-Chastel 1963, p. 400.
[73] – *Psychologie de l'Inconscient*, Trad. R. Cahen, Éd. Georg 1952, p. 120.
[74] – *Psychologie et éducation*, op. cit., p. 230.

teint d'une valeur propre qui tient à leur histoire, à leur culture et à leur vécu.

Que dire alors du complexe d'Œdipe ? Les ensembles conceptuels Freudiens et Jungiens ne se recoupent guère sauf, sans doute, pour ce qui est des mécanismes régissant l'inconscient personnel. Par contre, si l'on envisage la psyché humaine sous l'aspect dynamique, de courants psychiques qui s'entrecroisent, se modifient selon les éléments de l'histoire personnelle et le contexte historique, social et culturel, les concepts freudiens ne sont guère opérationnels. Ils le sont probablement dans la stricte cohérence de l'appareil conceptuel freudien et de sa topique spécifique. Ce n'est pas notre univers !

L'archétype paternel

« Derrière le père, il y a l'Archétype du Père et, dans ce type préexistant, se trouve le secret de la force paternelle. »[75]

Au tout début de la vie, « c'est le père individuel qui incarne véritablement l'Archétype qui donne à sa figure une force fascinante. L'Archétype agit comme un résonateur qui intensifie jusqu'à la démesure des effets partant du père si toutefois ils concordent avec le type existant ». Cette réserve « si toutefois ils concordent », est importante car, en cas de lésion grave – inceste, humiliations, violences physiques, délaissement – commis par un parent ou ce qui en tient lieu, il n'y a plus de concordance.

Mutatis mutandis, le père est, pour la fille, l'anticipation de l'Animus qui lui convient et expression de sa force intérieure par laquelle elle s'affirme dans la société et qui lui permet d'échapper à cette passivité que la société de type patriarcal lui assigne.

L'intuition nous porte à nous demander ce qui se passe quand ce père biologique – ou son substitut – intervient violemment et lèse gravement ce pont qu'il représente de lui à l'archétype du père. C'est toute la ressource de l'Inconscient que de

---

[75] – *Psychologie et éducation*, op. cit. p. 237.

projeter alors les images de père sur des substituts moins dangereux. L'amour que l'enfant portait à son père s'oriente alors « vers les forces supérieures du Père, vers 'l'autorité', les 'Pères de l'Église' et vers le dieu paternel dont ils sont aussi, pourrait-on dire la représentation sensible ».[76] Détournement de la libido qui peut s'avérer libérateur ou nouveau piège. Si la société préserve des valeurs transcendantes qui constituent le ciment sur lequel se bâtit la culture, nous pouvons évoquer un possible allégement des souffrances. Mais, comme c'est le cas actuellement, si la société foule au pied toutes les valeurs éthiques antérieures, la personne qui aurait subi l'inceste se trouve suspendue entre deux dangers, l'un intérieur du à l'introjection de l'image de l'archétype paternel, l'autre extérieur car les valeurs paternelles d'autorité, d'ordre se trouvent gravement dévoyées. Si la loi collective est détournée, voire violée, l'individu ne peut trouver de recours que selon les hasards de sa vie.

Si « l'archétype représente l'autorité intérieure, le besoin intérieur d'accepter la loi immanente et d'y obéir, au lieu d'être subjugué par la puissance extérieure », la société, se construisant sur une lente sédimentation de valeurs morales, doit permettre aux individus de trouver justice et liberté et d'épanouir leurs forces créatrices.[77] Il en résulte que l'altération, voire la disparition de ces valeurs morales, place un individu blessé dans une position extrêmement inconfortable. Les modèles de substitution, au lieu de se consteller, se fractionnent, exposant la conscience au danger du morcellement. L'être doit alors se protéger de ce danger. On devine combien, les mécanismes de défense vont se fortifier.

Si l'archétype du père est activé positivement grâce à une attitude conciliante et compréhensive du père à l'égard de l'enfant, celui-ci peut trouver en lui des images de sagesse, d'assistance et d'ordre qui lui permettront d'affronter les aléas de la vie.

Si le père est un tyran, voire un véritable prédateur couard et

---

[76] – Ibid. p. 240.
[77] – *Études de psychologie jungienne*, Gh. Adler, Trad. Fearn et Leclercq, Éd. Georg 1957, p. 33.

sournois, l'archétype paternel exerce une pression tyrannique sur la jeune conscience de l'enfant. Il maintient l'individu dans une inertie puérile qui n'ose pas affronter le monde extérieur et les contenus du monde intérieur. L'enfant, pris par la crainte de son père, aura tendance à se réfugier dans une puérile inconscience et un refus plus ou moins obstiné d'affronter la vie.

Dans un processus habituel, celui d'une famille « normale », c'est vers la mère que l'enfant se réfugie. Celle-ci représente, en effet, l'Archétype maternel, protecteur et nourricier.

Nous comprenons alors la difficile position du jeune enfant pris dans les filets du prédateur et incapable de chercher un asile protecteur auprès de sa mère qui ne veut pas voir ou qui ferme carrément les yeux. Deux forces archétypiques sont gravement blessées chez lui. C'est ce dont doivent prendre conscience les organisations qui s'occupent de l'accueil de ces enfants ainsi que leurs « parents protecteurs ». Cet enfant là aura très tôt besoin d'un havre dans lequel il pourra, vaille que vaille, retrouver un minimum de confiance en la vie. Nous devons savoir aussi que cela ne suffira pas car la fixation dans cette position de refus puéril – ici nécessaire et réparatrice –, si elle dure, bloquera toute tentative d'immersion dans le monde. Il existe des étapes pour aider ces enfants à sortir de cet enfer, ne pas en tenir compte peut s'avérer gravement préjudiciable à leur futur épanouissement.

Et je ne parle ici que des victimes qui auront cette chance d'être extraites très vite des griffes du prédateur. Pour quelques-unes ainsi sauvées, combien continueront de subir en silence, attendant qu'une décision de justice soit prise qui leur permettent d'échapper à leur enfer ?

Nous le devinons donc, si, dans certains cas, le refuge dans le paradis maternel peut s'avérer salvateur, ce n'est qu'une solution provisoire car il faut aussi s'extraire des bras de l'Archétype maternel. La vie qu'il donne et l'espoir qu'il alimente peuvent s'avérer, à terme, inhibiteurs.

L'Archétype Maternel

« L'enfant est empreint d'amour et de confiance à l'égard de la mère qui le nourrit, le soigne et le caresse. »[78] C'est auprès de sa mère que l'enfant trouve une certaine sécurité affective dont il gardera la nostalgie toute sa vie. Comme le père pour l'Archétype paternel, la mère est la première porteuse, ou la représentation, de l'Archétype maternel. Encore une fois, c'est la mère... Mais Jung a toujours précisé : « on est toujours impressionné par l'importance apparemment prépondérante de la mère personnelle... Disons de suite, par anticipation, que ma manière de voir se distingue dans son principe de la théorie psychanalytique en ce que je n'attribue qu'une signification relative à la mère personnelle. Cela veut dire que ce n'est pas simplement la mère personnelle qui constitue la source des toutes les influences sur la psyché enfantine décrite dans la littérature, mais bien plutôt l'Archétype projeté sur la mère qui donne à celle-ci un arrière plan mythologique et lui prête ainsi autorité et numinosité ».[79]

Cette confusion entre la mère biologique ou nourricière et l'archétype qui l'anime est très présente dans nos sociétés. L'imago maternelle est si puissamment projetée sur les mères que l'on a tendance à faire de celles-ci des êtres omnipotents. Dans les jugements pour affaires familiales cela est très net – 90 % des mères obtiennent la domiciliation de leur enfant lors d'un divorce ; si le non paiement de la pension alimentaire par le père fait l'objet de poursuites et de sanctions allant jusqu'à la prison, le « partage de l'autorité parentale » qui rendrait au père un semblant de présence partagée n'est jamais pris en compte par les juges. Ce n'est pas sans intérêt pour notre propos : la protection des enfants victimes de prédateurs ou d'inceste. En effet, la parole de la mère est primordiale quand les preuves matérielles et physiques manquent ou sont difficiles à produire. En bien des points nos sociétés donnent à la mère biologique une puissance qui la dépasse et beaucoup de juges se laissent ainsi abuser.

---

[78] – *La guérison psychologique*, trad. R. Cahen, Éd. Georg 1953, p. 167.
[79] – *Les racines de la conscience*, trad. R. Cahen, Buchet-Chastel 1971, p. 98.

Or la mère n'est pas forcément cet être tout d'amour et de compassion que la littérature décrit avec complaisance. Les mères savent malheureusement être terriblement aveugles, se défendent parfois dans le déni, quand il s'agit de mettre en cause un amant, un époux, pour défendre leur enfant. Ce déni peut aller jusqu'à accuser l'enfant plaignant. Les témoignages qui le montrent sont malheureusement nombreux, parfois terribles, au point que l'on se demande parfois où est la vérité.

Ce courage qui manque alors à la mère causera de très graves dégâts sur la psyché de l'enfant au cours de son évolution. Car durant le temps de l'enfance l'archétype et la mère biologique ou nourricière se confondent dans une même image. La déficience de la mère sonne alors, pour l'enfant comme celle de l'archétype. Cela est gravissime !

De quelle sécurité affective l'enfant aura-t-il alors la nostalgie, toujours à se laisser aller dans un élan de tendresse et d'amour, en appréhendant toujours la trahison qui suit ? On comprend qu'il soit très difficile d'aider des rescapés de l'inceste. Cela n'est pas impossible pour autant. Les techniques thérapeutiques classiques sont simplement inopérantes, voire contreproductives.

Si nous reprenons à notre compte que « la thérapie ne commence qu'à partir du moment où le malade se rend compte que ce ne sont pas son père et sa mère qui lui barrent la route, mais que c'est lui-même, c'est-à-dire une partie inconsciente de sa personnalité, qui prolonge et perpétue le rôle du père et de la mère ».[80] On soupçonne dans quel dilemme se trouvent pris les enfants victimes une fois devenus adultes. Car s'il est relativement facile de se distancier de parents prédateurs, nul être ne peut comprendre ni intégrer l'idée qu'il porte en lui une force destructrice et perpétuellement perfide.

La seule solution logique qui s'impose à lui est qu'il est anormal, d'une anormalité contre nature ! Le prédateur gagne ainsi une deuxième fois ![81]

---

[80] – *Psychologie de l'Inconscient*, trad. R. Cahen, Éd. Georg 1952, p. 120.
[81] – Dans l'essai qui suivra, nous verrons combien ce sentiment de « ne pas être normal » touche des êtres créatifs quand la société elle-même devient prédatrice.

Nous retrouvons dans l'Archétype maternel les attributs associés à la plupart des déesses mères : bonté tutélaire, nourricières et généreuses, orgiastiques, maîtresses des émotions mais également redoutables pour celui qui se laisserait piéger par leur sollicitude. La Terre nourrit mais la terre a besoin des Hommes pour la cultiver. La Terre ne laisse aucune place à celui qui attendrait tout d'elle. Une Terre qui ne serait pas cultivée serait une terre violente et dangereuse. Dans son expression la plus transcendante, l'Archétype maternel se projette sur la Grande Déesse Mère, sur la *Sophia* des Grecs – la Sagesse de la Nature – dont le témoignage se trouve au-delà de la raison. C'est dans les religions orientales et asiatiques que nous ne trouvons le plus belles figurations. Mais les contes de fées regorgent de représentations ambivalentes de la Grande Mère la Terre. Les ogresses, les sorcières nous dévoilent un aspect paradoxal de la nature humaine confrontée aux grandes forces telluriques : Baba Yaga, dans les contes russes, n'est pas une ogresse comme les autres. Il faut, face à elle, savoir ce que l'on veut, ne pas céder à la première impulsion, celle que nous dicterait la vanité de la Conscience... Baba Yaga honore et aide les héros qui lui tiennent tête et qui savent exactement ce qu'ils veulent.

Parallèlement à l'image de la Nature, la Mère impersonnelle se confond avec celle de l'Inconscient. « Il apparaît, en dernière analyse, que les effets du Complexe Maternel ; si on le dépouille de la diversité des individus, se rapporte à l'inconscient. »[82]

Ce qui constitue un embryon de représentation du monde dans laquelle conscient et inconscient occupent un rôle opposé et complémentaire. Au début de la vie, l'Inconscient contient en germe le Conscient dont le centre deviendra le petit ego – le Moi, dont le rôle sera de se plonger dans le monde avec le maximum de discernement et de forces.

L'état d'inconscience précède et génère l'état de conscience.[83] Il découle de cette cosmogonie que l'Inconscient est ressenti

---

[82] – *Les racines de la conscience*, op. cit., p. 120.
[83] – Voir plus haut la déclinaison que je fais de cet aspect, à partir d'une figure commune de la Grand-mère, le Loup, que nos sociétés technologiques ont transformé en robot, glacial et impersonnel.

comme étant la mère du Moi. Cette Mère universelle constitue le substrat d'origine à partir duquel s'effectue la mise au monde. Cette dernière s'opère de manière favorable et élance l'enfant vers son autonomie et une certaine élévation éthique et spirituelle...

Que cet élan soit coupé et la conscience ne peut naître vraiment, l'individu reste confiné dans des comportements mimétiques qui s'organisent en dehors de son instinctivité. Le conscient demeure sous l'océan de l'Inconscient. C'est d'ailleurs le thème de nombreux contes et légendes dont le sens tourne autour de cette question d'une « renaissance ». Nous avons en effet deux mères et il nous est « imposé de naître » deux fois !

Tout individu demeure donc écartelé entre deux tendances[84] opposées en finalité :

– d'une part nous aimerions demeurer dans la paradisiaque inconscience de « petit enfant qui n'a pas encore ri », c'est-à-dire qui n'est pas encore déchiré par l'antagonisme Conscient/Inconscient et non soumis aux obligations et responsabilités de l'existence ;

– d'autre part, la tendance voulue par notre nature profonde de réaliser sur le fil du rasoir nos propres forces potentielles en leur donnant le maximum de chances d'épanouissement. Cette pulsion instinctive d'élan vers le monde et la vie, c'est la « fonction transcendante ».[85] Cette fonction, telle un pont surmonte le ravin béant, la discontinuité séparant le Conscient de l'Inconscient. C'est un processus naturel, un de ses symboles est le caducée.

L'Archétype Maternel peut être aimant ou terrible. Ses représentations vont de la sorcière à la Sophia en passant par de multiples images intermédiaires.

Shri Aurobindo écrit au sujet de la Mère : « La mère divine, ne tolérant pas l'imperfection, traite rudement dans l'homme toute mauvaise volonté et elle est sévère pour qui demeure obstinément aveugle, ignorant et obscur ; son courroux est

---

[84] – À rapprocher du concept d'ambitendance psychiatrique de Bleuler, (1904).
[85] – Voir au chapitre suivant.

immédiat contre la traîtrise, le mensonge et la méchanceté ; le mauvais vouloir est à l'instant frappé de son châtiment. »[86]

La conscience doit s'extraire des bras de la Grande Mère, poussée en cela par la Fonction transcendante. L'être humain doit donc vaincre en lui la crainte qu'il a de cet archétype, pour cela il lui faut disposer d'une puissante motivation pour s'extraire de la gangue de l'Inconscient.

Si, par contre, l'Ego ne parvient pas à surmonter son désir de demeurer dans le paradis de l'enfance, il sera anéanti, englouti par les flots de l'Inconscience et il demeurera aveugle tel Œdipe.

Le monde apparaît à l'homme quand il le découvre. Il le découvre quand il consent à sacrifier la « Mère », c'est-à-dire quand il se libère des brouillards de l'Inconscience et qu'il s'extrait de la fusion avec cette « Mère ».

Revenant à nos innocentes victimes d'inceste nous comprenons combien, pour elles, la résolution des problèmes ne se confine pas à un accueil chaleureux chez des « parents protecteurs ». Nous devons pouvoir suivre les méandres de la libido tout au long de la vie de ces êtres devenus adultes car les filets de l'ambiguïté dans lesquels il se trouvent pris dépassent la simple dimension humaine et ils peuvent se révéler destructeurs au moindre « accident » de parcours, à la faveur de la moindre déstabilisation.

Interaction des imagos paternelle et maternelle

Gardons présent à l'esprit qu'il peut exister des complexes paternels ou maternels même si l'individu ne connaît pas ses parents. Les imagos respectives, puisent, en effet, leur énergie dans les archétypes correspondants et se projettent sur des figures extérieures de la manière la plus opportune qui soit. Les figures porteuses peuvent se trouver dans l'environnement immédiat.

---

[86] – *La mère*, Éd. Adyar 1950, p. 40.

Deuxième partie — Pédocriminalité et Inconscient collectif

Elles peuvent coïncider avec celle des héros du moment... Les vedettes de football en sont, pour de nombreux jeunes gens de notre époque, y compris pour des filles. Ce peuvent être également des figures mythiques du passé et de l'histoire ou de la philosophie.

Tous les contenus qui se rapportent à la nature, à la matière, aux instincts et aux affects relèvent du domaine de l'Archétype maternel. Il porte également les valeurs de l'enracinement et de l'attachement. C'est pourquoi il est si puissant à l'heure actuelle, face aux mutations du monstre nommé « Le Marché ».

L'archétype paternel ordonne, il est à l'origine des idées créatrices, aux sens des valeurs, il donne accès à la raison.

Ces deux polarités ont besoin l'une de l'autre, comme l'homme a besoin de la femme, pour que se réalise un être vivant. Une parabole chinoise nous enseigne que la glaise sans le sculpteur n'est que masse inerte et inconsistante. Pour créer, ordonner, discerner, accéder à la connaissance, l'énergie psychique a besoin de s'involuer dans la matière pour mieux s'en extraire, une fois ce processus accompli.

Ce processus d'apparente régression, qui peut d'ailleurs se retrouver avant toute phase de création – que l'on peut aussi nommer incubation, est rendu nécessaire pour que s'accomplisse le maximum « d'incarnation de la conscience ».

La dynamique des complémentaires mise en jeu par les Archétypes maternel et paternel doit être parfaitement souple et sans trop d'obstacles – tout au moins sans obstacle insurmontable. À travers l'inceste physique les représentations archétypales jouent leur rôle en négatif. C'est « des deux parents que vient le danger menaçant : du père parce qu'il rend la régression impossible et de la mère parce qu'elle absorbe et retient la libido en régression et que, dans ce cas-là, celui qui cherche à renaître rencontre la mort ».[87]

Le père doit faciliter l'expansion de la libido, la mère la libère. La consommation de l'inceste physique rend ce processus impossible. Cette mort qu'évoque Jung c'est celle de l'âme, un état

---

[87] – *Métamorphose de l'âme et ses symboles*, op. cit., p. 548.

de vide et de non sens, une rupture d'avec ce qui rend l'élan vers la vie essentiel.

La rupture avec la famille biologique, si elle adoucit la blessure et permet une cautérisation, ne résout pas le problème fondamental, celui de la continuité rendue impossible entre Conscient et Inconscient par la transgression du tabou de l'inceste.

Cette coupure n'est efficiente que s'il y a rupture avec la charge négative des images correspondantes dans l'Inconscient. Ce qui pose le problème de la prise en charge thérapeutique ou familiale. En effet, il existe des étapes dans la réparation :

– Dans un premier temps, l'accueil par des parents protecteurs est une solution judicieuse, à condition que les juges réagissent suffisamment tôt. La réactivité de la justice est rendue nécessaire par le besoin de suivre l'esprit du droit. Pour l'enfant victime, cela préserve la confiance qu'il peut avoir en la société qui devient, de fait, un substitut de sa mère et, par suite, une représentation de l'Archétype maternel. Endommager cette image, c'est priver le futur adulte de possibles retrouvailles avec son authenticité intérieure.

– Dans un deuxième temps, l'adolescent, le jeune adulte auront besoin d'opérer une rupture avec cette parenté de substitution. Ce qui peut ne pas s'opérer dans la sérénité car la violence du meurtre antérieur n'aura pas été exorcisée. Et l'on peut s'attendre au retour des phénomènes de violence.

Piliers du monde, les parents

Qu'est-ce qu'un père ?
C'est une épaule où s'appuyer
Il est un peu d'où l'on vient et où l'on va
Je crois qu'il doit connaître sa propre route, il doit pouvoir répondre de ses actes et répondre aux questions de ses enfants.
Il doit protéger sa famille.
Il est une image sociale et il tente d'être un homme libre.

La différence de sa vie et celle de ses enfants doit être présente dans son jugement afin d'éclaircir les difficultés éventuelles.

Il est dans la Vie, le présent et l'avenir.

Le père est une figure forte et fragile à la fois, sans abuser ni de l'une ni de l'autre.

J'ai un peu de confusion à parler du père, oscillant sans cesse entre ma propre vision, et celle du film négatif, de l'image renversée de mon père, voire de mes pères, n'en n'ayant aucun, les ayant tous.

Le monde des pères est celui du monde, de la transmission, et de la fin.

Le père aide à grandir, à vieillir.

Je vieillis sans nul doute, mais grandir reste incertain, tout seul, la croissance se ralentit jusqu'à l'arrêt du mouvement.

C'est lui qui donne la force, le jus de continuer, il reste un lien avec les autres hommes.

Il me semble que son rôle est d'apprivoiser la Peur, afin de réduire sensiblement le sauvage, il est un civilisateur

Autre jour.

Il n'est pas un homme de pouvoir ; la notion de Dieu le père, des pères religieux, m'a toujours au fond dégoûté par le pouvoir absolu qu'on leur accorde.

Il est un référant, un partenaire juste un peu en avance sur la vie.

Il est un conseil.

Je ne suis pas juste comme père et n'espère pas l'être, juste un garde-fou.

Même si l'on donne beaucoup de soi, de son temps de son énergie, je ne dois pas en attendre un retour particulier, si ce n'est l'équilibre de mon fils.

En effet cette énergie dépensée par le père n'est que le reflet de ses propres manques enfantins et il s'applique simplement à vivre, c'est à dire à remettre à l'endroit quelques images du père mal foutues.

L'obéissance que l'on doit à un adulte m'a toujours paru ressembler à celle que l'on exige en religion et à l'armée d'où ma plus grande méfiance à leur égard.

J'ai une image !

Il y a la forêt, le monde est sauvage, le père est capable de construire la maison de sa famille pour les mettre à l'abri des intempéries de toute sorte .C'est une charpente.

Il est vrai que je couve un désir confus de parler de ce père, du père, des pères.

Il y avait dans le texte de Novarina , la découverte d'habiter réellement la parole, un théâtre de la parole, où l'énergie de l'acteur va puiser au plus profond de son intime afin de renvoyer après transformation, l'énergie chimique, primaire de l'homme debout, vivant.

La souffrance des temps anciens peut devenir un carburant puissant, au lieu de rester une énergie fossile qui nous alourdit .Il y a alors transformation.

Il y a ce projet de sourire avec le drame, pas de rire, quoique !
Le 22 janvier 2002

Face aux résurgences de violence, j'ai repris le tabac dans le quasi même esprit qu'il y a maintenant fichtre presque 35 ans.

Une rage à vouloir grandir, à vouloir changer d'air, respirer d'autres odeurs, ajouter du brouillard, du trouillard comme disent les mômes, pour corriger la vision d'un monde trop monolithique.

Laisser filer !
Je prend un compas, je le plante dans le sable
Je trace un cercle que la vague efface
Je retrace avant la vague, je la guette
Puis je jette le compas et je trace avec un bâton
Puis avec les doigts et la vague toujours efface
Alors je parle, parle encore plus fort
Mais le vent efface les mots
Rebondir !
A toutes les Hélène, A tous les Viscose
Je vous souhaite de jouer à la vie, plus fort que la vie.
De tout cœur avec vous dans la cour de récré
Merde, Roland Dubillard !
J'ai attendu le bus
Celui qui vous prends sans questions

Pour aller juste à côté
Changer de parapets
On dirait que le jour glisse
Sur la vitre
La vie est grasse et sale.
Aujourd'hui, je fais la fourmi,
petits fardeaux sur le dos et petit à petit.
Création et filiation, 18 Mai 2002

La filiation que je ressens est celle de la longue file des vivants et des morts, une sorte d'héritage de leurs sueurs et de leurs joies d'hommes, de leurs espérances aussi.

De là il y a une énergie qui me pousse, un désir d'inventer, de créer, mais il est contrebalancé par une énergie contraire de la même force, une sorte de loi physique de l'impuissance.

Il y a un verrou qui bloque, une salissure dans le carbu qui empêche la montée de la sève, comme si elle était honteuse, car je ne peux pas concevoir mon image de créateur comme propre : Ce manque de confiance s'apparente à de la pourriture à l'intérieur, à une fièvre permanente qui ne m'autorise pas à être sain.

Honte d'avoir quelque chose à dire, pas de sens.

Il n'y a pas de création sans une pensée positive de ce que l'on fabrique et sans la notion de beau. Or le beau reste chez moi conflictuel, car je le recherche comme une entité extérieure

Pour le travail manuel j'ai en héritage l'exemple de mon grand père et malgré les difficultés.

Je garde au fond de moi la possibilité d'y arriver, et par là même d'aller rechercher de l'information pour y arriver.

En ce qui concerne la création littéraire rien n'est moins sûr, car je garde envers elle un sentiment d'incapacité très prononcé ; Je dirais de ne pas mélanger les serviettes propres avec les serviettes sales.

Ce sentiment d'autodidacte me fait mesurer mes lacunes, comme le mauvais élève, devant un jury hostile, qui perd ses moyens. J'ai à prouver que j'existe et que je vaux quelque chose.

Je me demande souvent si je manque de courage, sans pouvoir répondre à la question.

Arriver à se donner une place soi-même, la respecter et lui donner un sens, voilà ce que peut être une vie.
Mettre son énergie vivante au service de son métier et vivre.
Il faut être fier de son métier, et je ne le suis pas, de par ma façon de le vivre, trop attentiste.
Car il y a trop d'énergie qui pousse et trop qui retient.

« Il ne s'agit pas tant de connaître que de naître.
L'amour propre et la prétention sont les principales vertus. »
F. Ponge

Ne pas vouloir résoudre le monde, ni résoudre quoi que ce soit, mais plutôt juste témoigner, vivre ma vie en considérant simplement qu'elle en vaut une autre.

Rolland, octobre 2001.

Quand les parents trahissent

L'enfant victime innocente subit et, dans le crime, il ne peut rien faire que guetter pour s'arracher une maigre portion de quiétude dans laquelle, pas à pas il construira sa vie. Le texte de Rolland est édifiant. Le rôle des parents, en plus de leurs devoirs matériels, nourriciers, est d'assurer à leur enfant la meilleure transition possible de l'état d'inconscience à celui de la conscience. Éveiller la conscience de l'enfant c'est autant lui transmettre un savoir qu'une morale. La finalité de cette transmission est de permettre à l'enfant de savoir puiser dans ses propres ressources quand sera venu le temps du grand sevrage, celui de l'élan définitif vers l'état adulte. À ce moment, les parents seront passés du statut de personnage de chair à celui de symbole. Le nouvel adulte pourra puiser dans son propre patrimoine psychique l'énergie dont il aura besoin pour accomplir les tâches qu'il se sera assignées en toute liberté de conscience.

Dialogue

— Au plan réel, l'interdit est fondamental, sa transgression jamais consentie !

— Que veux-tu dire par « au plan réel » ; pourquoi préciser « plan réel » ?

— Au plan réel, concret, de la vie courante quotidienne. Au plan de la chair, de la Conscience, voilà des synonymes.

Il existe en effet une « réalité physique objective » qui est celle de la matière, celle, d'ailleurs, à laquelle la raison s'applique. Notre réalité à nous, celle que la science prend en compte est extérieure à notre psyché. Nous nommons objet ce qui lui appartient. La vie intérieure n'a pas d'existence pour la science. C'est pourtant une réalité.

Attention ! Va-t-on dire : mais les fantasmes de coucher avec maman...

— Ce ne sont pas des fantasmes. L'enfant exprime une vérité du moment. La perversion que nous lui inventons n'est que la projection de la nôtre. Il n'y a pas de réponse à cette vérité, dans la réalité. C'est interdit ! Mais il y a beaucoup de réponses dans la réalité psychique !

— Peux-tu expliquer ce que tu veux dire ?

— Il existe une réalité intérieure, tout aussi tangible que celle de l'extérieur. C'est celle de notre monde intérieur et nul ne peut mettre en doute son existence.

— Même si les scientifiques ne la voient pas ?

— Bien sûr. Quand le petit garçon dit qu'il veut coucher avec maman. Il s'exprime avec ses mots. Au plan de la réalité physique objective, cette expression ne veut rien dire d'autre que ce qu'il dit. Point ! Coucher, dormir, faire un câlin...

Tu veux dormir avec Maman ?
— Oui !
— Heu, tu es trop grand !
— Pourquoi ?
— Parce que c'est comme ça !

Telle est la réalité de l'interdit de l'inceste et le devoir de tout parent consiste à le perpétuer. Il n'y pas à tortiller... C'est non !

Inceste, pédocriminalité : crimes contre l'humanité

C'est simple ! Mais l'enfant dit aussi quelque chose qui mérite l'attention. Dire Non ! Sans rien d'autre ce serait peut-être le priver d'une vérité qui réside ailleurs…

Livrons-nous à une petite reconstitution grâce à l'aide de nos amis les anthropologues.

Quelque part il y a très longtemps un enfant dit :
« Je voudrais coucher avec maman. »
Maman va voir papa, qui va voir le chaman.
Le chaman prend l'enfant : « Alors on veut coucher avec maman ? »
Ho merveille ! dit celui-ci.
Visages émerveillés du papa et de maman.
Le chaman conduit l'enfant sur l'autel de la Déesse, cette divinité dont l'enfant sait qu'elle est terrible car elle peut croquer les enfants à la naissance. Il ne sait pas pourquoi, ce petit enfant. On lui a aussi dit qu'elle peut se montrer aussi généreuse car elle donne à l'Homme qui sait faire d'abondantes nourritures. Mais, gare à celui qui voudrait échapper à sa férule.
C'est la Fête dans la tribu ! Il ne comprend pas très bien cet enfant. On dit qu'il vient de naître… Ha, encore des histoires de magie, de grigri ! Se dira-t-il plus tard quand il aura quitté la tribu pour faire des études modernes.
Hé bien non !
L'enfant a bel et bien émis le désir de naître à la vie des humains en disant vouloir « coucher avec sa maman ». Et ses parents, pétris d'imaginaire et surtout pas de froide raison ont immédiatement réagi là et comme il le fallait, porter l'enfant sur les fonds de sa nouvelle naissance, consentie celle-là ! Une nouvelle conscience vient de naître. Rien de bien concret mais une réalité que l'humanité reconnaît depuis l'aube des temps.

Coucher avec sa vraie maman, c'est impossible mais coucher avec la déesse, oui voire incontournable et nécessaire ! Telle est la vérité exprimée là. Avec cette émotion que seul l'enfant peut avoir à ce moment, dans l'émerveillement, l'élan, la joie.

Le jeune homme, maintenant installé dans une grande cité médite sur ce passé primitif dont il a été pétri mais qu'il a rangé dans ses tiroirs parmi les photos et les souvenirs... Il avait dénigré ces croyances anciennes, mais maintenant, il ne sait plus trop. Il sait que ses parents demeurent l'essentiel de sa vie. Ils lui ont transmis le goût si particulier qu'il a des choses de la vie. Il tient d'eux cette morale si ferme qui lui permet de ne pas sombrer dans les compromissions qui coûtent tant à certains de ses collègues pétris de culture moderne...

Où donc se passent ces choses mystérieuses ? Une voie intérieure répond à ces questions qui flottent en lui : « En aimant tout ce que la terre a nourri, tu viens parmi les humains, tes parents, la tribu, la nation...

Elle te protègera car, jamais plus tu ne sera menacé d'être englouti par ses monstres. Tu es né deux fois, tu es devenu assez fort pour les apprivoiser et les combattre. »

Qui suis-je ? Persiste-t-il à se demander ?
Est-ce bien cette conscience dont parlent les psychologues ?

Le corps naît d'une matrice biologique, la conscience d'une matrice psychique que nous pouvons nommer inconscient collectif, comme l'a fait Jung. À son tour cette conscience pourra fomenter une mince couche sédimentaire d'inconscient personnel...

Une société cannibale
– les pauvres – la femme – l'enfant...

Un scénario moderne

Judith et Stéphane forment un couple qui présente toutes les apparences de la normalité. Ils sont très respectés dans leur quartier. Même s'ils ne fréquentent personne alentour, les voisins ne se plaignent pas d'eux, ils paraissent aisés, leur maison respire le luxe discret, un peu banal, des classes moyennes. Mais ce qui échappe aux voisins, ce sont les déplacements nocturnes qui surviennent à des dates singulières ; aux solstices et aux équinoxes. Là, vers 22 h. ils vont, ... avec leurs enfants, Gérard et Aloïs, âgés respectivement de 8 et 6 ans. Ils partent discrètement en emmenant des sacs énormes dont on se demande ce qu'ils contiennent. Un voisin plus matinal que les autres les voient revenir au petit matin. Il remarque simplement les visages fatigués, les traits tirés de la femme, les enfants que l'on transporte inertes tant le sommeil les a enveloppés.

Le lendemain, des photos apparaîtront sur un site internet créé peu de temps auparavant. Les images que l'on voit défiler au rythme de la liaison sont sidérantes d'horreur.

Sur l'une des séquences filmées, on distingue une assemblée de personnes vêtues de larges toges richement colorées de vert, de jaune, de violet... Nul ne sait à quoi ces couleurs correspondent... La cérémonie se déroule en pleine nature, dans une forêt semble-t-il. Un personnage, qui pourrait paraître grotesque, tant ses vêtements semblent d'un autre âge, surgit de l'obscurité. Il tient un long glaive

Derrière lui, deux femmes en toge blanche encadrent un enfant qui trébuche. Il semble groggy. Sans doute est-il drogué. Elles installent la petite créature sur une large table décorée en autel, tout de noir. Une grande étoile à cinq branches trône au centre... L'officiant prononce quelques paroles. Le site ne restitue pas le son. Il gesticule, se prenant pour un grand prêtre jouant dans un péplum. Il s'immobilise, presque majestueux, s'approche enfin de l'enfant étendu nu à plat ventre sur cet autel lugubre. Lentement il trace une croix sanglante sur le dos de l'enfant qui ne semble pas réagir.

...

Le lendemain, afin d'en avoir le cœur net, le voisin tentera de revenir sur le site qu'il avait visité la veille... Plus rien, envolé, évaporé. « ERREUR 404 », dit le navigateur !

Tiens, Affaire classée !

Dans le rêve lointain de quelque grand-mère éplorée, un juge aimable presque insouciant déclare : « Dans cette affaire nous déclarons le non-lieu ! » Et cela, dans l'esprit de cette femme, signe comme une condamnation.

Deuxième partie — Pédocriminalité et Inconscient collectif

Dans 20 ans, se dit-elle, il y aura un assassinat. Il tuera père et mère. De nouveau, la ville enveloppe les passants dans un manteau d'anonymat et de silence.

(Sur des sites internet parfaitement légaux, vous pourrez reconstituer la scène. Les paroles et les gestes du rituel sont écrits en toutes lettres. Si l'on demande au gestionnaire du site ce dont il s'agit, il vous répondra qu'il n'est question, bien sûr que de « faits symboliques ». Il n'en demeure pas moins que notre voisin curieux se demandera longtemps si ce qu'il a vu, était ou non symbolique. Jusqu'au jour, tant espéré par la grand-mère, où la police entreprendra enfin une perquisition au domicile de ces parents si « propres sur eux ». Un des garçons aura déjà disparu. « Aux USA », dira le père. « Je n'ai plus de nouvelles depuis trois ans. Vous savez, il a 21 ans ! » … « Au suivant ! », chantait Jacques Brel.)

On a peine à le croire mais ces sacrifices d'enfants se font de plus en plus nombreux. Des réseaux insaisissables, très fermés, kidnappent des jeunes femmes, des enfants. Plus horrible encore, en naviguant sur Internet, certains sites éphémères proposent un large éventail d'annonces de « location » d'enfants. Ce sont des parents qui vendent leur progéniture à ces réseaux. Lisez les enquêtes de Hubert Besson, Michel Roussel, Eric Raynaud, que votre intime conviction se forge. Une correspondante canadienne me propose même de me donner quelques adresses de ces sites internet, pensant que je peux intervenir. Je lui réponds de s'adresser à sa police locale. Je ne peux rien faire d'autre...

Les films de Roman Polanski ne sont rien à côté de cela. Si un réalisateur de cinéma mettait ces faits en scène, personne ne le croirait. Il risquerait sa vie de surcroît !

Ailleurs, quelques pauvres SDF disparaissent, des prostituées également.

S'agit-il de faits isolés, en marge de nos sociétés policées ? Non, le phénomène gagne, lentement, silencieusement.

Pourtant, Marcela Iacub affirme le contraire dans un article

Inceste, pédocriminalité : crimes contre l'humanité

au titre provocateur : « Le goût du sperme du diable ».[88] « S'il y eut tant de faux coupables dans la triste affaire d'Outreau, c'est que le juge d'instruction avait en tête l'hypothèse du « réseau pédophile ». C'était l'époque où, à la suite de l'affaire Dutroux (dans laquelle d'ailleurs l'hypothèse du réseau pédophile n'a jamais été confirmée), certains journalistes et associations de défense de l'enfance commençaient à faire courir le bruit que des groupes organisés cherchaient à violer, assassiner et torturer des enfants, et qu'ils filmaient leurs crimes pour vendre les cassettes ensuite. Outreau n'est pas isolé : d'autres procès doivent bientôt avoir lieu, où encore des dizaines de pauvres gens sont accusés d'appartenir à des réseaux de ce type. Le passage des pédophiles réels aux réseaux pédophiles virtuels et fantasmés n'a pas été l'apanage de la France. » Suit une longue démonstration appuyée de nombreux chiffres pour nous dire que l'existence des réseaux de pédocriminels est un fantasme à l'instar des accusations portées contre les sorcières durant l'Inquisition.

Cessons d'être naïfs ! les terroristes islamistes utilisent Internet pour communiquer avec leurs cellules dispersées dans le monde... Les pédocriminels seraient-ils donc assez scrupuleux et soucieux de bonne morale pour délaisser les outils du DarkNet ou les réseaux cryptés ?

Que de nombreuses enquêtes aient été diligentées pour mettre fin à cette rumeur de la cyber-société ne fait que conforter l'hypothèse selon laquelle on peut violer en silence car la pédocriminalité, par sa lente banalisation, pose un très grave problème de civilisation, de morale, finalement, de politique.

Est enfin abordé la fameuse, l'infâme théorie du complot : « Une véritable armée d'experts psychologues, d'assistants sociaux, de féministes, d'antipornographes, de chrétiens fondamentalistes, de ligues de protection de l'enfance, s'est discréditée à force d'accréditer ces soupçons. Ces délires collectifs ont donné lieu à des procès à l'issue desquels des centaines d'innocents furent mis en prison à vie. » La violence de la rhétorique cache mal un sérieux manque d'information et l'on retrouve

---

[88] – *Libération*, 16 novembre 2004.

dans ce genre d'article les moteurs mêmes de l'emballement émotionnel. On pourrait, sans prétention aucune, recommander à Marcela Iacub un peu plus de discernement, de prudence et de prendre la peine de collecter l'information sur le terrain. Et puisque, s'informant auprès de journalistes américains, elle nous révèle que « certains intellectuels américains ont comparé ces pratiques judiciaires aux procès en sorcellerie des XVIe et XVIIe siècles. Ce n'est pas seulement une métaphore. On sait qu'alors, grâce à la torture, on a réussi à faire "avouer" à des milliers de malheureuses qu'elles avaient commis elles aussi le crime maximal, le crime contre Dieu. Ces méthodes d'enquête ont permis de savoir qu'elles avaient copulé avec le diable, et même de rendre compte de la couleur et du goût de son sperme. » Or, l'étude attentive des procès de sorcellerie et les sources sur lesquelles ils furent fondés nous conduisent à plus de prudence. Norman Cohn, un des grands spécialistes de la question nous dit : « Des années 1820 jusqu'à nos jours, une certaine tradition de la pensée historique a alimenté la croyance qui veut qu'ait vraiment existé soit une société secrète de sorciers – Le Sabbat –, soit un culte païen que l'Église assimilait à une société de ce genre. Cette croyance est responsable de la prolifération aujourd'hui de '*covens*' et de groupes analogues. Mais quand on les examine de près, les preuves historiques qui fondent cette croyance se dissolvent tout simplement. Quant à l'autre théorie – qui, dans l'ensemble, a connu le plus de faveur chez les historiens, et selon laquelle la société des sorciers et le sabbat étaient des fictions élaborées par l'Inquisition au XVIe siècle –, il est révélé qu'elle s'appuyait sur divers faux qui avaient jusque-là échappé à la détection. »[89]

Voilà l'hypothèse du complot et celle du fantasme dos à dos. Plusieurs remarques s'imposent à la lecture des propos de Norman Cohn. L'existence de sociétés secrètes, de convents et groupes occultes jalonne l'histoire humaine dans toutes les cultures. Ces groupes occultes perpétuent une tradition opprimée ou bien consolident les éléments d'une élite – pensons à la Franc

---

[89] – *Démonolâtrie et sorcellerie au Moyen Âge, fantasme et réalités*, p. 10, Payot, Paris, 1987.

Maçonnerie, au Rotary Club, etc. Que certains groupes aient également cherché à perpétuer des rituels anciens pour échapper à la l'évangélisation forcée, ne fait pas de doute.

D'un autre côté, que des élites de clercs se soient servies de rumeurs pour écarter définitivement le mal païen est un fait avéré. Norman Cohn y revient dans la postface de son étude. « On peut voir en fait dans la grande chasse aux sorcières l'exemple d'un meurtre massif d'innocents par une bureaucratie agissant en accord avec des croyances qui, inconnues ou refusées aux siècles précédents, avaient fini par être tenues pour des vérités allant de soi. »[90]

Il arrive fréquemment que des élites s'associent à des groupes sociaux plus modestes pour user du pouvoir colossal de l'imaginaire et se débarrasser ainsi d'une catégorie d'individus gênants. On peut fort bien instrumentaliser une rumeur et s'en servir à des fins de pouvoir.

La chasse aux sorcières mettait en jeu un pouvoir clérical, une populace paysanne inquiète et un groupe mal différencié d'individus hors normes.[91] La peur a servi de moteur à un massacre. Il profita au clergé. Dans le cas qui nous occupe, celui de la pédocriminalité, qui sont les victimes du « complot » ? Il ne faudrait tout de même pas faire passer le pédocriminel pour un agneau.

Que la justice se soit très dramatiquement trompée dans le procès d'Outreau est un fait que beaucoup ont dénoncé très tôt. De là à généraliser et se servir de cet échec pour introduire un doute, ne procède pas d'une démarche circonspecte. Que l'on verse dans le sensationnalisme, avec des formules et des mots outranciers ne sert que le spectacle médiatique. Ce n'est pas notre manière de procéder.

Le silence des « autorités », quel en est le mobile ? Complot ? Dérive psychologique globale ? Je pencherais pour cette deuxième hypothèse.[92]

---

[90] – Ibid., p. 292.
[91] – Voir mes développements sur l'imaginaire à l'œuvre dans l'exclusion de l'étranger. Sur le site *Hommes et faits*. URL déjà citée.
[92] – Ce sera, en partie, l'objet du second volume à paraître en 2006.

On viole en silence

Combien d'enfants subissent les assauts infâmes de leur parent ? Nul ne le sait. Aucune enquête sérieuse n'a été entreprise. Et pour cause, le mal n'est pas nommé. Mais si l'on se livre à une petite enquête locale auprès de collègues, médecins, dentistes, kinésithérapeutes psychothérapeute, on ne manque pas d'être frappé par le pourcentage invraisemblable de cas d'inceste.

Il y a trente ans, je travaillais en province, dans des hôpitaux psychiatriques perdus au fin fond des montagnes du Cantal. J'y ai été témoin de quelques cas d'inceste ; largement tolérés dans la communauté villageoise. Affaires de mœurs scabreuses, conséquences d'une large indigence morale et matérielle. On disait d'eux : « les arriérés ». En effet en les voyant, on se serait cru dans le film « Délivrance ». Silhouettes massives, grasses, visages boursouflés par les mauvais vins, enfants chétifs, piliers des consultations d'hospice…

Cet inceste-là demeure probablement vivant, il marque encore les limites entre bien-pensants et « arriérés ». Il demeurait relativement rare, toléré pourtant, exposé au vu et au su de chacun. La victime souffrait son destin en silence. Il n'était jamais question d'elle comme personne. On acceptait cette sorte de fatalité comme la marque d'une *mauvaise nature* qui pouvait parfois faire irruption chez quelques égarés. Cette figuration du Mal servait d'exorcisme pour les autres, tous ceux qui n'étaient pas égarés…

L'inceste auquel j'aurai fait référence, tout au long de cette première étude, concerne plutôt nos modernes lotissements, les cités fleuries, les beaux immeubles de nos villes. Le prédateur, vous le connaissez déjà, j'en ai dressé un portrait plus haut. Vous lui parlez volontiers, il n'a rien d'un criminel. C'est un bon père de famille !

Quand vous lisez la presse régionale, vous constatez que ces affaires sont fréquentes. Vous viendrait-il à l'idée de faire la relation ? Non, rien ne l'indique !

Au cœur des familles, en poursuivant vos investigations,

vous constatez que rien n'est plus difficile pour les victimes de faire valoir leur droit. La justice traîne les pieds, les services sociaux vont même vous faire la morale. « On ne traîne pas ce Monsieur en justice. Souvenez-vous d'Outreau. » Ha ! Outreau, quelle outrance, n'est-ce pas, Quel bon prétexte ! Preuve fut faite que ces morveux n'étaient que des menteurs, et ces jeunes femmes qui viennent se plaindre 10 ans après, des putes oui ! Elles aimaient ça sinon elle se seraient venues se plaindre avant, non ?

Nous devons tous avoir présent à l'esprit que la femme battue eut longtemps à surmonter l'obstacle humiliant des mots graveleux et des insultes à peine déguisées. La femme violée eut à franchir les mêmes obstacles.

Silence, on ne détruit pas ainsi une famille ! Notre société se sent tellement en danger qu'elle se trouve obligée d'opérer un choix dramatique entre une valeur, celle du couple et de la famille et une autre, essentielle, la sauvegarde d'une jeune vie. Il faudra bien résoudre ce paradoxe ! Ces arguments sont aussi ceux qu'utilisent les parents de jeunes filles soumises à l'excision : On ne détruit pas si vite une tradition qui soude une communauté, le ciment d'une culture.

Le Mal, désormais ne prend plus figure d'exception, il s'est vraiment « banalisé » et c'est sûrement ce qui le rend redoutable.

Une cathédrale sans pilier

Dans le texte que nous livre Yaesh, nous constatons, horrifiés que l'épouse du violeur sait parfaitement où se trouve son homme : elle frappe contre la paroi de la chambre. Mais elle s'aveugle volontiers en posant des questions idiotes. La complicité des parents, notamment, quand la prédation s'étale dans la durée, est quasi indéniable. Le parent complice n'obéit pas aux mêmes mobiles que ceux du prédateur. C'est la seule différence. Le crime est là et il provoquera chez l'enfant une lésion gravissime.

Privé de cette partie de l'éros que seul le père et la mère pouvaient donner, l'enfant se construira un monde fait d'imitations et de soumission à des conventions. Privé de l'accès à sa propre authenticité par la peur et l'absence totale de confiance en sa propre intégrité, il ne pourra plus se reposer sur ses instincts pour évoluer. Sur le fond, il risque donc de demeurer passif – ou totalement rebelle, ce qui est l'exacte répartie de la lésion d'origine, comme suspendu en l'air. Privé de contact avec ses instincts, privé de force vitale pour affronter la vie, il lui faudra d'abord comprendre pourquoi il en est là, préalable à toute forme de rédemption. Et si le concept de résilience décrit la possibilité d'échapper à l'étau d'une blessure radicale, c'est bien parce que, chez certains, les capacités de mimétisme auront mieux fonctionné que pour d'autres. Cette réparation apparente ne supprime en rien le fond de terreur et d'angoisse. Il y a convergence entre les valeurs d'une société, matérialiste, intellectuelle et les potentialités exprimées de quelques individus. Ceux qui savent s'inscrire dans ces valeurs, passent inaperçus, ils ne posent pas de problème. Il en va de même de nombreux immigrés qui se conforment à ce mimétisme qui confère une façade, facilitant ainsi une intégration. Mais l'immigré dispose, au fond de lui, de son patrimoine psychique. La victime d'un traumatisme puissant n'aura pas cette faculté.

Dans de nombreux cas ces enfants, devenus adultes, persécutés par un « mauvais père », mal aimés par leur mère, sont condamnés à une certaine passivité psychique. Ils ne savent pas ce qui les attire dans la vie. Ils ont bien conscience qu'ils parviennent à faire des choses, parfois, avoir des loisirs enrichissants. Mais ils n'y sont pas avec le cœur. Leur attitude psychique spontanée a été remplacée par des comportements artificiels. Ils font ce qui est guidé par le devoir et parce que c'est ce qui doit se faire. Les comportements peuvent être normaux mais le sentiment en est absent. Chez ces personnes, l'éros ne peut s'incarner totalement et si nous leur demandons à quoi ils pourraient bien s'abandonner, ils répondent facilement : « pleurer, pleurer toutes les larmes de mon corps et c'est ce qui m'arrive très souvent. » Les hommes par contre diront plutôt : « Tout casser, tout détruire. »[93] En fait, cette attitude, loin d'être infantile ou régressive s'impose comme une nécessité vitale, incontournable. La conscience a besoin de revenir aux lieux de la psyché qui sont indemnes de toute blessure. De nombreux contes de fées rapportent que quand l'être se trouve pris par une profonde mélancolie qui le plonge au plus profond du désespoir, quand la vie n'a plus de sens, il convient de revenir à la nature totale. On remarque dans les faits que beaucoup de ces personnes choisissent des loisirs solitaires et au contact de la nature. C'est une attitude saine guidée par ce qui reste d'instinct car l'énergie vitale ne quitte pas si facilement la vie. Il reste toujours un brin de flux vital qui ne demande qu'à se polariser vers le vivant. Au contact de cette nature, ces personnes retrouvent une relation simple que peut habiter ce qu'il leur reste d'éros. La relation avec les autres êtres humains est complexe et nécessite une capacité de différenciation que ne peuvent avoir ces personnes, tant que les blessures ne sont pas remisées définitivement dans la mémoire. Tant que le Mal est là et les menace, ces personnes sont en suspens. Et le sentiment de cette menace n'est pas vain.

Les normes collectives ne servent à rien dans ce cas-là. Les ramener ainsi à une normalité éloignée de leur nature du moment, ce serait courir le risque de les mener, à terme, à une dissociation. Agir ainsi correspondrait à une seconde trahison et à une vraie régression – c'est-à-dire vue de leur réalité psychique à elles.

L'itinéraire paradoxal paraît donc bien être de consentir à une introjection de la libido pour retrouver une vérité intérieure, une authenticité personnelle, seul élément capable de les conduire sur le chemin de l'unité et de la dignité recouvrée.

Il existe dans la psyché un formidable processus de transformation, lié aux instincts, qui peut assurer la croissance et la maturation de l'être. Reprendre conscience de l'existence de ce processus, établir le contact avec lui, peuvent constituer une expérience intérieure d'une très grande richesse. Tout se passe alors comme si la « guérison » venait à la conscience du fond de

---

[93] – Sur le forum du *Village Psycho-Ressources*, on a lu de nombreux témoignages de ce genre.

l'Inconscient. Le terme guérison n'est pas approprié car il s'agit plutôt d'une nouvelle alliance de la conscience avec les forces vives de la psyché. Jung nous a accoutumés à voir les phénomènes de la psyché sous l'angle du lien et, paradoxalement, du lien entre des opposés.

Les moyens pour parvenir à l'orée de ce chemin sont multiples. La psychothérapie, de ce point de vue, ne manque pas d'outils. Mais il faut aussi penser aux moyens immédiats et naturels vers lesquels ces personnes se tournent spontanément. Je connais une personne qui s'est quasiment « refaite » en s'inscrivant un jour d'ennui terrible à un cours de poterie et de modelage. La psychothérapie classique, par son exercice très ritualisé, peut s'avérer trop lourde à manier. Il faut alors pouvoir apporter plus de souplesse et d'inventivité dans l'instrumentalisation de cet outil de travail sur soi.

Actuellement, nombreux sont les psychologues qui ont su aérer leur pratique en y incluant des éléments d'autres techniques. L'art thérapie en est un exemple, mais pas seulement...

Un problème de société

De la souffrance muette aux rues de nos villes

Dans *La souffrance muette de l'enfant*[94], Alice Miller fait un rapprochement entre l'évolution individuelle, l'art et la politique. Selon elle, si certains enfants, abominablement maltraités, ne sont pas devenus des meurtriers mais des écrivains ou des artistes, c'est qu'ils ont bénéficié, à côté de toutes les horreurs subies, de l'affection d'une personne, au moins, qui leur a permis, par contraste, de prendre conscience de la cruauté qui leur était infligée. De ses découvertes, Alice Miller tire en effet la conclusion que l'homme n'est pas naturellement destructeur ; mais que les mauvais traitements et les humiliations de l'enfance peuvent faire de lui un monstre, s'il ne trouve auprès de lui personne pour l'aider à affronter sa vérité. D'où l'importance de témoins lucides, dont la seule présence pourra permettre à l'enfant devenu adulte d'échapper à l'engrenage de la haine et de la folie destructrice, c'est-à-dire de protéger la vie – celle de ses enfants comme la sienne propre.

Dans *Abattre le mur du silence*[95], ensuite, elle pose une sorte de règle qui mérite réflexion. Il nous faut individuellement abattre le mur du silence qui nous oppresse pour qu'un changement d'éthique s'opère dans nos sociétés, qu'un mur se dresse contre l'invasion du Mal.

« Seule cette prise de conscience pourra, un jour, mettre un terme à l'engrenage de la violence individuelle et collective. Car la destructivité qui domine aujourd'hui le monde n'est pas une

---

[94] – Éditions Aubier, 1990.
[95] – Éditions Aubier, 1991.

Deuxième partie – Un problème de société

fatalité ; elle disparaîtra le jour où on protégera les enfants au lieu de se servir d'eux, et où on les traitera enfin avec respect et amour. »[96]

Elle évoque les coutumes du Moyen Âge sur l'existence du changelon[97], enfant de substitution que le Diable avait placé dans le berceau à la place de l'enfant légitime. Cet enfant du Diable était maltraité et il fallait de durs traitements pour qu'il devienne enfin un adulte normal. Le conte de Cendrillon est le plus connu, il évoque le développement de cet enfant mythique. Le thème de l'enfant abandonné, délaissé est très fréquent dans les contes, celui de l'enfant de substitution l'est moins. Dans le premier cas, la Conscience abandonne un bien particulier en plein germination, dans l'autre cas, il se fait une intrusion qui peut se révéler négative.

À notre époque, on pourrait penser que ces légendes n'ont plus cours, cependant, la lecture de ces contes peut nous renseigner sur la manière dont nous entretenons l'alliance entre les forces de la conscience et celles plus obscures de l'Inconscient, obscures mais néanmoins porteuses d'un fort pouvoir d'inventivité pour peu que l'on sache en accueillir le message.

Des comparaisons peuvent fort bien se faire, entre allégories de telle ou telle époque à celles de nos sociétés.

J'ai montré plus haut que le mythe du loup dévorateur avait été remplacé par celui, plus froid, glacial et mécanique du robot, nouveau maître du monde. Or cela est indicatif de l'existence véritable des valeurs que nous portons, que ces dernières apparaissent monstrueuses est une vérité qu'il nous faudra bien voir en face. On ne se débarrasse pas facilement de ce que le mythe dévoile.

C'est en se confrontant à ce monstre que l'enfant se construit un espace de vie et de conscience, mais faut-il encore qu'il n'adopte pas les caractéristiques du monstre. Force contre force, malice contre malice... C'est pourtant le message que

---

[96] – « D'où vient le mal dans le monde et comment se génère-t-il ? », <www.alice-miller.com/sujet/art13.htm>, 2001
[97] – Alice Miller y fait également référence sur son site.

transmettent de nombreux jeux vidéo.

Le loup est une créature de la nature, le robot, de l'Homme. Il y a là une différence radicale qui est lourde de sens. Cela veut-il dire que l'enfant doit se prémunir de la froide avancée d'une mécanique qu'il ne maîtrise pas ! La barbarie de l'Homme se substituerait-elle à la sauvagerie de la Nature ? À voir l'histoire contemporaine cela devient une évidence et une question lourde de sens. Les luttes qui se constellent partout dans le monde contre les pouvoirs du « marché » ne sont pas vaines et ne sont pas non plus des utopies. Elles traduisent une crainte fondamentale des avancées du monstre déchaîné. Le robot ne serait que l'un de ses nombreux sicaires. Il y a de nombreuses analogies de qualité entre ce que l'on dit du robot et les représentations que l'on se fait du « marché » avec ses « lois » comme « Tables » désormais universelles, inscrites dans les constitutions de certaines nations.

Mais cela pose une question d'éthique fondamentale. Que l'Homme ait édifié la civilisation en domestiquant la nature et en se défendant de ses extrêmes est une chose qui nous paraît à tous normale. Mais qu'il faille maintenant se défendre contre les excès de ses semblables est nouveau. Dans la course des siècles, de l'Holocauste à nos modernes prédations il y a une seconde du temps cosmique. La marche de la civilisation serait-elle en pleine involution ? Quand il fallait assurer la marche du progrès en gagnant chaque parcelle de l'inconnu grâce à la science, l'Homme y puisait orgueil et gloire. Il gagnait aussi en liberté, en capacité à décider par le simple effet de sa volonté et de sa réflexion.

Face à quoi sommes-nous maintenant confrontés ? Le progrès serait-il devenu rétrograde ?

Existe-t-il une mystique du mal, qui s'imposerait lentement, gagnant du terrain à chaque mouvement de son allure ophidienne ?

Notre monde adore des idoles inconnues jusque-là, menés, dirigées par un dieu qui ne veut pas se nommer, qui opère à la faveur du silence né des craintes qu'il suscite. Nous commençons à connaître quelques caractéristiques de ce nouveau Titan dévorateur.

Sous nos yeux se développe une cosmogonie nouvelle qui ne semble pas en alliance avec les idéaux de progrès, de liberté et de justice. Un dieu ne pourrait survivre s'il n'y avait quelques adorateurs qui lui présentent des sacrifices. Tel a toujours été le but des rituels sacrificatoires. Le croyant opère une oblation sur ses biens terrestres pour nourrir son dieu et lui permettre de se régénérer.

Qui sont les changelons modernes ? Qui sont les adorateurs de ces nouvelles divinités.

La démesure – les idéologies de la surconscience

Nous sommes confrontés à une réalité qui découle tant de l'histoire ancienne que des événements contemporains. À l'heure présente, Dieu serait côté pire. Le monde moderne ne souffre pas tant des maux dont on l'affuble mais bien de démesure. Le superlatif est élevé au rang de norme. L'excès caractérise tous les événements contemporains, il est le dénominateur commun de toutes les infamies.

La Shoah, mais avant, les déportations d'esclaves, la terrible Inquisition, et maintenant le statut intolérable des minorités, les massacres perpétrés au nom d'un ordre bon et généreux, qu'il soit communiste, religieux ou économique, l'inceste banalisé maintenant, nous conduisent à la plus extrême prudence dans l'analyse que nous faisons des événements du monde et des phénomènes psychiques. Le lissage de cet ordre est maintenant complété par des idéologies de l'écologiquement correct qui voudraient nous servir une nature contrôlée, aseptisée, propre et sans nuage.

La reconnaissance de notre responsabilité morale dans les phénomènes de l'Histoire contemporaine nous amène à concevoir les faits individuels et collectifs comme intrinsèquement liés. On ne peut, dans un souci d'objectivité évident, développer une théorie millénariste ou utopiste qui tiendrait compte des idéaux humains sans se souvenir des millions de morts que le XXe siècle a cultivés sur une Terre ravagée. On ne peut s'affoler de la destruction massive des systèmes d'équilibre de la planète sans, à aucun moment, se soucier de ce que coûtent à des peuples pauvres les outils sophistiqués que la modernité met à la disposition des nations les plus riches. De ce point de vue, nos idéologies modernes peuvent être envisagées comme participant d'une volonté d'ordre et de totalité. Elles ne seraient que la compensation des excès des idéologies antérieures, celles du progrès sans limite, vécu dans l'enthousiasme ethnocentrique, donc, dans la démesure. C'est un retour coupable sur les ravages causés par les pouvoirs d'une Science sans Conscience. Ces idéologies ne servent pas l'humanité entière, elles ne proposent pas de solutions universelles mais des séquences de mesures pour une caste de nantis, dotée de surcroît du pouvoir de faire appliquer leur « éthique » partout dans le monde – par la force si nécessaire. Elles sont un outil commode, falsificateur, une justification au service des maîtres contemporains du monde. La science elle-même devient une justification de la démesure. « Cela traduit le mauvais usage que l'on peut faire de la conscience intellectuelle et l'abus éthique de capacités qui ne relèvent pas du domaine de l'éthique ; c'est la tentation à laquelle risque de succomber toute personne intelligente dans un moment de difficulté. »[98] Sans rien y changer on pourrait étendre ces remarques au conscient collectif, c'est-à-dire aux valeurs du moment. Les Nations "sous-développées", les abandonnés de nos sociétés, devront attendre des temps meilleurs pour accéder à la liberté et à l'autonomie de conscience.

Plus loin dans le même ouvrage, Marie Louise Von Franz fait une remarque intéressante. Prise dans un tel conflit, la personne

---

[98] – *La femme dans les contes de fées*, Marie Louise Von Franz, Albin Michel, Espaces libres, Paris 1993, p.130

Deuxième partie – Un problème de société

se trouve devant un dilemme vital. Elle doit choisir entre la plus extrême passivité ou bien le sacrifice de ses qualités essentielles pour échapper aux assauts d'une profonde négativité dont elle se sent la proie. Collectivement, nous nous trouvons dans ce même dilemme. La seule question à nous poser en priorité est de savoir pourquoi nous en sommes arrivés là. C'est pourquoi il me semble que l'Histoire me paraît d'un grand recours. Contrairement à beaucoup d'autres scientifiques, les historiens ont fait un réel effort pour restituer autre chose que des faits qui s'enchaînent les uns aux autres dans un temps totalement arbitraire. On discerne maintenant dans leur récit un réel souci de faire place à la dimension de l'irrationnel, de l'émotionnel, du religieux…

Que faut-il choisir ? La paix et la joie retrouvée dans un monde sous abri, barricadé ? Ou assumer de sombrer dans la pire des humeurs, une humeur noire empuantie de l'odeur des cadavres, dans la pire des mélancolies, car aucun regard doté de discernement ne pourrait s'égayer au spectacle qu'il contemple. Pourquoi la beauté contemporaine du monde ne serait-elle pas sombre ? Pourquoi n'y aurait-il que des dieux lumineux et générateurs de transports agréables ? Il ne s'agit pas de dire que Dieu est noir et qu'il faille l'accepter ainsi, mais il faut bien se rendre à l'évidence du spectacle que le monde offre à nos yeux. Que l'on rêve de paix est normal, c'est aussi, d'après les militaires, tout à fait sain quand on est sur le front. Doit-on dire aussi que la seule survie réside dans le retour à un monde meilleur après les blessures d'une guerre ? Où est-il ce monde meilleur, que l'on appelle tant de ces vœux guerriers ? Une telle interrogation est-elle vaine quand l'on constate, impuissants, ce qui s'est passé en Bosnie, au Rwanda et dans tant d'autres lieux. On en arrive à s'accoutumer à la question : « La prochaine, c'est pour quand, où ? » N'y a-t-il pas lieu de craindre les attendus de ces idéologies hédonistes ?

On ne peut qu'être mélancolique quand la conscience perçoit qu'elle n'échappe pas à la lumière sombre des astres présents ! Après avoir été gonflé d'une gigantesque vanité, l'ego collectif se voit menacé de sombrer dans la pire des dépressions. Est-ce cela qui nous fait reculer le moment où il nous faudra voir en face ?

Comment ne pas évoquer ce rêve que Jean-Paul Friedrich Richter attribue à un personnage de Flegeljahre : « Pareil au chaos, le monde invisible voulait enfanter toutes choses ensemble, les figures naissaient sans cesse, les fleurs devenaient arbres, puis se transformaient en colonnes de nuages et à leur faîte poussaient des fleurs et des visages. Puis je vis une vaste mer déserte, où nageait seulement le monde, petit œuf gris tacheté que les flots ballottaient. De toutes choses, dans ce rêve, on me disait le nom, mais je ne sais qui. Puis un fleuve traversa la mer, portant le cadavre de Vénus. Ensuite, il neigea des étoiles lumineuses, le ciel fut vide ; mais à l'endroit où est le soleil à midi s'alluma une rougeur d'aurore ; la mer se creusait au-dessous de ce point, et à l'horizon s'amoncelait sur elle-même, en d'énormes volutes de serpent, couleur de plomb, fermant la voûte céleste. Du fond de la mer, sortant des mines innombrables, des hommes tristes, pareils à des morts, surgissaient, et ils naissaient. » Les romantiques avaient déjà perçu que, des flots noirs de l'inconscient naîtrait une vision différente du monde.

« La poésie annonce les secrets de la nature et cherche à les résoudre par l'image. » Gœthe renonce aux voies de la raison pour fonder une science de l'inspiration[99]. « L'homme est un être obscur ; il ne sait pas d'où il vient ni où il va, et il connaît peu de choses concernant le monde et moins encore en ce qui le concerne lui-même. »[100] Cette vérité concerne-t-elle encore l'Homme moderne ?

Curieux détour, insensé pour nos mentalités sur-conscientes, qu'il faille se recroqueviller dans la dépression pour surgir à nouveau, porteur d'un autre monde et de nouvelles inventions.

La conscience de l'Homme moderne ne souffre pas d'être confrontée un seul instant au mystère. Rien ne doit échapper à la sagacité des savants, pas mêmes les caprices de la Nature

---

[99] – C. G. Jung avait laissé dire qu'il était le petit fils adultérin de Gœthe.
[100] – *Parole de Gœthe à Eckermann.*

encore moins ceux de notre propre nature. Là résident les sources de sa démesure. *IronMan*, le robot, ne souffre aucune contradiction. Ce qui se déchaîne hors du champ de connaissance des savants est annihilé. Cela n'existe pas ! C'est en cela qu'une certaine idée de la science, confortée par certains scientifiques et amplifiée par des médias attentifs au moindre sursaut de l'émotion publique, n'est plus la science mais un détournement des idéaux de la science.

Le silence qui entoure tant de crimes ne découle pas seulement d'une carence politique ou sociale. Cela va bien plus loin ! Il s'agit d'un problème collectif qui nous touche au fond de l'âme. En chacun de nous. Par une tromperie qui prend la morale en otage nous cherchons à vaincre une crise de civilisation, grâce à des artifices malhonnêtes, sciemment avancés. L'angoisse qui nous assaille tous réside dans la difficile confrontation à tant de paradoxes, dans l'impossibilité où nous sommes de résoudre les problèmes selon nos équations habituelles. Et nous semblons impuissants sans qu'aucune issue n'apparaisse tant que nous cherchons passivement en arrière dans un fonds historique, politique et moral désormais caduc. Rien n'est plus difficile actuellement que d'inventer le futur !

Les observations de Jung sur l'Inconscient collectif nous apprennent que ce qui se passe sur la planète trouve un écho au sein des psychés individuelles qui résonnent à l'unisson. Et si la conscience aveuglée se trouve démunie, noyée dans une forme d'impuissance qui annihile toute initiative, l'Inconscient Collectif détient lui les clefs de l'avenir. À l'écoute des voies de l'Inconscient, ceux qu'elles inspirent trouvent des moyens d'espérer, à leur place et dans leur lieu de vie. Ce n'est pas l'action qui compte mais l'attitude intérieure.

L'arbre et la forêt

Aucune philosophie contemporaine n'est en mesure d'évoquer ce à quoi peut ressembler cette *attitude intérieure* qui constituerait un sursaut de respect pour la dignité humaine.

« De la guerre d'Algérie[101], j'ai gardé le souvenir, non pas des meurtres, des cadavres ou des attentats, des cris et des hurlements, mais du regard digne de ces vieux fellah ou des vieilles qui, après les passages sauvages et meurtriers des hordes du FLN ou de la Légion étrangère, retournaient à leur champ. Il était impossible de s'arrêter car la vie était là ! Et quand ces vieux étaient en veine de confidence, la seule parole qui prenait sens dans leur bouche était : " Demain ! " Ce sont ces mêmes vieux que l'on disait perclus de Mektoub, de fatalisme passif qui donnèrent à l'Algérie les générations nouvelles de la reconstruction. C'est aussi pourquoi ce qui arrive à l'Algérie constitue un immense gâchis dont se relèveront meurtris le Maghreb et l'Europe. Ce sont ces mêmes vieux qui, exilés, cachés dans des cales des bateaux civils continuent de se nourrir d'espoir à l'intérieur des camps de Harkis, donnant à la France des écrivains, des ingénieurs, des acteurs, des chanteurs, les inventeurs du Raï et du Rap français...

Oui ! Demain l'espoir ! Sous la couche épaisse de la peur qui tenait le ventre de tous, sous la croûte des haines, le terreau de l'espoir était là. Il est encore là !

Et ce ne sont pas les interrogations imbéciles d'intellectuels élevés dans le confort sans risque d'une Europe engraissée qui permettront de comprendre comment les jeunes Palestiniens qui n'ont connu que la guerre pourront troquer leur kalachnikoff contre le volant des tracteurs. Comme si on pouvait s'habituer à la guerre et au meurtre ! Seules les idéologies pétries de la certitude que l'enfant est " un pervers polymorphe " sont capables de concevoir de telles inepties, posant des questions aussi vaines, aussi négatives.

Tu me demandes si je connais des voies de retour au soleil de l'espoir. Je connais celle-là, celle que j'ai vécue presque en même temps que toi. Je sais aussi que l'individu seul ne peut pas s'en

---

[101] – Extrait du journal intime de Mohand, un jeune combattant de la guerre d'Algérie. Ces méditations surviennent quand je l'interroge sur la manière dont il a pu émerger du trou noir de l'enfer. (Documentation personnelle)

Deuxième partie – Un problème de société

sortir. Il lui faut s'appuyer sur la vague du peuple. Il faut que le peuple sache afin que chacun cesse d'être un paria. Même si, au fond du cœur c'est une victime. »

L'attitude intérieure, ces vieux fellahs nous en donnent des exemples. Chacun à sa place, jusqu'à ce que se dévoile un horizon plus serein et, toutes les énergies mises à l'unisson, libèreront un potentiel si longtemps mis en réserve.

Dans un article paru sur Internet, Alice Miller[102] esquisse une vision globale sur le problème du mal dans le monde en dressant un portrait des grands exterminateurs de notre temps. Nous pouvons compléter, cette fois, par un survol de quelques personnalités qui forgèrent notre temps.

Si, dans la phase préparatoire de sa prise de position officielle, Charles de Gaulle n'avait pas été lui-même animé de cette formidable dose d'espoir, et de détermination sans faille, la France n'aurait jamais eu la place qu'elle occupe actuellement dans le monde.

Si Ho Chi Minh n'avait pas connu cette attitude intérieure dont sa détermination se nourrissait, y aurait-il un Viet Nâm indépendant ?

Qui étaient-ils ces héros ? Des êtres hors du commun, des demi-dieux à l'expérience inégalable ou bien de sombres personnes décidées à sortir un jour de l'anonymat, déterminées à recouvrer un jour leur dignité ?

L'expérience de Jung nous montre que c'est précisément du cœur de la *Nigredo* – une plongée dans les ténèbres redoutées de l'Inconscient – que naissent les soleils nouveaux, mus par cette énergie universelle qui habite chacun. Cela se passe à l'échelle individuelle mais aussi au plan collectif. Ce ne sont que des individus qui, un jour, se montrent aptes à lever l'enthousiasme de masses auparavant engoncées dans la passivité. Il n'y a pas d'intervention divine ou magique dans tout cela. C'est le long travail du temps qui opère en silence, résultante d'une

---

[102] – « D'où vient le mal dans le monde et comment se génère-t-il ? », <www.alice-miller.com/sujet/art13.htm>, 2001.

incubation collective, qui se cristallise à travers quelques figures mythiques.

Depuis des millénaires, l'histoire opère de cette manière. Pourquoi cela changerait-il ? Et si la mélancolie se transforme en désespoir c'est bien parce que nous demeurons fascinés par les chantres du conservatisme et des horizons brûlés.

Ce ne sont ni des gouvernements complices ni des intellectuels complaisants qui arrêteront les destructions, les déportations massives d'êtres humains, le négoce de jeunes enfants, souvent au profit des seuls intérêts particuliers abrités, en la circonstance, par les conquêtes d'idéologies guerrières. Ce sont des individus qui, assis sur cette graine d'espoir imperceptible, sauront trouver une place juste dans la forêt des êtres humains.

Doit-on attendre que des héros naissent de ce levain ? J'en doute car on sait ce qui résulte du culte des héros… L'existence d'un héros ne suffit pas à changer le monde. La ferveur populaire ne suffit pas non plus à créer une dynamique puissante s'il ne se trouve, au préalable, un socle solide forgé par une éthique supérieure.

L'action la plus pertinente que nous puissions avoir repose sur la place que nous prendrons dans notre propre environnement. Le comptable à sa place de comptable, l'intellectuel, à sa place également, etc. S'il n'y a plus d'Eldorado, ni de salut dans la matière, l'aventure et les conquêtes modernes se lovent dans les profondeurs de l'âme humaine, à la recherche de notre propre authenticité, à la recherche d'une philosophie qui engloberait tous les êtres.

La médecine de l'âme y a un avenir, qui ne réside pas forcément dans le traitement des pathologies de quelque nature qu'elles soient. Le médecin de l'âme a sa place dans cette levée d'espoir à condition de comprendre que les êtres qui viennent le voir ne recherchent pas des règles de conduite mais un moyen d'entendre et comprendre leur voie, les voies de l'Inconscient Collectif.

Les « médecins de l'âme » ont tout autant leur place dans ce monde que les Médecins du Monde qui sillonnent les champs de bataille pour arracher quelques êtres à une mort assurée, et dont les gouvernements tiennent une comptabilité plutôt radine.

Le premier qui osa s'appeler médecin de l'âme, C. G ; Jung, fit souvent des parallèles de l'intériorité des êtres au chemin de la collectivité. « Quand apparaissent des contenus psychiques que l'Homme considère comme des phénomènes isolés ou pathologiques, on peut supposer que l'Inconscient est sous pression et qu'il est animé par des contenus à très forte charge énergétique. D'où menace d'explosion ou de déflation. »[103]

Il nous apprend également que cette menace gronde quand l'attitude de la conscience collective est devenue unilatérale. Pour Jung, la conscience existe pour opérer des choix pertinents dans les contenus inconscients qui affleurent et parviennent au seuil de la conscience. Et c'est ce qui nous différencie des animaux, cette faculté d'opérer un tri, en restant constamment à l'écoute des contenus de l'Inconscient, en leur permettant d'opérer les transformations nécessaires aux évolutions de nos vies. Si la conscience collective se raidit, des comportements individuels apparaissent qui cherchent à maintenir un ordre ancien, à n'importe quel prix, y compris celui du sang. Les notions de libre arbitre ou de responsabilité personnelle volent en éclat devant le flot puissant de l'énergie collective.

La fonction régulatrice de la conscience

La conscience occupe une fonction directrice dans les mécanismes régulateurs du lien entre Conscient et Inconscient. Mais cette fonction ne peut agir que si les échanges de l'un à l'autre demeurent fluides.

Dès que la conscience se fige en des attitudes et des valeurs qui ne se renouvellent plus, on parle d'unilatéralité, une sorte de conservatisme psychique. Nos sociétés, en privilégiant à

---

[103] – C. G. Jung, (j'ai malheureusement perdu les références de l'ouvrage d'où ce texte est extrait).

outrance les valeurs rationnelles, intellectuelles et matérialistes, se figent de plus en plus, provoquant donc un reflux de l'énergie inconsciente qui ne peut plus enrichir notre monde de ses valeurs novatrices.

C'est à ce moment, d'ailleurs, que les flots de l'inconscient peuvent s'avérer négatifs, voire éminemment dangereux car l'Inconscient adopte une contre-attitude de force égale à celle du barrage qui l'endigue. La contre-tendance inconsciente peut faire irruption au moment même où la conscience a besoin d'ordre.

Pire encore, la Conscience qui n'est plus soumise à aucun frein subit alors une sorte d'effet d'emballement et d'intensification des processus collectifs. C'est probablement ce que nous ressentons quand nous disons que « tout s'accélère ». Impression subjective qui traduit cependant la prescience que nous avons de ce processus d'accélération. D'autre part, si nous y regardons bien, nous n'inventons rien depuis les années 38. Nous ne faisons qu'exploiter les découvertes antérieures, tous nos gadgets actuels ne sont que les applications de plus en plus sophistiquées d'inventions qui ont 60 ans d'âge.[104] Autrement dit, les valeurs sur lesquelles nos sociétés furent bâties ne permettent plus de soulever ce souffle collectif qui est à l'origine de toutes les inventions. L'Holocauste débuta dans les mêmes dates ! Depuis tout semble s'accélérer et ce ne sont ni les sociologues ni les anthropologues qui nomment le monstre qui étreint la planète, ce sont des paysans, des ouvriers, des pêcheurs, le peuple, les peuples du monde pour dire vrai. C'est là un phénomène extrêmement intéressant que l'Histoire a déjà rencontré.

L'humanité a déjà traversé des moments où les philosophes et les moralistes se trouvaient dépassés par des mouvements venus des peuples eux-mêmes. Mais quand la violence populaire se déchaîne, il y a de grands risques qu'elle soit incontrôlée. À

---

[104] – On pourrait penser que tel n'est pas le cas dans le domaine des cosmologies. En effet, mais c'est pire encore ! L'utilisation d'instruments de plus en plus puissants rend caduques les hypothèses antérieures sur la naissance de l'Univers. Autant dire qu'il règne un puissant chaos de ce côté-ci de la science.

moins que de grands desseins éthiques ne la poussent. Car cela est aussi possible. Ce n'est jamais sans dégât.

« Ce n'est que lorsque les circonstances se sont modifiées à tel point qu'il se crée entre la situation extérieure et les formes représentatives dorénavant surannées, un ravin infranchissable, que s'élève le problème général de la conception même des choses et du monde : le problème devient alors actuel de trouver des formes représentatives qui permettent l'apport de l'énergie instinctive, formes représentatives qu'il faut dorénavant, sous l'aiguillon de l'urgence, adapter et orienter de façon neuve. »[105]

Nous sommes dans un processus d'emballement des contenus de la conscience. Nous l'avons vu, et nombre d'auteurs le dénoncent. Ce processus est froid, implacable, animé d'une fougue destructrice, uniquement fondée sur des valeurs de profit immédiat. En outre, il vampirise les ressources anciennes de la planète, qu'elles soient psychiques – inventivité, création artistique sous toutes formes, religieuses (par dévoiement) – ou naturelle – destruction accélérée de la faune, de la flore et des équilibres de nos écosystèmes.

Le synchronisme entre cette perte d'inventivité depuis les années 38 et l'Holocauste n'est pas fortuit. De même, la lente destruction de nos patrimoines historique et naturel ne doit rien au hasard. Ce sont des phénomènes de contre-secousse de ce premier événement unique de l'Histoire, l'Holocauste. Nous n'avons pas tiré les leçons de l'Histoire. Les nazis furent au point de départ d'une gigantesque involution historique dont nous n'avons fait que masquer les origines. Depuis le massacre continue, au point qu'il en devient un événement banal. Pendant que nous opposons à ces crimes une inertie incompréhensible, le monstre arrache maintenant nos propres enfants aux bras de leur mère et certaines les lui donnent même en sacrifice. Le dieu Baal est de retour !

Ce massacre des innocents, certes épargnés dans leur chair, mais tués dans leur âme, touche un tabou universel, celui qui permit à l'humanité de se hisser au-dessus des limbes de

---

[105] – C. G. Jung, *Gesammelt Werk*, Walter Verlag, Olten Suisse-Freiburg, vol. 10, par. 547.

l'instinctivité pour nous offrir ce luxe dont nous profitons actuellement. Nous sommes en présence d'un crime contre l'humanité. Il n'est pas possible de dire autrement. Affirmer autre chose, banaliser, voire placer ce crime dans une sorte de hiérarchie de l'horreur – les juristes parlent de hiérarchie des peines – serait commettre une très grave erreur d'appréciation éthique. Ce serait, en quelque sorte, remettre en cause, de manière pudique, l'un des piliers les plus anciens de l'humanité toute entière.

Il se trouvera toujours quelqu'un pour le faire, banaliser ce crime contre l'humanité. Nous n'en sommes pas à une vanité près, mais l'Histoire se poursuivra sans trop se soucier de nos petits ego de colons de la planète.

Durant des siècles, le fantasme de l'infanticide fut à l'origine de nombreuses terreurs[106] et de multiples pogroms. Le plus souvent il se trouvait toujours un bouc émissaire qui permettait le salut public. Les juifs furent régulièrement désignés ainsi, mais pas seulement, d'autres victimes expiatoires furent, au cours de l'Histoire, jetées à la vindicte populaire.

Le sacrifice de l'enfant est aussi un thème que l'on trouve dans de nombreux contes de fées. Comme si certaines cultures avaient déjà dû se confronter à ce genre d'aberration. Il est cependant probable que, jamais, l'humanité n'ait eu à résoudre une énigme à ce point universelle.

Il fallait que le Mal fût à l'extérieur afin de préserver les acquis d'une conscience collective laborieusement acquise sur les limbes de la barbarie.

Désormais, le Mal est dans nos murs, dans nos maisons, dans nos chambres… Nous sommes donc condamnés à la conscience. Pour restituer à celle-ci sa fonction de régulateur des énergies psychiques.

Nous ne pouvons ni nous réfugier dans les paradis perdus d'une civilisation qui vivait en paix avec la nature ni nous jeter en avant dans les vaines conquêtes d'un progrès qui n'apporte

---

[106] – Voir Jean Delumeau, *La peur en Occident*, Fayard, Paris, 1978.

rien à l'humanité que vent et mort. Nous ne pouvons pas plus attendre la venue d'un héros messianique. Nous ne devons rien attendre d'une attitude archaïque qui serait teintée de magie à l'instar de ce qu'espérait Hermann Hesse dans son enfance : « Lorsque je jette un coup d'œil en arrière, je constate que toute ma vie se résume en ce désir de posséder un pouvoir magique ; comment les objectifs de cette magie se sont transformés avec le temps, comment, peu à peu, je dépouillai le monde extérieur de cette magie pour l'absorber en moi-même, par quelles voies je m'efforçai progressivement de changer non plus les choses, mais ma propre personne, comment enfin je m'entraînai à remplacer l'élémentaire invisibilité attachée à la cape magique par l'insensibilité de l'Initié qui tout en possédant la connaissance, demeure constamment méconnu, voilà ce qui pourrait former la véritable trame de l'histoire de ma vie. »[107]

Comme les petites victimes innocentes, nous sommes seuls. Nous ne pouvons échapper à une introspection collective. L'intuition d'Hermann Hesse ouvre un chemin possible.

Rétablir le pont entre les vertus régulatrices de la conscience et les forces vivifiantes de l'Inconscient collectif, c'est d'abord s'arrêter, arrêter la marche folle du monstre partout où c'est possible. Prendre conscience de l'ampleur des phénomènes en présence.

Voie de recréation pour une société

Nous sommes condamnés à la conscience. La culture mondiale a pris ce chemin de façon forcenée mais incontournable désormais. Dans les années 70, on pouvait penser qu'une autre forme de culture pouvait naître. Le mouvement Hippie, la fascination pour les philosophies de l'Asie, la naissance d'une philosophie écologique, la renaissance de Gaia – comme

---

[107] – *Enfance d'un magicien.* Cependant Hermann Hesse nous présente une alternative et un cheminement qui ne manquent pas d'intérêt.

reconnaissance des impératifs liés à la vie de la planète. Tout cela pouvait laisser surgir l'espoir d'une modération apportée au formidable rouleau compresseur du mercantilisme absolu. Maintenant la méditation se vend dans les supermarchés, la mode hippie s'expose dans les grands salons de couture. La mondialisation frénétique était déjà en marche depuis plusieurs décennies, en fait depuis l'ère des Lumières et les débuts de la colonisation.[108]

Il ne reste plus qu'à opposer un contrepoids au monstre tentaculaire du rationalisme dont l'économie de marché n'est qu'un aspect particulier parmi beaucoup d'autres. Et si nous demeurons figés dans la contemplation de ce seul aspect de la « mondialisation », nous courons vers un horizon dramatique en comparaison duquel, l'Allemagne nazie apparaîtra comme un doux angélisme. Si nous ne savons rien opposer à la sauvagerie d'une nature qui se vengera de nos vanités ni à la barbarie humaine, le cheval noir de Wootan continuera en toute quiétude d'enlever nos enfants à moins que ce ne soit la bouche dévoratrice du dieu Baal.

Au plan individuel, Marie Louise Von Franz souligne la nécessité de soutenir l'émergence de formes de changement, au cours d'une analyse : « Lorsque le mal vient d'une mauvaise attitude du conscient, il est facile de comprendre que l'inconscient est empêché de se manifester et ne peut plus contribuer au développement : réduit à une quasi-inactivité, il ne produit plus que des sentiments de culpabilité et des symptômes névrotiques. C'est pourquoi nous sommes amenés à montrer aux personnes qui viennent en analyse qu'il leur faut changer d'attitude pour que puissent monter les contenus de l'inconscient. »[109]

Il est certain que nous aurons à accomplir les mêmes tâches au plan collectif. Les rets du Mal dans lesquels nous sommes empêtrés menacent d'étouffer ce qui demeure en nous de conscience morale.

---

[108] – Lire les développements d'Egard Morin sur *La méthode* dont le dernier volume : *Éthique*, le Seuil, 2004.
[109] – *L'Ombre et le Mal*, Éd. La Fontaine de Pierre, Paris 1979, p.180.

Il nous reste de nombreuses ressources, artistiques – les créateurs sont souvent des « éclaireurs » –, intellectuelles, l'examen attentif de l'Histoire pourrait nous donner de précieuses indications. La formidable inflation de notre ego collectif nous a, jusqu'ici, empêchés de voir que nous demeurions inchangés depuis la naissance de cette tranche d'humanité. Il s'est bien trouvé dans l'Histoire des moments identiques qui ont vu surgir de nouveaux horizons.

Mon nénuphar

À six ans, je suis devenue irrémédiablement une adulte.

J'ai pris conscience que les « grands » mentaient et ne feraient rien pour moi. Jamais.

C'est seule que j'ai dû ruser pour faire face au danger qui chaque nuit me guettait.

À six ans, je me suis sentie abandonnée, seule. Absolument seule.

Les adultes ne voulaient pas voir la vérité alors j'ai fait comme eux, je me suis « arrangée » avec cette réalité insupportable pour sauver ma peau. Et ce déni me suit encore dans ma vie de femme adulte.

J'ai six ans. Ma mère me dit un matin :
— Mais, j'ai entendu quelqu'un pleurer cette nuit, on aurait dit un enfant...
— C'est moi Maman qui ai pleuré.
Mon silence ensuite attendant sa réaction. Je pensais avoir tout dit dans cette phrase. Je savais cet instant décisif.
Et sa réponse comme un couperet :
— Mais non enfin, c'était un chat !
À cette seconde j'ai cessé d'être une enfant et je me suis tue 20 ans sur cette horrible douleur.
À cette seconde j'ai perdu tout espoir car elle n'a pas voulu entendre, elle n'a pas voulu comprendre. Elle a dénié me montrant ainsi la voie du mensonge avec soi-même. Quel lourd héritage que j'ai ô combien honoré...
Cela avait commencé avant mes six ans mais au début je ne comprenais pas bien ce que faisait mon père. Ce n'est qu'à cet âge que la situation est devenue intolérable. J'avais pleuré cette nuit en effet car j'avais eu peur, froid. Encore une fois il m'avait dérangée dans mon sommeil. J'osais à peine ouvrir les yeux et ensuite je faisais pipi dans mon lit. Au matin j'avais honte de mes draps qui sentaient mauvais. Ma mère a même voulu m'attacher avec des sangles autour de mon lit « pour que mes nuits soient moins agitées » disait-elle.

Plus rien n'allait dans ma tête, j'étais perdue.

Alors j'ai trouvé une ingénieuse parade. Je me levai à 3h du matin, je m'habillais, allumais toutes les lampes de ma chambre et je jouais à la poupée. J'avais compris qu'il n'oserait pas venir dans la lumière, face à une conscience éveillée. C'est ainsi que j'ai échappé au pire et que je me suis à peu près sauvée physiquement. Il est retourné vers ma troisième sœur qui elle a souffert plus de quinze années dans sa chair les assauts de ce père incestueux.

Mon mouvement d'enfant a été interrompu, ma spontanéité a été contrainte. J'ai vu le monde autrement, avec un regard et une conscience d'adulte. Mais j'avais aussi ma demande d'enfant et mes peurs. Tout ceci est encore trop lourd même si je commence peu à peu à faire de la place parmi cette accumulation de sentiments contradictoires.

Comme Chloé dans « l'Écume des jours », un nénuphar a poussé dans mes poumons m'empêchant de respirer vraiment. De l'extérieur on ne voyait rien, tout était caché, contrôlé, maîtrisé jusqu'à l'épuisement. Mais la plante était bien là avec ses racines profondes. Elle s'est développée avec le temps m'étouffant progressivement jusqu'à l'asphyxie Et je m'étonne encore de ma claustrophobie !

Puis l'élan de vie qui reprend le dessus avec le courage de débuter un premier travail thérapeutique. Ouf, ça y est, tout va bien, j'ai coupé le végétal et on y voit que du feu !

C'était sans compter sur la force prodigieuse de ses racines qui ont fait repousser la plante. J'avais alors oublié à quel point ça fait mal un nénuphar dans la poitrine au niveau du cœur... Il fallut me rendre à l'évidence et reprendre une thérapie.

J'ai fait une radio de mon poumon, j'ai mis le projecteur sur ma plante. J'ai cessé de dénier son existence. Mon nénuphar sera en moi à tout jamais.

Je l'arrose régulièrement de mes larmes mais me révolte moins contre le sort. Il n'y a pas de solution, pas de réponse à mon mal. Ma vie est dure, mon quotidien envahi par cette fichue plante qui pointe souvent le bout de son nez masqué par des déguisements que je commence à reconnaître.

Sa présence m'amène à faire des choix spécifiques, elle conditionne une partie de ma vie. Depuis quelques mois il m'arrive de l'oublier car soudainement je constate que je respire à pleins poumons. Alors je pense à elle avec tendresse et me dis que nous formons un joli couple ma plante et moi. Plus je la regarde et plus elle se fait petite. Quand je l'ignore copieusement elle se développe mystérieusement jusqu'à m'étouffer.

Que puis-je faire de ce végétal si encombrant ? Je sais qu'il n'y a pas de réponse mais je pose encore la question....

Je pourrais dire également que ma souffrance est comme une musique interne. Si je ne la prends pas en compte dans l'orchestre de vie, tout est dissonant pour moi. Il m'arrive depuis peu de m'intégrer spontanément dans la symphonie de la terre mais c'est de courte durée. Toujours ma musique de fond qui reprend, lancinante, m'obligeant sans relâche à réécrire ma partition, à choisir de nouveaux instruments.

Parfois je trouve sur mon chemin des sons nouveaux qui s'intègrent dans ma musique et je les fais miens.

Ma musique est si particulière qu'elle ne peut pas cohabiter avec n'importe quelle autre. Alors il me faut tendre l'oreille pour repérer les mélodies qui me sont harmonieuses. Je me suis si souvent égarée en poursuivant la musique des autres.

Parfois il m'arrive de baisser le son pour écouter la musique de la terre. C'est la plus belle car elle conduit aux étoiles. Et là mon orchestre ne joue que tout doucement. Juste pour mettre en valeur cette harmonie terrienne. Et je prie l'âme du monde.

F.V.B. Juin 2005

Conclusion

Pas de doute Élise a changé, Élise a sa petite idée sur son comportement d'autrefois mais ceci la laisse dans une ignorance totale. Personne n'a l'air de la remarquer, personne ne sait qui elle est, personne non plus ne l'interroge pour savoir. Ce qu'elle est reste une énigme, cette apparence godiche. Élise est dans la peau d'une petite jeune sans expérience. Élise se sent ridicule. Élise n'est plus chez les vieux mais chez les fous. Le ridicule tue. Écrire est une forme d'absence égale à l'absence de Élise. Élise au bout de ces douze heures d'éclipse a un toc au fond de la gorge, des pensées en boule dans sa tête, elle ne ressent aucun désir, elle sait seulement qu'elle va rentrer, se fabriquer en vitesse une soupe de pâtes qu'elle avalera vite fait avant de filer au lit.

Comme si en fait tout se résumait à croire qu'un jour plus tard ces espaces libres entre deux mails donneraient dans l'épaisseur du texte, une sorte de respiration plus ample et déliée par laquelle le sens perdrait cette lucidité rigide qui paralyse tout mouvement.

Froggy

Nous qui déambulons dans les rues, insouciants des drames qui se nouent dans le silence de fausses intimités, nous ignorons que la terre tremble sous nos pieds. Le silence de nos sociétés sur le drame de l'inceste laisse soupçonner l'infime tentacule d'un drame universel qui se joue en sourdine, le voile de lourds nuages qui s'amoncellent alors que nous pensons à finir nos courses hebdomadaires... Il devait se passer quelque chose de semblable quand le nazisme étendait son lugubre manteau sur l'Europe entière.

La paresse, ce formidable instinct de l'être humain, nous prive de cette curiosité nécessaire qui nous pousserait à nous interroger, à nous poser des questions globales. Il n'est pas de meilleur allié du monstre tentaculaire que cette habitude, que nous avons acquise et qui est désormais passée au rang de culture, qui consiste à trouver une réponse à tout sur tout, mais en ne considérant jamais que des parcelles de problèmes. Alors, certes, la mobilisation de solidarité pour les victimes du Tsunami qui ravagea l'Océan Indien le 26 décembre 2004[110] représente un formidable élan de l'humanité qui laisse espérer que tout n'est pas pourri en ce monde. Mais l'émotion voile mal le vide de toute « réflexion » sur l'impact global d'un tel cataclysme.

Concernant l'inceste, nous n'en sommes même pas à une prise de conscience par l'émotion. Certaines affaires judiciaires défraient la chronique mais il y en a tant d'autres qui se montrent dans des petites colonnes de la presse régionale... Le sentiment unique bien connu des victimes d'inceste demeure l'indifférence. La transgression massive du tabou de l'inceste, vécue dans un silence complice, n'est pas un des nombreux problèmes singuliers de nos cultures que nous devrions résoudre, comme tant d'autres, pas à pas. Il est LE problème d'une société qui a condamné un pôle important de vie, celui du sentiment, de l'émotion et de l'inventivité, celui d'un lien même ténu avec les soubassements de l'âme humaine. Cette transgression est un phénomène aussi barbare et étendu que le fut l'Holocauste. En banalisant la dimension de ce drame, nous commettons une très

---

[110] – Cataclysme qui entrera probablement dans l'Histoire comme catastrophe universelle. Nous n'en n'avons pas encore fini avec les conséquences sourdes de ce cataclysme... en attendant les prochains, du même type, qui se déclencheront en cascade à mesure de la fonte des glaces.

grave erreur d'appréciation car nous avons sous les yeux un des symptômes de nos cultures pathogènes.

J'aimerais qu'il n'y ait pas de conclusion à ce texte car il s'agissait ici d'attirer l'attention du lecteur sur les implications profondes du crime d'inceste et de la pédocriminalité en général.

C'est pourquoi j'ai choisi de terminer ce court opuscule par l'esquisse d'une théorie de l'action contre la pédocriminalité, mise au service du citoyen lambda.

Une action sociale et politique porteuse

Si nous revenons sur l'article Marcela Iacub qui dénonce la théorie du complot en s'appuyant sur les ratés du procès d'Outreau.[111] Tout en usant de démonstration risquée, elle propose d'affiner les méthodes d'enquête et de définir nettement la pédocriminalité dans la « hiérarchie pénale ».

Ce propos ne manque pas de pertinence car, dans l'Histoire, chaque fois qu'une vive émotion a été soulevée autour de sujets brûlants sans qu'il soit donné des cadres pour accueillir cette explosion émotive, il s'en est suivi des rumeurs et des lynchages, voire des massacres. La comparaison aux procès de sorcellerie qui embrasèrent l'Europe au Moyen Âge paraît fondée à première vue mais, la moindre enquête en révèle la limite...

La solution qu'elle préconise s'inscrit tout droit dans la judiciarisation de la pédocriminalité. Pourquoi persistons-nous à demeurer dans le domaine des enchaînements de causes : Quelles sont les causes de la pédocriminalité ? Internet, les lenteurs de la justice, la tolérance, le silence, etc. ? Chacun invente la meilleure cause et propose le meilleur traitement, pénal, pédagogique, social, etc. On dira que la violence des images sert d'exemple, que l'addiction des adolescents à Internet et aux jeux vidéo leur donne de la réalité une image falsifiée, etc. On demeurera

---

[111] – Cité plus haut.

toujours dans une dynamique action/répression mue par une morale souvent antique. L'ancien modèle du « dressage » si cher aux pédagogues du XIXᵉ siècle et aux clercs de la République n'en finit pas de prendre son service.

« On a parfois le plus grand mal à concevoir et à admettre, mon Dieu, tout ce que ces créatures terrestres s'infligent les unes aux autres en ces temps déchaînés. Mais je ne m'enferme pas pour autant dans ma chambre, mon Dieu, je continue à tout regarder en face, je ne me sauve devant rien, je cherche à comprendre et à disséquer les pires exactions, j'essaie toujours de retrouver la trace de l'homme dans sa nudité, sa fragilité, de cet homme bien souvent introuvable. » [112]

C'est de cela dont il s'agit en effet. Les temps sont déchaînés et nous restons dans nos chambres douillettes, attendant que d'autres dépeignent à notre place la nudité angélique de l'Homme.

Si l'action rationnelle, répondant à un décours causaliste, s'avère nécessaire, il ne faut pas perdre de vue que cette modalité s'inscrit dans la ligne d'excellence du monstre tentaculaire qu'il s'agit de combattre. La décortication, la volonté de comprendre, bref, l'approche intellectuelle ne résoudront pas le problème. On le voit bien dans les descriptions de Serge Garde, Eric Raynaud et Laurence Benoux[113], le principal obstacle que le prédateur et ses complices dressent devant les investigations consiste à fractionner, diviser et à isoler les situations pour en faire un problème spécifique. Et c'est exactement la stratégie que le pervers utilise pour sidérer sa victime. Sur ce point il est le plus fort.

J'ai déjà dit que j'établissais une équivalence de l'individuel au collectif : ce que j'apprends au plan individuel, j'essaie de l'appliquer au plan collectif ou social. Je me donne des moyens de vérifier si cette « projection », au sens mathématique, est

---

[112] – *Une vie bouleversée, Journal 1941-1943*, Etty Hillesum, Le Seuil, 1985, p. 114.
[113] – Voir la bibliographie en fin d'ouvrage.

Conclusion

vraie, j'étends alors mon analyse.

On nous dira « Il faut que le droit s'impose ! » Certes, c'est un vocabulaire commun à nos systèmes démocratiques, qui pouvait être pertinent et porteur d'une éthique de haute valeur au XVIIIe siècle. En ces temps, il fallait imposer un rapport de force favorable à l'établissement du droit et cela devait marcher car la notion même de Liberté était constellée. Rien ne pouvait la défier. Le droit pouvait suivre car il était aussi porté par l'âme du peuple. Nous ne sommes plus dans une perspective aussi évidente et fluide. Les symboles fondateurs de nos sociétés sont régulièrement bafoués, par les élites elles-mêmes. Il faut se rendre à l'évidence. Or nous ne disposons d'aucun symbole de substitution qui pourrait permettre la projection de nos idéaux.

En ce début de IIIe millénaire, nous ne savons plus quelles sont les valeurs constellées, tout le monde s'accorde à dire que ce sont celles du « marché » qui s'imposent au monde entier et nous n'avons du « marché » qu'une définition d'ordre économique et social. D'ailleurs le « marché » en question se garderait bien de donner à voir ses stratégies et ses actions. Nous savons que ses agents ont besoin de l'ombre pour agir, ils s'appuient sur le chantage et ils délèguent les clés du pouvoir à quelques politiques trop fiers de cette promotion pour oser dire qu'ils n'ont, dans les faits, aucun pouvoir...

Nous ne pouvons pas nous fonder uniquement sur des stratégies de rapport de force face au monstre qui se constelle actuellement. Nous avons vu, à travers les enquêtes de Serge Garde ou de Eric Raynaud, mais pas seulement, combien nous nous trouvions face une matière impalpable, une sorte de bête ophidienne aux ramifications infinies, au centre invisible, insaisissable.

Pour agir, nous devons d'abord nous poser la question : « Qu'est-ce qui porte l'âme des peuples en ce début de IIIe millénaire ? »

Si nous portons nos investigations partout où l'on peut sentir vibrer cette âme, dans l'art et la culture notamment, nous nous trouvons face à une sorte de gigantesque maelström fait de peurs, de sentiments d'impuissance, d'impressions d'insécurité.

L'âme du peuple vibre comme sidérée par un gigantesque chaos dont elle ne peut isoler aucune ligne directrice. L'être humain, où qu'il habite, est actuellement dans une position extrêmement inconfortable. Il ne maîtrise plus les éléments qui pourraient conduire sa vie et son destin. L'Homme du IIIe millénaire est écrasé par le poids d'une vaine destinée dont il ne perçoit ni les valeurs ni les contours. C'est aussi dans les lieux de psychothérapies que, depuis les années 80 nous retrouvons le plus ce désarroi, on ne consulte plus un psychothérapeute uniquement parce que l'on souffre d'une névrose quelconque, d'une pathologie psychique bien définie mais surtout parce que l'on est assailli d'un puissant sentiment de vanité de la vie qui s'étend à tout ce que l'on touche, impression d'être l'objet des événements, de les subir. Nous avons donc souvent à dénouer le fil de l'authenticité personnelle pour, ensuite, rebâtir une trame de vie tournée vers un horizon où la dignité retrouve un sens puissant. Nous ne devons pas négliger les informations que nous apportent les rêves et les itinéraires individuels. Il y a dans la reconnaissance des messages de l'Inconscient bien plus de résolutions à nos problèmes que nous n'osons le penser, à condition, bien sûr de ne pas commettre l'erreur de voir l'Inconscient comme la gigantesque poubelle du refoulé.

C. G. Jung avait, dès 1938, noté combien certaines personnes produisaient des rêves qui ne pouvaient s'interpréter qu'en établissant un rapport avec les événements qui se produisaient en Europe à la même époque.[114] Or, nous avons appris de lui combien le rêve et l'Imaginaire portaient les informations et les directions à prendre pour une restauration de l'identité de la personne.

Les hypothèses et directions de travail de C. G. Jung demeurent toujours actuelles et rien ne nous empêche de réfléchir à des stratégies collectives qui se fonderaient sur ses travaux.

Sans entrer dans le détail de la théorie « politique » de Jung, je peux continuer de m'appuyer sur cette méthode que j'ai

---

[114] – *Aspect du drame contemporain*, C. G. Jung, Georg, Genève.

énoncée plus haut : établir un lien d'équivalence entre ce qui se passe au niveau individuel et ce qui apparaît dans la réalité sociale et culturelle.

Mais qu'est-ce que l'art, qu'est-ce que la culture sans paillettes ? Dans les fruits de l'Imaginaire !

À travers huit cahiers personnels, une jeune femme de vingt-sept ans, habitant Amsterdam-Sud, livre au lecteur le fil de sa vie durant les années 1941 et 1942. Refusant de perdre toute prise sur un monde « saccagé », elle plonge en elle pour trouver, nommer les sources de sa vie et se construire une éthique personnelle qui se révèlera d'un altruisme absolu. Soumise à « l'angoisse devant la vie à tous points de vue. Dépression totale. Manque de confiance en moi. Dégoût. Angoisse », elle nous apparaît dès les premières notations de son journal comme une femme profonde mais soumise à une sorte d'insouciance et de désinvolture étonnante... Peu à peu sous la conduite de son psychothérapeute qui sera son dernier soutien, son cheminement la mène vers un dévoilement porteur d'un courage immense.

Etty Hillesum nous a légué quelques dons précieux à travers ses cahiers. « Garde tes pressentiments et ton intuition, c'est une source où tu puises, mais tâche de ne pas t'y perdre ! Organise un peu ce fatras, un peu d'hygiène mentale, que diable ! Ton imagination, tes émotions intérieures, etc. sont le grand océan sur lequel tu dois conquérir de petits lambeaux de terre, toujours menacés de submersion. L'océan est un élément grandiose mais l'important, ce sont les petits lambeaux de terre que tu sais lui arracher. »[115]

Plus loin dans son journal, ayant choisi de partager le sort des juifs hollandais, elle écrira ces phrases puissantes : « Je ne veux pas être la feuille desséchée, malade, qui se détache du tronc de la collectivité », puis, consciente des responsabilités qu'elle a choisi d'assumer – partir dans les camps alors qu'on lui avait donné la possibilité de fuir en Angleterre –, « il n'y a plus

---

[115] – Op. cit., p.22.

personne pour m'aider. J'ai des responsabilités, mais je n'en ai pas encore complètement chargé mes épaules. Je continue à jouer et je suis indisciplinée. Je n'en retire pas un sentiment d'appauvrissement, mais plutôt d'enrichissement et de paix. Je suis désormais toute seule avec Dieu. »[116]

Ce n'est pas dans les grands traités philosophiques que nous trouverons les solutions au problème que nous pose la pédocriminalité mais, l'ai-je dit plus haut, dans les intuitions et les productions de quelques créateurs qui ont su, avant les autres, capter les valeurs essentielles d'une humanité en quête d'elle-même. Etty Hillesum qui se présente à nous comme une grande enfant primesautière et insouciante au monde mettra un an à se transformer pour devenir un être engagé dans une responsabilité qui lui sera fatale. On sait que, par la suite et jusqu'aux portes de la chambre à gaz, elle soutiendra ses compagnons d'infortune.

Que s'est-il passé en elle ? Dans la réponse se trouvent de nombreuses solutions tant collectives qu'individuelles aux problèmes que nous traversons actuellement, sous des aspects bien moins dramatiques, tout au moins pour nous qui avons la chance d'avoir été épargnés par le drame de l'inceste.

Comment ne pas devenir « la feuille desséchée » qui se « détache du tronc de la collectivité », pour peu que nous ayons pris conscience d'une urgence d'action ?

Je n'aurai pas la prétention de déduire de ses mots toute LA solution mais des pistes et des directions de travail. Étrangement, ce sont les mêmes que je retrouve dans les conduites individuelles.

Tout d'abord, ne pas s'attacher à des projets grandioses, ne pas se noyer dans l'océan des grandes idées.

Il est vain d'attaquer de face le monstre polymorphe. Ses stratégies ont mis trois siècles à se développer pendant que nous courrions, insouciants vers des idéaux bafoués.

« Organise un peu ce fatras », mettre de l'ordre dans ce qui

---

[116] – Ibid. p. 223.

Conclusion

existe, le peu qui existe. Pour y voir plus clair et ne plus être encombré par la multitude des faits à encadrer. Chacun à sa place pour une plus grande cohésion, c'est ce que l'on pourrait en déduire.

« Un peu d'hygiène mentale », on pourrait penser qu'il s'agit d'un reliquat de sa vie d'antan, de jeune femme velléitaire. Mais ces remarques reviennent souvent même durant son internement.

Ce souci de soi n'est pas négligeable et il me paraît même fondamental. Là où l'on pourrait ne voir que superficialité se loge une grande valeur éthique. C'est d'abord parce que j'ai le souci de moi que je ne puis m'abandonner aux bassesses vers lesquelles l'Autre, le prédateur, m'entraîne. C'est ainsi que le sentiment de dignité peut, soit se maintenir, soit se restaurer.

Dans cette phrase se niche aussi le souci extrême d'une grande rigueur morale. Face aux faits auxquels nous avons affaire, ne jamais rien tenter qui puisse faire naître ou alimenter une rumeur. Quand je me laisse envahir par la toute puissance d'émotions troubles ou contradictoires, je nourris le monstre et je le sers. Je dois donc peser et soupeser avec prudence tout ce qui vient de mon imagination ou de mes intuitions. C'est la voie juste dont parle aussi le taoïsme.

Une telle attitude résout un paradoxe apparent : comment concilier l'écoute des émotions et des fruits de l'imagination tout en les passant au filtre de la prudence et de la réserve pour agir de manière efficiente sans rien perdre en force et en puissance ? Par le médiateur qu'est la Conscience !

Mais que devient la Conscience dans une stratégie d'action collective ? Que je sache et pour ce que j'ai gardé d'un passé de militant, ce sont toutes les instances collectives ou démocratiques qui permettent de peser le poids des informations qui surviennent, sans rien aliéner de leur charge émotionnelle – ce point est important et j'aurais à y revenir car je me distingue ici de nombreux collègues –, initier des moyens d'action sur la base des objectifs visés et ne pas craindre de changer si l'écho du terrain – l'émotion immédiate venue de l'information à l'état brut – l'impose. Une telle souplesse n'est pas commune dans les stratégies d'action que l'Homme occidental a l'habitude d'inventer.

Ce qui guide l'*homo occidentalis*, c'est le rapport de force, une évaluation rationnelle et intellectuelle des faits. C'est un préalable à toute forme de prise de position – vocabulaire guerrier, mise en position. Or, ce que nous dit Etty Hillesum c'est qu'il faut d'abord se mettre en état d'accueillir tout ce qui vient. Ici il s'agit de nos vies domestiques aux prises avec un crime impalpable, il ne s'agit pas de trouver un ordre à ce chaos. Par définition il n'y en a pas. Le monstre nous oppose une stratégie de la dispersion. L'enquête de Eric Raynaud montre combien cette stratégie est efficace. Jamais, tout au long d'une enquête qui s'étend sur plusieurs années, il ne parviendra à une preuve patente de l'existence de réseaux organisés au niveau international et qui impliqueraient des notables et des individus appartenant à la classe politique ou des patrons d'entreprise. Chose étrange, il réunira suffisamment de faits pour se fonder sur une conviction intime – cette intuition dont nous parle Etty Hillesum. Cela suffit à fonder une action !

Mais à quelles conditions ?

C'est encore Etty Hillesum qui nous donne une solution : « il n'y a plus personne pour m'aider. » Et : « Je suis désormais toute seule avec Dieu. »

Quels sont nos réflexes ? – Eric Raynaud les évoque souvent – s'en remettre aux institutions, leur demander d'agir, les secouer, etc. Nous savons cependant que rien de bien efficace ne peut naître de telles formes d'action. Sylvianne Ainardi, indignée par un rapport d'enquête paru dans le quotidien *l'Humanité*[117] : « Le silence ne peut plus être la règle. Je souhaite que le Parlement européen débatte très vite de cette situation. », dit-elle. Elle ajoute ensuite : « Il est urgent d'engager les moyens financiers, techniques et humains adéquats. »

Mais où va-t-on chercher ces moyens ? Auprès des pouvoirs publics, lesquels sont gangrenés à tous les niveaux par les

---

[117] – Quotidien *L'Humanité* du 25 février 2000.

vicaires du monstre ! Il ne sortira rien de cela. Cela se passait en 2000. Qu'est-il arrivé, que s'est-il passé de fondamental depuis ? Peu de choses. Cela ne remet pas en cause l'action de ces personnes engagées dans telles luttes mais leur énergie se disperse car l'adversaire est trop gros.

Sur le site *Le Bouclier* un auteur anonyme s'écrie : « L'absence d'action d'envergure contre les pédophiles qui se manifestent sur Internet en masse, l'absence totale d'objectifs et de résultats pour tenter de retrouver les enfants qui figurent sur les photos et les vidéos de viol a une cause : la scandaleuse gestion des ressources dans la fonction publique. »[118]

« Action d'envergure », en « masse », « objectifs et résultats », « gestion des ressources ». C'est un vocabulaire guerrier ou je me trompe, celui-là même d'un célèbre ministre de l'Intérieur français, demandant à ses sbires, « des résultats » !

L'aventure pourrait valoir pour ceux qui se voudraient les David de nos ères technologiques. Elle risquerait de trouver sa fin dans Cervantès…

« *Il n'y a plus personne pour m'aider.* » Il n'y a personne pour nous aider. C'est une question d'ordre et de temps. Les temps des pouvoirs publics viendront mais seulement quand le vent aura tourné. En attendant, « *Je suis désormais toute seule avec Dieu* ».

Qui alors ? Qui est ce Dieu qui pourrait nous soutenir, en un temps où Dieu est lui aussi très suspect et qu'il lui arrive même de soutenir les prédateurs ? Nous n'avons pas besoin bien sûr de nous en tenir à ces images vieillottes et dangereuses de Dieu. Quel est le Dieu d'un républicain, laïc convaincu de surcroît ? Ses convictions profondes, son système de valeurs, sa représentation du monde et la morale qui en découle, la certitude intime que l'être humain ne peut pas être que ça. Etty Hillesum nous dit : « *Je regarde le monde au fond des yeux, mon Dieu, je ne fuis pas la réalité pour me réfugier dans de beaux rêves – je veux dire qu'il y a place pour de beaux rêves à côté de la plus cruelle réalité – je veux dire*

---

[118] – Site Le *Bouclier*— <http://www.bouclier.org/dossier/1066.html>.

qu'il y a place pour de beaux rêves à côté de tout ! »[119]

Cela me conduit à aborder un point délicat qui risque de froisser ceux qui sont engagés dans cette lutte contre la pédocriminalité. Mon intention n'est pas là de contester leurs engagements, ni les formes d'action qu'elles ont choisies. Juste dire en préalable qu'une judicieuse appréciation du temps des choses s'impose. S'en remettre à la puissance publique ne peut aboutir que si nous acceptons de faire place à une phase préalable qui me paraît incontournable et qui, selon moi, pourrait s'avérer formidablement puissante.

Etty Hillesum, avant de se tenir devant Dieu, est d'abord sortie de son insouciance d'éternelle adolescente. C'est en ouvrant les yeux sur les multiples parcelles du monde qu'elle s'est chargée d'une immense responsabilité. Fardeau qu'elle ne se jugeait même pas capable de supporter. Et pourtant, sa fin dramatique la hisse parmi les héroïnes de notre temps.

Elle la victime et elle seule ! Nulle assistante sociale ne viendrait la soutenir dans le camp où son destin la porterait. Elle le savait, elle était seule, définitivement.

Cette Etty Hillesum dont je parle c'est la victime elle-même, tout au moins celle qui en est réchappée. Combien de victimes de pédocriminels ne voient pour seul avenir de leurs douleurs passées que la commisération des autres. Comme si, de jouets d'un prédateur, elles étaient devenues les objets de la bonne conscience. Comme si elles étaient demeurées des êtres « *mal poussés* ».

Il ne faut pas fuir ce problème et cette manière de voir même si elle choque. Notre interlocuteur du site *Le Bouclier* parle d'une meilleure gestion des ressources. Nos ressources, ce sont ces victimes hissées au statut de personnes à part entière et non citoyennes d'un continent en détresse.

Si nous devons établir une hiérarchie de l'action projetée dans le temps, c'est la phase préalable incontournable. L'émotion, le sentiment qui seuls pourraient compléter la rigueur des

---

[119] – Op. cit. p.114.

Conclusion

actions angulaires et froides, ne peuvent venir que de ces personnes. La commisération ne pourrait être le sentiment animateur d'une quelconque action pertinente.

Tout comme le psychothérapeute doit se garder de mettre en avant ses propres théories comme grilles préalables de lecture. Tout comme il doit savoir écouter et renvoyer à l'autre qu'il a bien entendu, l'individu lancé dans l'action, porté par un idéal de justice et de dignité, doit savoir abandonner les préceptes dans lesquels il a été formé dès les premiers temps de sa scolarité. Toute autre attitude risquerait de plonger ces êtres que l'on nomme les « victimes » dans un univers identique à celui qu'elles ont subi et dont elles cherchent à s'extraire, plus doux certes mais prison tout de même. Là n'est pas la solution, l'ignorer serait commettre un grave impair. La participation à une action peut être une formidable voie de rédemption pour ces personnes.

Si nous sommes attentifs à des initiatives prises dans des domaines analogues, celui du handicap notamment, nous constatons que de nombreuses associations d'accueil ou d'aide fonctionnent sur la base d'un noyau exclusivement formé autour de personnes handicapées. Ce sont elles qui définissent les domaines d'intervention, initient les actions, conduisent et contrôlent les initiatives à prendre, etc. Cela n'exclut pas les personnes « normales » mais celles-ci doivent se plier aux lignes directrices imposées par celles qui vivent pleinement leur handicap.

Cette démarche est logique car on se demande comment on pourrait inventer des actions pour ces personnes sans que leur avis, vécu du dedans, soit pris en compte.

Il faut donc savoir préparer des supports d'action qui incluent ceux qui appartiennent à « la société civile », sans distinction. L'indignation, la « participation émotionnelle » sont des vecteurs puissants mais il nous faut admettre que seuls nos concitoyens sortis du drame de leur enfance pourront nous dire ce qui est bon pour eux. Aux politiques et aux autres, tous ceux qui se sentent portés par le sentiment profond que la justice doit recouvrer ses droits, de trouver leur juste place, avec leur authenticité et leurs compétences.

À ceux-là, ces concitoyens sortis du drame de leur enfance, je dis aussi que, dans l'état actuel, la prise en charge, humaine, précautionneuse, chaleureuse et ouverte des victimes de violences et d'inceste ne pourra se faire que grâce aux initiatives qu'ils auront prises, décidés à bousculer les idées établies. Il est tout à fait possible, voire recommandé de créer des groupes de paroles locaux ou sur Internet. L'exemple même du Village Psycho-Ressources, géré par le psychologue canadien Alain Rioux, est assez édifiant – même parcellaire et insuffisant – puisqu'il permet, outre les échanges publics, des croisements de communications privées entre les différents participants. D'autres forums moins actifs existent ailleurs. Actuellement le brassage des idées et des plaintes passe bien plus par Internet qu'ailleurs. La parole est là, il lui manque des lieux d'accueil virtuels autant que réels, dans des lieux de vie où, comme le suggère Etty Hillesum, on pourra mettre un peu d'ordre. Internet, de ce point de vue est un outil efficace qui relègue les anciens modèles d'organisation, centraliste et pyramidale au rang d'antiquité.

D'un autre côté, si l'opinion publique n'est pas impliquée, il ne se passera rien. De nombreuses associations de défense d'enfants en détresse ont protesté contre Van Gijseghem[120], en vain. Cela se passait dans le secret des alcôves ministérielles. Si l'opinion publique ne prend pas conscience que les affaires d'inceste touchent un point fondamental de la structure et de la fondation des sociétés, le silence se perpétuera. Et pour que l'opinion publique prenne conscience il faudra créer des relais à la parole des victimes. Il faut aussi que ceux qui ont pour fonction de relayer l'information s'imprègnent des éléments d'une stratégie qui ne doit rien céder au sensationnel, à l'émotion, ni à la rumeur.

Il faut aussi, bien sûr, un encadrement épistémologique, mais, si une théorie de psychologie sur l'inceste doit voir le jour, qu'elle soit apte à encadrer le vécu des victimes, à dresser une méthode de prévention et de suivi, c'est du terrain qu'elle viendra, pas des universités. Il s'agit là d'une simple question de

---

[120] – Déjà cité, voir plus haut.

méthode, l'université s'est coupée du terrain et ses membres naviguent dans un univers dénué de sens qui s'emboîte parfaitement avec la froideur mécanique du monstre ravageur. L'anthropologie et l'ethnologie sont bien plus à même que la psychologie de nous offrir des cadres méthodologiques opérants. L'anthropologue a, en effet, intégré la nécessité d'observer sans contraindre, d'apprendre sans interpréter. Sur ce plan également, nous devons nous méfier des grilles toutes faites, fondées sur des théories désuètes ou sur des édifices supposés nouveaux mais qui cachent mal un côté vaporeux et irréel. Encore une fois, une première tâche immense attend ceux qui auraient le courage de s'y attarder : recueillir le maximum de témoignages, en fouillant sur Internet déjà, préparer un vaste dépouillement de ce qui deviendrait vite un énorme fonds de documentation à l'état brut.

Quand Daniel Welzer Lang[121] a entrepris de comprendre la problématique des hommes violents, il a d'abord réuni une grande masse de témoignages et c'est de l'étude de ceux-ci que, sans *a priori*, il a commencé à projeter des lignes d'action, auprès des femmes victimes et auprès de leurs agresseurs. Depuis, nombre des propositions d'action qu'il avait initiées se sont quasi institutionnalisées. La conceptualisation est venue après ! Il y a là des modèles à reprendre.

Prendre conscience d'abord, assumer que sous nos carapaces toutes luisantes de combattants de la liberté, de missionnaires des grands idéaux de la Révolution, le Mal est là, puissant, tel serait le premier objectif.

Soit dit en passant, l'Europe n'a pas assumé le traumatisme de l'Holocauste. Elle a légué cette responsabilité à l'Allemagne comme nation et comme peuple. Ceci explique le vaste silence qui entoure la pédocriminalité. Nombreux sont les observateurs et enquêteurs qui s'étonnent de ce silence. Comment pouvait-on ne pas savoir ! Cela résonne souvent comme un cri qui trouve un étrange écho pas si loin dans le passé, quand Etty Hillesum

---

[121] – Welzer Lang (Daniel), *Les Hommes Violents*, Lierre & Coudrier éditeurs, collection Hommes et Faits, Paris 1990. Daniel Welzer Lang, anthropologue, est professeur à l'Université de Toulouse le Mirail, Toulouse.

préparait son maigre bagage pour son départ à Auschwitz... La France a bien connu ce silence, les peuples d'Europe le reprennent en chœur. Rien d'étonnant à cela ! C'est même puissamment logique si l'on tient compte des avertissements de C. G. Jung.

Si une action de masse, appuyée par le soutien des pouvoirs publics n'est pas efficace, quel genre d'action inventer et quelle méthode utiliser ?

Le travail individuel nous a déjà appris qu'il ne faut jamais prendre le prédateur sur son terrain. Nous savons aussi, contrairement à ce qu'affirment certains auteurs, que ce monstre n'est pas invincible. Lui opposer une détermination tout aussi secrète que lui se fonde sur la peur qu'il inspire par le chantage et la force s'avère très efficace. Une détermination fondée sur l'authenticité intérieure de chacun, reposant sur l'intuition et les émotions comme le suggère Etty Hillesum. Épouser les méthodes du prédateur, c'est tomber dans ses filets. En somme, je reprends à mon compte une sorte de stratégie du harcèlement mue par un idéal intérieur – le Dieu d'Etty – et non par la fourberie et la lâcheté. Là où le prédateur se nourrit des défauts de communication des uns aux autres, il faut opposer le maximum de fluidité dans les transmissions d'informations ainsi que la transparence la plus absolue.

Internet devient un outil incontournable qui nous impose d'ailleurs des modalités d'échanges auxquels nous devons nous adapter. Au modèle pyramidal, Internet oppose un mode de transmission transversal. Ce qui facilite la communication et la transmission d'informations entre de multiples cellules en instantané. L'institution classique avec ses lourdeurs et sa hiérarchie est trop vite dépassée par manque de mobilité.

Les pédocriminels utilisent beaucoup Internet pour ces mêmes raisons. La mobilité des sites criminels est étonnante et c'est ce qui rend les poursuites si difficiles. Mais il faut bien que les demandes et les consignes viennent de quelque part, que les

Conclusion

annonces de réunion circulent vite… C'est relativement facile en supposant qu'il suffit de lancer des modalités d'actions à un certain moment, puis de déléguer en fractionnant au maximum l'architecture de l'action. Le système peut alors fonctionner tout seul et longtemps sans qu'à aucun moment les têtes soient inquiétées. À chaque niveau de ce formidable outil de prédation, le moteur demeure la crainte du dévoilement. Le carburant, c'est, nous l'avons vu dans la description du pervers narcissique, la froideur implacable du système. Une formidable puissance égocentriste au service d'une mécanique glacée, sans pitié. L'horreur de quelques crimes révélés sur des milliers d'autres demeurés inconnus le montre à souhait.

La structure en réseau, suivant le modèle d'Internet, peut être efficace contre ce genre de puissance.

Parlant de réseau, je ne sais pas si tous les auteurs s'accordent sur la définition à donner à ce terme.

Ainsi le quotidien *l'Humanité* dans son édition du 29 mai 2000 évoque la création d'un réseau contre les réseaux pédophiles. Ce colloque qui s'est tenu dans les locaux du journal fut un moyen pour de nombreux interlocuteurs d'échanger des informations et de nouer des liens entre différentes grosses machines institutionnelles. Je ne sais pas quelle suite a été donnée à ce rassemblement mais il ne s'agit pas de réseau, mais bien plutôt d'une esquisse de mutualisation de moyens. Une telle organisation peut s'avérer très utile à condition que s'y adjoignent d'autres modalités d'action. Serge Garde qui signe l'article de présentation n'évoque pas l'idée d'associer à ce « réseau » les nombreuses associations, groupes de travail, sites internet et micro associations qui, à des degrés divers, sont motivés par la lutte contre la pédocriminalité. Or, c'est dans ces microcosmes que l'on trouve ceux qui ont directement besoin de soutien, de directions à prendre. C'est le vivier pour s'organiser vraiment en réseau. C'est là que réside aussi l'émotion vive qui peut nourrir d'idées directrices une fédération comme celle dont parle Serge garde dans son article. Prévoir des actions sans mutualiser les capacités d'action de tous les acteurs en présence, hors le prédateur évidemment, c'est accepter de patauger dans des délires de procédure durant de longues années. Ce réseau dont parle Serge Garde dans *l'Humanité* pourrait se transformer en états généraux destinés à concevoir une philosophie de l'action, produire des lignes générales d'intervention dont chaque cellule pourrait s'emparer selon ses objectifs de fondation. Pour que l'information circule, il faut aussi créer une cellule de veille permanente qui ne manquerait pas d'activité.

Posons les questions autrement ! Est-ce qu'un gigantesque ordinateur de très grande puissance de calcul supplanterait des milliers de micro-ordinateurs de puissance basique réunis en réseau et communiquant entre eux selon leurs besoins ? La firme IBM a très vite répondu en abandonnant la construction de grosses cellules de calcul au profit de la mise en interconnexion de multiples microcellules de base et c'est le rôle des routeurs d'orienter les informations sur les cellules disponibles. Un véritable réseau commence là. Il dispose de multiples avantages inaccessibles aux mammouths institutionnels : une extrême mobilité, doublée d'une très grande plasticité, la capacité de s'organiser de façon transversale sans avoir à jouer le jeu de la transmission verticale, trop lourde. Si chacun s'attache à respecter les lignes directrices et l'éthique du mouvement chaque unité est indépendante et gère son propre temps. Cette unité est donnée, modifiée par les États généraux. La France habitué au centralisme jacobin est peu familière de ce genre de méthode d'organisation.

Poursuivons ! Une association nationale mettrait à la disposition de ses usagers un ou plusieurs juristes. Ils auraient pour fonction de faire face aux différentes procédures en cours d'instruction ou susceptibles de l'être. À eux de mettre au point les stratégies juridiques les plus efficientes. Combien en faudrait-il pour faire face à une demande gigantesque ? Imaginons maintenant des juristes dispersés sur tout le territoire national, chacun mû par une forte motivation mais spécialisés dans un domaine plutôt que dans un autre. Ces juristes ne sont pas isolés, ils communiquent constamment entre eux, ou bien un système de veille leur permet de livrer leurs informations régulièrement, lesquelles sont mises en commun sur un serveur dédié.

Quel serait le système le moins coûteux, le plus efficace, le plus rapide à réagir à la demande sur le terrain ?

Le fameux « marché » ne fonctionne-t-il pas sur ce modèle avec pour seul centre « La Bourse » ? L'éthique n'existe pas pour le marché et c'est pourquoi c'est désormais une machine folle.

À ceux qui le veulent de tirer les meilleures leçons de ces modèles multiples en les étayant d'une solide cohérence et d'une éthique transparente à tous. Les grandes associations peuvent jouer un rôle à ce niveau, à condition d'abandonner leur particularisme... Ces grosses machines peuvent intervenir de manière performante en servant de médian entre le réseau et la société civile, en maîtrisant les circuits de veille, ceux de l'information nationale, la relation au politique et en assurant une cohérence épistémologique – une veille éthique en quelque sorte.

Quant aux possibilités d'actions elles sont aussi multiples que peut l'être l'inventivité des cellules.

Illel Kieser 'l Baz, Toulouse mars 2006

L'étendue du mal

En apparence, on peut croire qu'elle n'a pas la place la plus difficile à assumer dans sa famille. Pourtant...
D'ailleurs au départ, il ne s'agit pas de place mais plutôt du rôle qu'on a voulu un jour lui faire jouer. Pourquoi ne l'a-t-elle pas joué, plus précisément, pourquoi a-t-elle réussi à le stopper rapidement ?
Alors que ses sœurs... C'est flou, ses sœurs n'ont pas su, n'ont pas pu ? Les sœurs ont dû subir, un temps sans doute long ... des années ? Qu'est-ce qui amène ce flou ? Difficile d'en parler, de se souvenir...
Mais, elle, il l'a touché 2 fois et elle l'a envoyé promener. Dégoûtée. Elle a eu aussitôt conscience du mal, ce n'était pas juste. Petite môme de 9 ans qui ose refuser, s'opposer moralement à son père. Pendant ce temps, et avant, et après, les autres subissent régulièrement les assauts du père.
Mais, elle, ne le saura que bien plus tard... Silence, chacun subit ou se rebelle, mais en silence, dans un petit coin honteux. Il divise et règne.
Aujourd'hui, les trois sœurs sont grandes, elles ont quitté la maison et fondé leur foyer. Les "choses" ont été dites et le père a même fait une psychothérapie.
Mais ça n'a suffi à personne ! La petite qui a beaucoup subi, a aujourd'hui décidé de ne plus amener ses propres enfants voir son propre père. Elle le considère trop dangereux et ne veut pas prendre de risque pour ses petits. La mère qui a choisi, quand la vérité a explosé, de rester au coté de son mari, voit sa famille disloquée.
Et elle, elle ne parvient pas très bien à fonder sa famille. Aime-t-elle son compagnon ? Probablement mais elle n'en est jamais sûre, elle passe beaucoup de temps en son for intérieur et aussi au dehors à remettre en question sa vie de couple. Sexualité souillée, entachée, difficile chemin du désir et de l'abandon.
Elle est nostalgique à jamais d'une famille qui n'existe plus, des Noëls partagés, tous ensemble. Elle voudrait toujours

Conclusion

pouvoir aimer son père ! Et tente de ne plus conseiller sa mère qui assume mal ses choix. Elle le considère cependant comme un malade dangereux et elle sait que sa mère s'accroche à l'enfance, au mensonge, infantilisme qu'elle juge déplacé.

Elle s'est tue longtemps, le silence comme une nappe d'huile se propage au delà des faits. Refuser l'humiliation ne lui a pas épargné d'être humiliée, profondément.

Sortir du silence, c'est découvrir une colère noire accumulée, un refus hostile de l'injustice, avec bien sûr, une propension à attirer des situations injustes. Et aussi ce désir effréné d'être aimée, reconnue.

En apparence, un traumatisme plus léger que celui des sœurs qui ont subi durant des années? Impossible de le savoir. Mais la petite sœur aujourd'hui a pris une position radicale, difficile à tenir, et pour l'instant, elle, qui était terrorisée par la posture de sa sœur, la voit aujourd'hui devenir plus vivante...

Elle pense qu'une de ses copines d'enfance a aussi subi les assauts du même, son père. Elle ne l'a pas revue, elle a changé de région, elles n'en ont jamais parlé. Comment sortir d'un silence, difficile d'y songer, l'idée qu'au delà de la famille, dans le pays, elle pourrait revivre ce terrible éclatement la terrifie.

Auteure anonyme

Bibliographie et sites internet

Dans le domaine que nous avons abordé ici, tout au long de cet opuscule, les recherches sont balbutiantes, multiples et malheureusement souvent disparates. Il en résulte un nombre considérable de publications sur Internet et en édition classique. C'est pourquoi, le lecteur devra constamment rafraîchir ses références. Il pourra trouver une actualisation des références régulièrement mise à jour sur les sites de victimes — *AIVI, Innocence en danger* et sur le site du CAVACS-France ou CAVACS Bourgogne

Les ouvrages consultés

– Balmary, Marie, *L'Homme aux statues ou la faute cachée du père*, 1979, Aubier.

– Bénesteau, Jacques, *Mensonges freudiens, Histoire d'une Désinformation séculaire*, Préface de Jacques Corrazze. Collection dirigée par Marc Richelle. Éditions Pierre Mardaga, Sprimont (Belgique), 2002.

– Beneux, Laurence, Garde Serge, *Le livre de la honte, les réseaux pédophiles*, Le Cherche Midi éditeur.

– Bigras, Julien, *L'enfant dans le grenier*, 1977, Hachette.

– Borch-Jacobsen, Mikkel, *Folies à plusieurs – de l'hystérie à la dépression*, Ed. Les empêcheurs de penser en rond / Le Seuil, 2002.

– Cohn, Norman, *Démonolâtrie et sorcellerie au Moyen Age, fantasmes et réalités*, Payot, Paris 1982.

– Coutanceau, Roland, *Vivre après l'inceste*, Ed. Desclée de Brouwer.

– Eiger, Alberto, *Le pervers narcissique et son complice*, Dunod, Paris.

– Forward, Susan, *Parents toxiques, comment échapper à leur emprise*, 1989, Stock.

– Gruyer, F., Fadier-Nice M., Sabourin P., *La violence impensable*, 1991, Nathan.

– Héritier, Françoise, *Symbolique de l'inceste et de sa prohibition dans la fonction symbolique*, Gallimard, Paris 1979.

– Hirigoyen, Marie-France, *Le harcèlement moral, la violence au*

Bibliographie et Sites internet

quotidien, Presses Pocket.

– Kieser, Illel, *Inana-Lyse, ou le déclin de la psychanalyse en Occident*, Lierre & Coudrier éditeur, Paris, 1989, réédition augmentée, 2017.

– Levi-Straus, Claude, *Les structures élémentaires de la parenté*, Mouton, Paris 1967.

– Martine Niss, *Enfant maltraité, du bon usage de l'indiscrétion*, Ramsay. Paris 2004.

– Mainguy, Colette, *La Juive*, Stock, 2001.

– Miller, Alice, *La connaissance Interdite*, Aubier, 1990.

C'est pour ton Bien, Aubier, 1984.

La souffrance muette de l'enfant, Aubier, 1990.

– Muchembled, Robert, *Culture populaire et culture des élites*, Flammarion, 1978.

– Thomas, Eva, *Le viol du silence*, Aubier 1986.

– Von Franz, Marie Louise, *Les modèles archétypiques dans les contes de fées*, La Fontaine de Pierre, 1998.

– Welzer Lang, Daniel, *Les hommes violents*, Lierre et Coudrier éditeur, Paris 1990.

Sites internet

À titre indicatif et pour commencer une exploration : l'Europe rattrape son retard sur Internet. On trouve désormais de nombreux articles rigoureux et très documentés. Internet devient ainsi un lieu de ressources documentaires. Attention de nombreuses URL peuvent se trouver caduques.

« La psychanalyse à l'épreuve de la réalité de l'inceste », Caux Vincent. Une intéressante mise à l'épreuve du dogmatisme psychanalytique. Vincent Caux tente du même coup de tracer une voie médiane à la psychanalyse, fondée sur l'écoute et l'ouverture à la parole, plutôt qu'un aveuglement sans borne à la théorie. Sur le site *Psychanalyse in situ* :

http://www.psychanalyse-in-situ.fr

Ce site publie de nombreux textes de refondation de la psychanalyse.

Regard Conscient, http://www.regardconscient.net

Inceste, pédocriminalité : crimes contre l'humanité

On doit à ce site de nombreux articles très intéressants sur la psychanalyse au regard de l'inceste.

Libert'Zone
Le signalement de toutes les barbaries commises sur des enfants. Un important article sur les actions policières, les blogs des parents d'enfants disparu/es...
http://www.libertzone.org/cyberop.php

Vous mes parents, me jugent
Une rescapée de l'inceste raconte. De nombreux témoignages, une compilation d'articles, de nouvelles et de témoignages. Incontournable pour qui veut comprendre...
http://www.vousmesparentsmesjuges.com/

Innocence en danger, association internationale de défense des enfants, très active. Le site est clair, très souple et centré sur l'information.
http://smoky7.ecritel.net/typo/index.php?id=5

Le Bouclier
De nombreux dossiers bien préparés, des conseils utiles et une volonté militante.
http://www.bouclier.org/dossier/1066.html

L'inceste parlons-en !
L'inceste est criminel. La réalité de l'inceste. L'inceste au Québec. Le tabou. Pourquoi en parler. Comment en parler. Oser voir, entendre, dire. Les victimes. ...
http://www.inceste.info/

Pouvoir dire l'inceste, un article de Catherine Vincent ; Claude Lévi-Strauss avait fait du tabou de l'inceste « la démarche fondamentale dans laquelle s'accomplit le passage de la nature à la culture » ...
http://www.ac-versailles.fr/PEDAGOGI/ses/ themes/violences-sexuelles/vincent_catherine.html

Bibliographie et Sites internet

Un rapport du 1er Congrès international francophone sur l'agression sexuelle qui se tenait à Québec début février 2001. Où il est question de la femme pédocriminelle, un autre grand tabou.
http://www.disno.ch/pages/3_documentation/articles/femmes_abuseures.htm

---

Bibliothèques psy
Une rubrique entière consacrée à l'inceste et richement documentée.
http://www.psy-desir.com/site/rubrique.php?id_rubrique=0034
et
http://www.psy-desir.com/site/article.php?id_article=0488

« Le tabou de l'inceste comme clivage générateur de l'ordre humain »,
http://perso.wanadoo.fr/martine.morenon/sebag.htm#2%20-%20Histoire%20naturelle%20du%20tabou%20de%20l'inceste

---

« Ethnologie et sexualité, l'inceste, à travers des exemples historiques et ethnologiques »,
http://www.sexologie-fr.com/TextesSexo/Ethnologie%20et%20sexualite.htm

---

Droits de l'enfant, textes et procédures de signalement
– Encyclopédie Wikipedia
http://fr.wikipedia.org/wiki/Maltraitance_sur_mineur#Liens_externes
– Les droits de l'enfant
http://www.droitsenfant.com/
– Urgences pratiques
http://www.urgence-pratique.com/Legal/Art-legal-06.htm

L'inceste en Algérie :
www.algerie-dz.com/article23.html
Le problème de l'inceste est tabou dans les pays d'influence islamique. La victime féminine connaît parfois un sort terrible : bannissement quand ce n'est pas la lapidation. Elle est de toute manière

vouée au mépris de sa famille et de sa communauté.

Nous évoquons souvent le Droit sans trop savoir de quoi il s'agit ! Comprendre les mécanismes profonds de la civilisation qui ont conduit à ériger les principes fondamentaux du Droit.
http://www.anthropologieenligne.com/pages/13.html

J'avais douze ans – Nathalie Schweighoffer.
Autobiographie d'une victime de l'inceste.
www.ciao.fr/J_avais_douze_ans_Nathalie_Schweighoffer__264564/TabId/2

Voir également dans les notes de bas de page où de nombreux sites visités sont cités.

Au sujet de l'auteur

Illel Kieser 'l Baz – né le 28 février 1947, près de Sétif, Algérie – est anthropologue, journaliste. Issu d'une famille algérienne, le début de sa vie est marqué par la guerre de Libération algérienne. En 1962, il suit la route de l'exil et termine des études scientifiques à Paris. Cependant la dureté de l'univers social le pousse très vite à reprendre des études en Sciences humaines. Diplômé de l'Institut de formation des Psychologues Cliniciens – Paris VII, il s'engage dans le travail social. Depuis, c'est à l'envers de nos sociétés qu'il consacre ses recherches. De la guerre d'Algérie il a gardé une méfiance absolue pour toutes les idéologies, les engagements religieux et politiques. Chercheur indépendant, il découvre C. G. Jung au détour de son itinéraire intérieur. Il prend conscience, grâce à ce grand psychologue que les fluctuations sociales et culturelles suivent une ligne parallèle à celle des psychés individuelles. Il s'inspire de la notion d'inconscient collectif pour émettre l'hypothèse que la civilisation occidentale trace une voie similaire à celle des grandes fondations impériales ; que la « banalisation du mal », comme phase du cycle de développement des civilisations, annonce le déclin et la venue d'un nécessaire métissage par l'acceptation de l'étranger, nécessaire dispensateur de richesses et non de perte, de création et non de stérilisation. Sa vision particulière du monde, son sens de la métaphore en font un penseur original. Ses hypothèses et sa puissance visionnaire donnent à sa pensée une force et une vigueur étonnante.

De l'étranger de l'extérieur à celui de l'intérieur, le pas est vite franchi et c'est la conscience qui le fait. La culture occidentale, fondée sur la raison et le matérialisme se méfie du fauteur de trouble qu'est l'imaginaire – l'inconscient sous son aspect créateur. C'est pourquoi, depuis plus de trente ans, il se consacre à l'étude et à l'exploration des états de conscience modifiée mais il cherche aussi à dépister la signature singulière de cet imaginaire : rumeur, mythes modernes, fantasmagories des productions artistiques... Il a créé plusieurs groupes expérimentaux autour de la transe et de l'exploration des images intérieures. En Amérique du Sud, en Afrique et en Asie mineure, il a appris les techniques de guérison auprès des guérisseurs locaux. Au Pérou il rencontre Francisco Aliaga, anthropologue péruvien et spécialiste des cosmogonies du peuple Quechua. De cette collaboration il retiendra une compréhension de l'intérieur de la psyché humaine, loin des rationalisations communes et hiérarchiques qui feraient de la conscience occidentale le fleuron de l'humanité. Avec Francisco Aliaga, il crée Lierre & Coudrier éditeur qui publiera de nombreux auteurs inconnus en France, notamment le philosophe mexicain, Leopoldo Zea. Il poursuit cet engagement d'éditeur sur le site *Hommes et Faits*.

Depuis 1998, retiré dans les collines du Comminges, il se consacre à ses recherches et à la publication de ses écrits. Là où les mentalités du moment nous poussent à toujours plus de différenciation et de détails, Illel Kieser 'l Baz est un globaliste, cherchant à réunir faits et événements apparemment sans lien dans une même ligne de cohérence.

Du même auteur

Représentation, persona, théâtre, Lierre & Coudrier Éd., Paris 1987
L'anima, in « Femme, féminin », Collectif, revue conscience de, Paris 1989
Inana-lyse, le déclin de la psychanalyse en Occident, Lierre & Coudrier Éd., Paris 1989
Éloges de la souffrance, de l'erreur et du péché, Lierre & Coudrier Éd., Paris 1990
La naissance accompagnée, Lierre & Coudrier Éd., Paris 1991
Chez Malika, poèmes et nouvelles, Ateliers de Montmartre, Paris 1992
Collaboration :
Histoire des Incas, Franklin Pease G.Y., Maisonneuve et Larose, Paris 1995.
Infiltration, poèmes et nouvelles, éd. Le Manuscrit, 2006.
« La lecture anthropologique du cadeau en marketing : une approche multidimensionnelle du lien marchand », avec Jacqueline Winnepenninckx-Kieser, In *Du lien marchand, comment le marché fait société*, ouvrage collectif sous la direction de Frank Cochoy, Presses Universitaires du Mirail, 2012
Danger en protection de l'enfance, Collectif sous la direction de Eugénie Izard et Hélène Romano, Dunod, 2016.
Accompagner la naissance et les premiers temps de la vie, édition augmentée, avec Martine Burger et Aurélie Marfin, Lierre & Coudrier Éditeur, Toulouse 2017

Communiquer avec l'auteur

Adresse électronique : ibktlse@gmail.com

Adresse postale :
Illel Kieser 'l Baz
CAVACS-France
4 rue de Grèce
31000 – Toulouse

Site : Hommes&Faits hommes-et-faits.com/Dial/
CAVACS-France cavacs-france.com

Contact éditeur : info@cavacs-france.com